JUS PRIVATUM

Beiträge zum Privatrecht

Band 89

Hans Hanau

Der Grundsatz der Verhältnismäßigkeit als Schranke privater Gestaltungsmacht

Zu Herleitung und Struktur einer Angemessenheitskontrolle von Verfassungs wegen

Mohr Siebeck

Hans Hanau, geboren 1962; Studium der Rechtswissenschaft in Frankfurt/M. und Tübingen, 1993 Promotion, 2002 Habilitation; seitdem Vertretungsprofessuren in Erfurt, Freiburg i.Br. und Darmstadt.

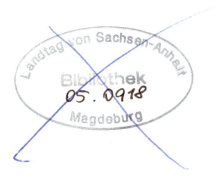

ISBN 3-16-148257-3
ISSN 0940-9610 (Jus Privatum)

Die Deutsche Bibliothek verzeichnet diese Publikation in der Deutschen Nationalbibliographie; detaillierte bibliographische Daten sind im Internet über *http://dnb.ddb.de* abrufbar.

© 2004 Mohr Siebeck Tübingen.

Das Werk einschließlich aller seiner Teile ist urheberrechtlich geschützt. Jede Verwertung außerhalb der engen Grenzen des Urheberrechtsgesetzes ist ohne Zustimmung des Verlags unzulässig und strafbar. Das gilt insbesondere für Vervielfältigungen, Übersetzungen, Mikroverfilmungen und die Einspeicherung und Verarbeitung in elektronischen Systemen.

Das Buch wurde von Computersatz Staiger in Rottenburg/N. aus der Garamond Antiqua gesetzt, von Gulde-Druck in Tübingen auf alterungsbeständiges Werkdruckpapier gedruckt und von der Buchbinderei Spinner in Ottersweier gebunden.

Vorwort

Die vorliegende Arbeit wurde im Sommersemester 2002 von der Juristischen Fakultät der Eberhard-Karls-Universität Tübingen als Habilitationsschrift angenommen. Spätere Rechtsprechung und Literatur sind bis zum Sommer 2003 berücksichtigt.

Meinem verehrten Lehrer, Herrn Prof. Dr. Dr. h.c. Wolfgang Zöllner, danke ich für den Freiraum zum Verfassen der Schrift sowie eine Fülle fachlicher Anregungen. Herrn Prof. Dr. Harm Peter Westermann schulde ich Dank für die Zweitbegutachtung und Herrn Prof. Dr. Dr. h.c. Wolfgang Graf Vitzthum für die Übernahme des zusätzlichen, öffentlich-rechtlichen Gutachtens.

Danken möchte ich auch meinen Freunden und Kollegen Prof. Dr. Mathias Rohe und Dr. Tobias Tröger für die freundschaftlich-kritische Lektüre der Arbeit, weiterführenden Rat und manche Ermunterung sowie meinen Eltern für ihre großzügige Unterstützung.

Dem Verlag Mohr Siebeck danke ich für die Aufnahme in die Reihe „Jus Privatum".

Ich widme die Arbeit meiner Frau Dorothee und unseren Kindern Katharina und Moritz.

Tübingen, im Herbst 2003   Hans Hanau

Inhalt

Vorwort V

§ 1. Einleitung

A. Aufgabe der Untersuchung.................................. 1
B. Zu Gang und Schwerpunkt der Darstellung 6

§ 2. Das „Gestaltungsrecht" als einheitlicher Anknüpfungspunkt für die Kontrolle privater Gestaltungsmacht

A. Normlogischer Ansatz – Erweitertes Verständnis des Gestaltungsrechts 9
B. Kritik und Erweiterung des Konzepts 11
   I. Unzureichendes Privatautonomieverständnis 12
  II. Vertragliches Gestaltungsrecht als Akt der Privatautonomie 12
 III. Rechtsbegründender Vertrag als Kombination von Ermächtigung und Gestaltung 14
    1. Inhaltlicher Unterschied zum „klassischen" Gestaltungsrecht 14
    2. Strukturelle Gemeinsamkeiten 15
       a) Gestaltungsrecht des Adressaten der Ermächtigung 15
       b) Unterscheidung von Angebot und Ermächtigung 16
       c) Unterscheidung von Willenseinigung und resultierender Freiheitsdisposition 17
       d) Rechtsbegründendes Gestaltungsrecht kein eigenes Rechtsgeschäft....................................... 18

IV. Ergebnis	19
C. Fazit	20

§ 3. Ansatz und Reichweite der Grundrechtswirkung im Privatvertragsrecht

A. Rechtsbegründung durch Vertrag – Der verfassungsrechtliche Schutz der negativen Vertragsfreiheit 23

   I. Privatautonomie und Rechtsordnung..................... 23

      1. Unterscheidung von positiver und negativer Vertragsfreiheit – Die Ambivalenz des Vertragsschlusses.......... 23

          a) Ausüben der positiven Vertragsfreiheit durch inhaltliche Gestaltung der Vertragsbeziehung 23
          b) Verzicht auf die negative Vertragsfreiheit durch Selbstbindung des Schuldners im Vertragsschluß................. 24
          c) Das Verhältnis von positiver und negativer Vertragsfreiheit... 26
             aa) Die Korrespondenz beim Leistungsversprechen......... 26
             bb) Der gegenseitige Vertrag 27
          d) Fazit 27

      2. Das Verhältnis der positiven Vertragsfreiheit zur Vertragsrechtsordnung – Der staatliche Geltungsbefehl für private Abreden...................................... 27

   II. Selbstbindung als Disposition über grundrechtlich geschützte Freiheit 29

      1. Grundrechtsschutz der negativen Vertragsfreiheit 29
      2. Staatliche Geltungsanordnung als potentieller Eingriff.... 29

          a) Rechtszwang als Belastung 29
          b) Spannungsverhältnis zwischen negativer Vertragsfreiheit und staatlicher Sanktionierung der Privatautonomie......... 30
          c) Prinzipielle Betroffenheit der abwehrrechtlichen Dimension . 31

      3. Die grundrechtliche Dimension der Selbstbindung 31

          a) Staatliche Geltungsanordnung als Eingriff in den Schutzbereich? – Die Reichweite des Verzichts auf die negative Vertragsfreiheit 31
             aa) Rechtsbindung als Eingriff? – Rechtsgeschäft als Geltungserklärung................................... 32

                (1) Zielen auf einen wirtschaftlichen Erfolg............ 32
                (2) „Normierender Wille" der Vertragsschließenden 32
                (3) Der Grundsatz der Vertragstreue als Eingriff
                    gegenüber später geändertem Willen? 33
                (4) Fazit 37
            bb) Rechtszwang als Eingriff? – Selbstbindung auch
                gegenüber dem Staat 37
                (1) Gewährleistung der Durchsetzung vertraglicher
                    Abreden durch staatliche Beteiligung 38
                (2) Gewaltmonopol beim Staat – Vermeiden der Privat-
                    exekution 38
            cc) Rechtliche Ausgestaltung als Eingriff? 39
                (1) Übersetzung in Rechtsbegriffe 39
                (2) Spannungsverhältnis zwischen Wille und Erklärung .. 40
            dd) Fazit... 41
        b) Konsequenzen für Grundrechtswirkung: Obsolenz,
            soweit die Selbstbindung reicht 41
            aa) Disposition über grundrechtlich geschützte Freiheit 42
            bb) Kein Grundrechtsverzicht – Die strikte Trennung von
                geschützter Freiheit und grundrechtlichem Abwehrrecht . 42

    III. Zwischenergebnis 44

B. Der verfassungsrechtliche Schutz privatautonom begründeter
   Rechtspositionen gegenüber Rechtsänderung und -aufhebung
   durch Gestaltungsrecht 46

    I. Schutz der Zuwendung 47

    II. Schutz der eigenen Disposition – Grundrechtlicher Schutz
        der eigenen Leistung... 48

        1. Schutz der materialisierten positiven Freiheit 49
        2. Drohender Verlust von durch eigene Leistung
           Erworbenem – Schutz des Surrogats für eigenen
           Freiheitsverzicht.. 49
        3. Normbestandsschutz 50

    III. Fazit 51

Inhalt

C. Folgerungen für den Streit um Geltung und Wirkungsweise der Grundrechte im Privatrecht 51

  I. Streit um die sog. Drittwirkung der Grundrechte 52
    1. Theorie der unmittelbaren Drittwirkung................. 52
        a) Formell: Ansetzen am unzutreffenden Abwehrobjekt 52
        b) Materiell: Übermäßige Freiheitsbeschränkung wegen nicht hinreichender Berücksichtigung der Selbstbindung.......... 54
        c) Die „etatistische Konvergenztheorie" von Jürgen Schwabe ... 55
    2. Grundrechtsfreiheit des Privatrechts?.................... 57
        a) Formelle Einwände 58
        b) Materielle Einwände 60
    3. Theorie der sog. mittelbaren Drittwirkung............... 60
        a) Generalklauseln als Einbruchstellen 61
        b) Schutzfunktion 62
            aa) Verwandtschaft mit Dürigscher Lehre 63
            bb) Schutzfunktion als Ausgleich natürlicher Freiheiten 64
            cc) Untermaßverbot nur begrenzt operabel 68

  II. Zwischenergebnis: Bindung der Privatrechtsordnung an die Grundrechte 68
    1. Die Aufgabe: Kontrolle der staatlichen Geltungsanordnung privater Gestaltungsbefugnisse 69
    2. Das Ziel: Vermeidung einer Grundrechtsverletzung – Rechtfertigung des Eingriffs oder verfassungskonforme Reduktion der Ermächtigungsnormen 70

D. Die Grundrechtsprüfung 70

  I. Paternalistischer Schutz – Schranken der Selbstbindung 70
    1. Charakteristikum...................................... 70
    2. Fallgruppen 71
        a) Fehlende Tauglichkeit von Dispositionssubjekt oder -objekt . 71
            aa) Fehlende Zurechenbarkeit wegen intellektueller Defizite . 71
            bb) Dispositionsverbot 72
            cc) Fehlende Relevanz für den Gegenstand dieser Arbeit 73
        b) Beschränkte Disponibilität 73
            aa) Relative, dispositionsabhängige Kernbereiche........... 74
            bb) Imparität 74

II. Nichtpaternalistischer Schutz – Grenzen der Selbstbindung . 78
  1. Eingriff in den Schutzbereich? (Potentielles Überschießen
     der gesetzlichen Ermächtigungsnorm) 78
     a) Regelungsunterwerfung................................ 78
        aa) Abstrakte Disposition........................... 78
        bb) Willenskonkretisierung.......................... 79
            (1) Treu und Glauben 79
            (2) Abgrenzung zur vertragsergänzenden Auslegung 80
     b) Partielle Regelungsunterwerfung – Einbeziehung von
        Allgemeinen Geschäftsbeziehungen...................... 81
     c) Fazit 83
  2. Rechtfertigung (bei sicherem Überschießen der
     gesetzlichen Ermächtigungsnorm)....................... 84
     a) Schranke 84
        aa) Gesetzesvorbehalt............................... 84
        bb) Ausnahme: vertraglich begründete Eingriffskompetenz .. 88
     b) Schranken-Schranke................................... 89
        aa) Eingriffsinteresse.............................. 89
            (1) Verfassungslegitime Ziele 89
            (2) Ergänzung der Privatautonomie 90
        bb) Güterabwägung................................... 91
     c) Fazit 92
III. Ergebnis 92

§ 4. Struktur der Kontrolle – Die Verhältnismäßigkeitsprüfung

A. Einleitung 93
  I. Charakteristika der erforderlichen Abwägung 93
  II. Strukturierung der Abwägung durch das Verhältnismäßig-
      keitsprinzip 94
  III. Weiteres Vorgehen...................................... 96

B. Die Verhältnismäßigkeit i.e.S. 96
  I. Maßstab 97
  II. Verhältnismäßigkeitsprinzip als Element der Rechtsidee.... 98

1. Iustitia distributiva als Urform der Gerechtigkeit –
   Verteilungsgerechtigkeit 98
2. Iustitia commutativa als bekannter Spezialfall –
   Austauschgerechtigkeit 99
3. Offener Fall: Einseitige Gestaltungsmacht im Zweipersonenverhältnis ohne vertragliche Unterwerfung..... 101
   a) Charakteristikum, Interessenkonstellation 101
   b) Gesuchte Gerechtigkeitsform: Iustitia protectiva 102
   c) Iustitia protectiva als Unterfall der iustitia distributiva...... 103

III. Die beiden zu unterscheidenden Maximen 103
1. Erste Maxime: Das Äquivalenzprinzip................... 104
   a) Subjektives Äquivalenzverhältnis als Maßstab 104
   b) Geforderte Interessenproportion 105
2. Zweite Maxime: Das Prinzip des überwiegenden
   Interesses 105

IV. Zur Argumentationslast 106
1. Unterscheidung von Gebot der Verhältnismäßigkeit
   und Verbot der Unverhältnismäßigkeit 106
2. Einschlägigkeit je nach Abweichen von der vertraglichen Vereinbarung 107
   a) Abweichen nach oben – Gebot des Überwiegens
      des Gestaltungsinteresses............................. 107
   b) Abweichen nach unten – Verbot des Unterliegens
      des Gestaltungsinteresses............................. 108

V. Einordnen des „Übermaßverbots" in der Rechtsprechung
   des Bundesverfassungsgerichts 109
1. Übermaßverbot lediglich als Äquivalenzprinzip?........ 109
2. Übermaßverbot als Argumentationslastregel?........... 111
3. Fazit 112

VI. Bilanz: Zur Rolle des Verhältnismäßigkeitsprinzips
   im Spannungsfeld von Willkürfreiheit und Gleichheitsbindung... 112
1. Verhältnismäßigkeitsprinzip als Willkürbegrenzung
   und Willkürverbot..................................... 112

a) Vertrag als Gleichordnung der Interessen 112
b) Durchgriff auf Gerechtigkeitsmaximen 112
    aa) auf die Iustitia commutativa 113
    bb) auf die Iustitia distributiva 113
c) Argumentationslast 114

2. Mißachtung des Verhältnismäßigkeitsprinzips
als Gleichheitsverletzung 115
  a) Gleichheitssatz als Willkürverbot...................... 115
  b) Verstoß gegen Verhältnismäßigkeitsprinzip als Verletzung
    des Gleichheitssatzes 116

C. Der Grundsatz der Erforderlichkeit 117

  I. Immanente Begrenzung des Eingriffsinteresses 117

  II. Erforderlichkeit setzt Eignung voraus 118

  III. Gebot der Iustitia protectiva 119

D. Die Beziehung des Grundsatzes der Verhältnismäßigkeit i.e.S. zum Grundsatz der Erforderlichkeit 119

  I. Zusammenhang zwischen Prinzip des überwiegenden
Interesses und Grundsatz der Erforderlichkeit 119

    1. „Natürliche" Affinität 119
    2. Erforderlichkeitsprüfung ohne anschließende Prüfung
       der Verhältnismäßigkeit i.e.S.? 119

  II. Unverträglichkeit von Äquivalenzprinzip und Grundsatz
der Erforderlichkeit hinsichtlich der Schranken der
Gestaltungsmacht 121

  III. Fazit 121

E. Resultat: Zur Feststellung von Grenzen und Schranken – Die beiden zu unterscheidenden Verhältnismäßigkeiten i.w.S. ... 121

  I. Das Verbot des Unterliegens des Gestaltungsinteresses 122

    1. Inhalt 122
    2. Beispiele 122

    a) Inhaltskontrolle von allgemeinen Geschäftsbedingungen.... 123
    b) Inhaltskontrolle von Klauseln in Mietverträgen über
      Wohnraum.. 124
    c) Leistungsbestimmungsrecht des Arbeitgebers 126
      aa) Weisungsrecht – Konkretisierung der vertraglich
        abstrakt umrissenen Arbeitspflicht 126
      bb) Umgestaltung des Arbeitsverhältnisses 126

 II. Das Gebot des Überwiegens des Gestaltungsinteresses
   i.V.m. dem Gebot der Erforderlichkeit..................... 127
   1. Inhalt 127
   2. Beispiele 128
    a) Umgestaltungsvorbehalt im Arbeitsverhältnis 128
    b) Sanierung einer Kapitalgesellschaft durch Kapital-
      herabsetzung (BGHZ 129, 136 – „Girmes")............... 129
      aa) Eingriff durch Mehrheitskonzept 129
      bb) Eingriffsrechtfertigung 131

 III. Sonderfall bei Interessengleichrichtung: Komplementarität
   der beiden Verhältnismäßigkeiten 133
   1. Zustimmungspflicht der Minderheit 133
    a) Abwägungsmaßstab 133
    b) Treupflicht 134
   2. Komplementarität der Gerechtigkeitsmaximen.......... 135
    a) Parallele im Recht der Personenhandelsgesellschaften 135
    b) Fazit: Vom Mehrheits- zum Gerechtigkeitsprinzip 137

§ 5. Ergebnis der Untersuchung............................... 139

Literaturverzeichnis.. 143

Register 157

§ 1. Einleitung

A. Aufgabe der Untersuchung

Die folgenden Überlegungen gehen von dem Leitgedanken aus, daß Privatrecht „letztlich der Aufrechterhaltung der Freiheit des einzelnen in der Gesellschaft dient, daß die individuelle Freiheit eine der grundlegenden Ideen ist, um deretwillen das Privatrecht existiert"[1]. „Das Prinzip der Selbstbestimmung verlangt, daß jeder einzelne der Betroffenen an der Neuordnung der Rechtsverhältnisse teilnimmt. Würde einer von ihnen nicht gehört, käme es nicht auf sein Einverständnis an, so wäre die (auch) in seinen Rechtskreis hineinwirkende Regelung nicht selbstgesetzt, sondern ihm aufgezwungen"[2]. Vor diesem Hintergrund soll der Frage nachgegangen werden, ob und inwieweit die Rechtsordnung einem Privaten das Recht einräumen darf, aufgrund vertraglicher Abrede in die Freiheitssphäre eines anderen hineinzuwirken bzw. auf sie zuzugreifen: Wie läßt sich diese Kompetenz mit dem Schutz der Selbstbestimmung des Betroffenen vereinbaren? Wann und wie kommt es zu einem Eingriff in dessen Rechte? Und unter welchen Voraussetzungen läßt sich ein solcher Eingriff rechtfertigen?

Die damit angesprochene Angemessenheitskontrolle privater Gestaltungsmacht ist seit Jahrzehnten ein zentrales Thema der Privatrechtstheorie. Die sog. Bürgschaftsentscheidung[3], mit der das Bundesverfassungsgericht die Problematik schließlich sogar auf die verfassungsrechtliche „Meta-Ebene" gehoben hat, konnte die Diskussion als höchstrichterliches Diktum nicht etwa zum Abschluß bringen, sondern hat im Gegenteil als Katalysator für eine mit neuer Wucht entbrannte Debatte gewirkt. Bis heute muß die Frage nach dem Freiheitsschutz, den die Grundrechte im – oder gar vor dem – Vertragsrecht gewährleisten, als ungelöst gelten. Die-

---

[1] *Coing*, Geschichte, S. 23.
[2] *Thiele*, Zustimmungen, S. 2.
[3] BVerfG v. 19.10.1993, BVerfGE 89, 214.

ser Umstand ist um so bedauerlicher, als das verfassungsrechtliche Argument prima facie schwer wiegt, ist es doch in der Normhierarchie auf höchster Stufe angesiedelt und könnte, so die Grundrechte im Privatvertragsrecht tatsächlich Wirkung entfalten und sich ihnen hinreichend konkrete Vorgaben entnehmen lassen sollten, verbindliche Maßstäbe für die Angemessenheitskontrolle vorgeben.

Die Aufarbeitung dieser Problematik in allen ihren Verästelungen ist selbst monographisch kaum noch zu leisten. Deshalb wird vorliegend ein bescheidenerer Ansatz gewählt. Die Arbeit versucht den Zugang über die Konzentration auf ein viel gebrauchtes, sowohl im Rahmen der zivilrechtlichen Inhaltskontrolle als auch beim Grundrechtsschutz zentrales, aber insbesondere in seiner Herleitung und Reichweite für das Zivilrecht weitgehend unklares Institut: das Verhältnismäßigkeitsprinzip. Beweggrund ist dabei nicht in erster Linie ein rechtstheoretisches oder philosophisches, sondern vor allem ein ganz praktisches Interesse, die Frage nach Begründung und Leistungsfähigkeit dieses Rechtsgrundsatzes für Angemessenheitskontrolle und Freiheitsschutz im Privatvertragsrecht.

Das Verhältnismäßigkeitsprinzip hat zwar im Bürgerlichen Recht zahlreiche gesetzliche Ausformungen gefunden[4] und ist darüber hinaus praeter legem fester Bestandteil der Zivilrechtsdogmatik[5]. Teilweise erfreut es sich bei der Kontrolle privater Gestaltungsmacht ausgesprochener Beliebtheit[6]. Trotz Untersuchungen aus jüngerer Zeit[7] hat sich aber zu Anwendungsvoraussetzungen und Wirkungsweise dieser Rechtsfigur noch keine systembildende Dogmatik herausgebildet. Das mag vor allem daran liegen, daß das Verhältnismäßigkeitsprinzip zugleich als Kernbestand der Grundrechtsprüfung gilt; ironisch wird es sogar gelegentlich als „Obernorm" der gesamten Rechtsordnung bezeichnet[8]. Aus diesem Umstand wird anscheinend in allgemeiner Wahrnehmung geschlossen, daß neben die „rein zivilrechtlich verstandene Verhältnismäßigkeit" eine „dem Ver-

---

[4] Etwa §§ 138 II, 227 II, 228, 230 I, 275 II, III, 320 II, 343, 439 III, 635 III BGB. Weitere Beispiele bei *Singer*, Selbstbestimmung, S. 94 ff.; *Canaris*, ZHR 143 (1979), 113, 129 ff.; *Wieacker*, FS Fischer, S. 867, 868 f.; *Medicus*, AcP 192 (1992), 35, 37 f.

[5] Dazu insbesondere *Canaris*, ZHR 143 (1979), 113, 128 ff. m. Fn. 45, 47–50.

[6] Siehe etwa *Zöllner*, AG 2000, 145, 149, der sich als „Liebhaber" des Prinzips bekennt.

[7] *Preis*, Verhältnismäßigkeit und Privatrechtsordnung, FS Dieterich 1999, S. 429; *Medicus*, Der Grundsatz der Verhältnismäßigkeit im Privatrecht, AcP 192 (1992), 35.

[8] *Ossenbühl*, Abwägung, S. 25, 35.

fassungsrecht eigene Verhältnismäßigkeit" tritt[9]. Diese „verfassungsrechtliche Verhältnismäßigkeit" stößt verbreitet auf große Skepsis. Man sieht die Gefahr, „daß die feinen, in langen Zeiträumen gewachsenen Strukturen, die sich in der unterverfassungsrechtlichen Rechtsordnung gebildet haben (…), durch eine übergeordnete Verhältnismäßigkeit platt gewalzt werden"[10]. Sorge besteht also einerseits vor einer Konstitutionalisierung der Rechtsordnung[11], die Rechtsfragen unsachgemäß verfassungsrechtlich auflädt und zugleich den gesetzgeberischen Spielraum einengt. Mit dieser „Hochzonung" soll nach verbreiteter Befürchtung andererseits eine Banalisierung der Rechtsanwendung einhergehen: Das Verhältnismäßigkeitsprinzip gilt als „der große Gleich- und Weichmacher"[12], der die „harten" Subsumtionsergebnisse durch Abwägungserfordernisse relativiere, deshalb die Steuerungsfunktion der Gesetze konterkariere und dadurch die Rechtssicherheit gefährde. Die Verhältnismäßigkeitsprüfung werde „zum Einfallstor eines unkontrollierbaren und unkontrollierten Gerechtigkeitsgefühls, das die objektiven Wertungen von Verfassung und Gesetz durch die subjektiven des Richters ersetzt"[13]. Die Ablehnung basiert also zum einen – neben prinzipiellen Zweifeln an der Geltung der Grundrechte im Privatrecht überhaupt – auf Argwohn vor einer Überlagerung des angestammten Rechtsgebiets durch anscheinend als fremdartig empfundene verfassungsrechtliche Wertungen. Zum anderen wird der Abwägungsvorgang offensichtlich als beliebiger, unstrukturierter Vorgang verstanden, der nicht einmal aus der verfassungsrechtlichen Werteordnung, die er doch ins einfache Recht transferieren soll, Profil gewinnt. Es besteht deshalb nahezu Einigkeit darin, daß der Anwendungsbereich dieses scheinbar ubiquitären Grundsatzes begrenzt und der Abwägungsvorgang rationalisiert werden muß[14].

---

[9] *Medicus*, AcP 192 (1992), 35, 40. Siehe etwa auch *Preis*, FS Dieterich, S. 429, 431, der die Legitimation des Verhältnismäßigkeitsprinzips durch den Hinweis auf das Wesen der Grundrechte und das Rechtsstaatsgebot für einen spezifisch staatsrechtlichen Ansatz hält.
[10] *Ossenbühl*, Abwägung, S. 25, 33.
[11] Dazu *Canaris*, Zwischenbilanz, S. 10; *Oldiges*, FS Friauf, S. 281; *Böckenförde*, Zur Lage der Grundrechtsdogmatik, S. 70.
[12] *Ossenbühl*, VVDStRL 39 (1981), S. 189. Siehe auch *Merten*, FS Schambeck, S. 349, 350.
[13] *Gentz*, NJW 1968, 1600, 1601.
[14] Dazu, daß nur hierin die Aufgabe bestehen kann, *Ossenbühl*, Abwägung, S. 25, 34; *Stern*, FS Lerche, S. 165, 175.

Zur Bestimmung des Stellenwerts dieses Prinzips wird im folgenden gefragt, ob hinsichtlich Geltung und Inhalt des Verhältnismäßigkeitsprinzips wirklich zwischen einfachrechtlicher und verfassungsrechtlicher Ebene unterschieden werden kann. Es wird zu zeigen sein, daß ein Großteil der Einwände auf einem unzutreffenden Verständnis von der Grundrechtswirkung im Privatvertragsrecht beruht und daß deshalb Anwendungsvoraussetzungen des Verhältnismäßigkeitsprinzips wie Struktur der Abwägung keine klare Kontur gewinnen konnten. Das Privatrecht muß, wie die gesamte sonstige einfache Rechtsordnung auch, seine Freiheitlichkeit am Maßstab der Grundrechte messen lassen[15]. Sollte sich zeigen lassen, daß, warum und wieweit die Grundrechte für den Freiheitsschutz eine wesentliche Rolle spielen und das Verhältnismäßigkeitsprinzip dabei eine zentrale Stellung einnimmt, wäre der Anwendungsbereich des Verhältnismäßigkeitsprinzips von der höchsten gesetzlichen Ebene im Stufenbau der Rechtsordnung aus abgesteckt. Für ein rein privatrechtlich verstandenes Verhältnismäßigkeitsprinzip bliebe dann schon aus normlogischen Gründen nur noch jenseits der grundrechtlichen Anforderungen Platz. Ein solches Kontrollinstrument könnte also nur (noch) engmaschiger ausfallen. Eine über die verfassungsrechtlichen Ansprüche hinausgehende Angemessenheitskontrolle ist aber, soweit ersichtlich, bislang nirgendwo in Erwägung gezogen worden – und auch in der Sache nicht veranlaßt, läßt sich doch zeigen, daß der Grundrechtsschutz nicht, wie befürchtet, im Widerspruch zur Privatautonomie steht, sondern bei richtigem Verständnis vielmehr die gleiche Zielrichtung verfolgt[16].

Die Beschäftigung mit den Grundrechten entspringt also nicht in erster Linie einem originären verfassungs- oder staatsrechtlichen Interesse. Sie ermöglicht lediglich, aber immerhin, eine Betrachtung von einer der einfachen Rechtsordnung übergeordneten „Meta-Ebene" aus. Der

---

[15] Vgl. *Canaris*, Zwischenbilanz, S. 15: „Das Privatrecht ist nämlich ‚einfaches' Recht und steht als solches im Stufenbau der Rechtsordnung im Range *unter* der Verfassung. Es ist also auch ein Gebot der Normlogik, daß die Gesetzgebung auf dem Gebiete des Privatrechts nach dem Grundsatz vom Vorrang der lex superior an die Grundrechte gebunden ist" [Hervorhebung im Original].

[16] Dazu unten bei § 3 Fn. 84. Siehe auch *J. Schmidt*, Vertragsfreiheit, S. 62, der sich zwar im Gegensatz zum hier eingeschlagenen Weg bei seiner Beschäftigung mit der Vertragsfreiheit auf das einfache Recht beschränkt, aber mit seiner Annahme, daß man die Auslegung von Verfassungsentscheidungen mit ähnlichen Überlegungen und Argumenten betreiben müßte wie die Ermittlung der gerechtfertigten Inhalte von ‚Vertragsfreiheit' überhaupt, offensichtlich von einem Gleichlauf ausgeht.

Grundrechtsschutz verkörpert das unerläßliche rechtliche Minimum an Schutz gegenüber staatlich sanktionierten heteronomen Freiheitsbeeinträchtigungen. Die Grundrechte wecken Sensibilität für Bereiche „ausgedünnter" Freiheit und verdeutlichen den instrumentellen, dienenden Charakter des einfachen Gesetzes zur Freiheitsverwirklichung einerseits und zum Rechtsgüterschutz andererseits. Nicht zuletzt erlauben sie einen Perspektivenwechsel: Bislang wird Inhaltskontrolle vor allem verstanden als Begrenzung der Gestaltungsmacht des Rechtsinhabers aufgrund übergeordneter Prinzipien oder besonderer Verantwortlichkeiten, also als Kontrolle „von oben". Der grundrechtliche Ansatz – mit seiner Differenzierung zwischen Schutzbereich, Eingriff und Rechtfertigung – erlaubt hingegen einen Ansatz aus der Perspektive des Betroffenen, des „Objekts" der Rechtsausübung, also eine Kontrolle „von unten". Die Grundrechte sind in der Normhierarchie gegenüber dem Vertragsrecht formal auf einer höheren Ebene angesiedelt, materiell unterfangen sie es aber mit einem elementaren Freiheitsschutz. Sie bilden also inhaltlich gewissermaßen eine „Basis-Ebene". Der Grundrechtsschutz schärft das Bewußtsein dafür, daß das Vertragsrecht nur dann freiheitlich ausgestaltet ist, wenn es sicherstellt, daß der von der Rechtsausübung Betroffene die Kompetenz des Rechtsinhabers selbst mitherbeigeführt hat, daß fehlende oder unvollständige Selbstbindung also Abgrenzungs- oder gar Rechtfertigungserfordernisse auslöst. Damit relativiert sich im übrigen auch die gängige Unterscheidung zwischen Inhalts- und Ausübungskontrolle[17], die sich lupenrein nur aus der Perspektive des Rechtsausübenden durchhalten läßt. Denn wenn es selbst für die Wirksamkeit einer konkreten Rechtsausübung auf den Beitrag des Betroffenen zur Rechtserzeugung ankommt, gehen Inhalts- bzw. Vertrags- und Ausübungskontrolle Hand in Hand[18].

Nicht zuletzt versucht die Arbeit mit diesem Ansatz, einen Beitrag zur Einheit der Rechtsordnung zu leisten. Die Ableitung der Inhaltskontrolle aus einer einheitlichen, allgemeinverbindlichen Wurzel wird zunächst erweisen, daß verschiedene, bisher getrennt diskutierte Felder und Institute der Inhaltskontrolle einen gemeinsamen Ursprung haben und gleichen Regeln folgen. Insofern ist mit dieser Untersuchung ein, dem Freiheitsschutz gewidmeter, Beitrag zu einem „allgemeinen Teil" des Privatvertragsrechts intendiert. Darüber hinaus soll deutlich werden,

---
[17] Siehe dazu nur *Fastrich*, Richterliche Inhaltskontrolle, S. 24 ff.
[18] Siehe dazu unten bei § 4 Fn. 2.

daß der Schutz vor Freiheitsbeeinträchtigungen universellen Regeln folgt. Es wird sich zeigen, daß die zunächst für das öffentliche Recht entwickelte grundrechtliche Schutzdogmatik – mit dem Verhältnismäßigkeitsprinzip als zentralem Element – im Grundsatz gleichermaßen für das Privatrecht gilt. Bislang kategorial getrennte Bereiche entpuppen sich damit als Teil eines zusammenhängenden Kontrollspektrums mit abgestufter Kontrollintensität. Ob und Umfang der Kontrolle unterscheiden sich allein durch Ob und Umfang des Beitrags, den der Betroffene selbst zur Erzeugung der Rechtswirkung, der er nunmehr ausgesetzt ist, geleistet hat.

B. Zu Gang und Schwerpunkt der Darstellung

Gem. Art. 1 Abs. 3 GG sollen die Grundrechte die private Freiheit gegenüber staatlicher Machtausübung schützen. Auf private Machtausübung scheinen sie deshalb nicht anwendbar zu sein. Dieses schlichte Ergebnis ruft jedoch ganz überwiegend Unbehagen hervor, da man den durch die Grundrechte vermittelten Freiheitsschutz auch in diesem Bereich nicht gänzlich missen möchte. Es hat deshalb nicht an Versuchen gefehlt, zumindest Elemente des Grundrechtsschutzes anwendbar zu machen. Die berühmte Debatte um die sog. Drittwirkung der Grundrechte soll hier aber zunächst nicht wieder aufgerollt werden. Statt zur bestehenden Schlachtordnung Stellung zu nehmen wird ein neuer Ansatz versucht (§ 3. A – C).

Vorweg soll jedoch zunächst gefragt werden, ob der Gegensatz zwischen privater und staatlicher Gestaltungsmacht wirklich so fundamental ist, wie gemeinhin angenommen wird. Immerhin ist die Privatautonomie ja keine natürliche Freiheit, sondern rechtlich präformiert; der private Wille ist, will er Rechtsverbindlichkeit erlangen, auf gesetzliche Anerkennung und Ausgestaltung angewiesen[19]. In das „horizontale" Verhältnis zwischen den beteiligten Privaten mischt sich also eine „vertikale" staatliche Komponente. Um Klarheit über die rechtliche Funktionsweise der Privatautonomie zu gewinnen, soll deshalb vor der Erklärung der Grundrechtswirkung diesem Verhältnis auf den Grund gegangen werden (§ 2).

---

[19] Dazu unten unter § 3.A.I.2., S. 27 ff.

Aus dieser Grundlegung werden schließlich Verankerung und Funktionsweise des Verhältnismäßigkeitsprinzips im Privatvertragsrecht hergeleitet (§ 3. D, § 4).

Gegenstand der Arbeit sind allein Herleitung und Struktur des Grundsatzes der Verhältnismäßigkeit als Schranke privater Gestaltungsmacht. Soweit für das Verständnis der verschiedenen Elemente der Angemessenheitskontrolle erforderlich, werden Beispiele aus verschiedenen zivilrechtlichen Problemfeldern zur Veranschaulichung herangezogen. Bewußt wird aber darauf verzichtet, die Folgen des hier entwickelten Ansatzes für sämtliche denkbaren Anwendungsfelder in voller Breite zu entwickeln. Ein Kompendium der (verfassungsrechtlichen) Inhaltskontrolle ist nicht beabsichtigt.

Da die Beschäftigung mit dem Verhältnis von Privatautonomie und Grundrechtsschutz vorliegend allein den Zweck hat, die Bedeutung des Verhältnismäßigkeitsprinzips für die Schranken privater Gestaltungsmacht zu klären, kann auf die zahlreichen Fragen, die gleichfalls im Spannungsverhältnis von Selbstbestimmung und heteronomer Zurechnung angesiedelt sind, nicht oder allenfalls am Rande eingegangen werden: Die Überprüfung etwa der Objektivierungstendenzen in der Dogmatik der Willenserklärung oder des Vordringens der Vertrauenshaftung auf ihre Vereinbarkeit mit dem verfassungsrechtlich verbürgten Freiheitsschutz muß daher eigenen Untersuchungen vorbehalten bleiben[20].

---

[20] Dazu v.a. *Singer*, Selbstbestimmung und Verkehrsschutz im Recht der Willenserklärungen, 1995 sowie *Lobinger*, Rechtsgeschäftliche Verpflichtung und autonome Bindung, 1999, wenn auch beide leider nicht aus verfassungsrechtlicher Sicht.

§ 2. Das „Gestaltungsrecht" als einheitlicher Anknüpfungspunkt für die Kontrolle privater Gestaltungsmacht

Aufschlüsse über die Wirkung der Privatautonomie lassen sich anhand der Lehre vom Stufenbau der Rechtsordnung gewinnen. Unabhängig davon, wie man zu ihren rechtstheoretischen und -philosophischen Grundlagen stehen mag[1], ist sie in besonderer Weise geeignet, Aufschlüsse über die Funktionsweise von Rechtsakten zu geben[2].

A. Normlogischer Ansatz – Erweitertes Verständnis des Gestaltungsrechts

Nach konventioneller Anschauung vermittelt ein Gestaltungsrecht das rechtliche Können, eine fremde Rechtssphäre, insbesondere durch Änderung oder Aufhebung von Rechten, zu gestalten – etwa durch Kündigung, Aufrechnung, Rücktritt, Anfechtung etc. Es zielt auf die Modifizierung oder Beseitigung gegnerischer Herrschaftsrechte[3], vor allem auf gegnerische Ansprüche. Das Gestaltungsrecht wird durch Rechtsge-

---

[1] Dazu etwa *Zöllner*, Rechtsnatur, S. 25 f. m. Fn. 76.

[2] *Mayer-Maly*, FS Melichar, S. 441, 447: „Entwirft man ein Modell für den Stufenbau des Rechts, so muß darin auch die rechtsgeschäftliche Betätigung einen Platz finden. Sie ist nicht nur Nutzbarmachung der sie steuernden Normen, sondern selbst Rechtserzeugung. Um diese Einsicht akzeptieren zu können, muß man den meisten anderen Aussagen der Reinen Rechtslehre nicht beitreten (was der Verfasser dieser Arbeit ja auch bekanntlich nicht tut). Die Deutung des rechtsgeschäftlichen Handelns als eines zugleich rechtsvollziehenden und rechtserzeugenden Aktes bildet meines Erachtens eine aus dem Gesamtgebäude dieser Theorie herauslösbare und für sich allein voll überzeugende Strukturanalyse."

[3] Zum Begriff *von Tuhr*, Allgemeiner Teil des Deutschen Bürgerlichen Rechts, S. 133 ff.

schäft ausgeübt[4]. Es ist self-executing, wirkt also unmittelbar auf die gegnerische Sphäre ein.

Adomeit erweitert das bisherige Verständnis, indem er die privatautonome Gestaltungsmacht mit dem Begriff des Gestaltungsrechts identifiziert. Das Gestaltungsrecht vermittelt damit eine umfassende Kompetenz zum Zugriff auf die gegnerische Rechtssphäre. Gestaltungsrecht und Rechtsgeschäft werden ihrem Umfang nach zur Deckung gebracht. Das Gestaltungsrecht ist die übergeordnete Kategorie, es wird exklusiv durch Rechtsgeschäft ausgeübt: „Das Gestaltungsrecht ist die Kompetenz zur Vornahme eines Rechtsgeschäfts."[5] Die Gesamtheit sämtlicher Gestaltungsrechte ist hiernach wiederum mit der Privatautonomie identisch[6], die Privatautonomie umfaßt alle Ermächtigungen zu privatwillkürlicher Einwirkung auf Rechtslagen. Der Begriff des Gestaltungsrechts wird somit, entgegen herkömmlicher Vorstellung, auf zweiseitige Rechtsgeschäfte erweitert: Auch die Vertragsfreiheit wird zum Gestaltungsrecht[7], das beim Vertragsschluß durch eine Personenmehrheit gemeinsam ausgeübt wird.

Folgt man diesem Ansatz, ergibt sich eine klare Hierarchisierung im Sinne des Stufenbaus der Rechtsordnung, zwischen allen Elementen besteht ein Ableitungszusammenhang: Gestaltungsrechte beruhen auf gesetzlichen Ermächtigungen, sie begründen, ändern oder beseitigen Verhaltensnormen. Die Verhaltensnormen wiederum räumen dem Begünstigten das Herrschaftsrecht ein, vom Verpflichteten ein Tun oder Unterlassen verlangen zu können, verleihen also einen Anspruch. Das Rechtsgeschäft vermittelt somit zwischen Gestaltungsrecht und Herrschaftsrecht, und zwar nicht nur zu dessen Änderung und Aufhebung, sondern auch zu seiner Begründung.

Einem Gestaltungsrecht entspricht hiernach kein Pflichtbereich[8], sondern nur die nachteilige Position des möglichen Rechtsgeschäftsadressaten, die Inkraftsetzung einer ihn verpflichtenden bzw. – so ist zu ergänzen – das Beseitigen einer ihn berechtigenden Verhaltensnorm hinnehmen zu müssen. Diese Position trete „bei der vertraglichen Gestaltung weniger ins Bewußtsein, weil hier der Adressat der verpflichtenden Norm an ihrem Erlaß mitbeteiligt, weil er Mitinhaber des Gestaltungs-

---

[4] *Bötticher*, Gestaltungsrecht, S. 2.
[5] *Adomeit*, Gestaltungsrechte, S. 23.
[6] *Adomeit*, Gestaltungsrechte, S. 21.
[7] *Adomeit*, Gestaltungsrechte, S. 12.
[8] *Adomeit*, Gestaltungsrechte, S. 35 ff.

rechts" sei[9]. Bei einem gegenseitigen Schuldvertrag seien die Parteien deshalb nicht nur zugleich Gläubiger und Schuldner, sondern auch zugleich Normurheber und Normadressat. Einseitige Gestaltungen seien dagegen „durch das Auseinanderfallen beider Positionen, der des Normurhebers und der des Adressaten, gekennzeichnet". Letzterer befinde sich in einem Unterordnungsverhältnis und sei einer heteronomen Normsetzung ausgesetzt.

Neben die Herleitung des Gestaltungsrechts unmittelbar aus einer gesetzlichen Ermächtigung stellt *Adomeit* die Ermächtigung durch ein sog. Ermächtigungsgeschäft, das die Unterwerfung[10] unter fremde Gestaltungskompetenz bewirke. Es begründe die Regelungsgewalt des einen Partners gegenüber dem anderen. Die Delegationskette werde hier um ein Zwischenglied ergänzt, da das Gesetz zu ihrer Rechtswirksamkeit wiederum zum Treffen der Unterwerfungsabrede ermächtigen müsse.

B. Kritik und Erweiterung des Konzepts

I. Unzureichendes Privatautonomieverständnis

Das eben referierte Modell weist zwar in die richtige Richtung. Gleichwohl kann es die Stellung der Privatautonomie im Rechtssystem nicht hinreichend erklären. Die Darlegung des – vertikalen – Ableitungszusammenhangs aus der staatlichen Rechtsordnung reicht dafür nicht aus. Er stellt zu einseitig auf die Perspektive des Gestaltungsrechtsinhabers ab. Von Privatautonomie kann jedoch nur dann die Rede sein, wenn sich die von der Rechtsordnung sanktionierte Rechtsausübung auch für den davon Betroffenen als Akt der „Selbstgesetzgebung" darstellt, wenn sie von ihm also wenn schon nicht um ihrer selbst willen intendiert, so doch zumindest legitimiert ist[11]. Dieses für den Stellenwert der Privatautonomie ganz entscheidende Element findet in *Adomeits* Konstruktion keine hinlängliche Berücksichtigung.

---

[9] *Adomeit*, Gestaltungsrechte, S. 35.
[10] Zum Begriff *Bötticher*, Gestaltungsrecht, S. 9.
[11] Vgl. etwa *Adomeit* selbst in: FS Kelsen zum 90. Geburtstag, S. 9: „Danach bedeutet Privatautonomie, daß niemand ohne sein Zutun durch einen anderen verpflichtet werden darf"; *Bucher*, Das subjektive Recht, S. 88: „*Betätigung der Privatautonomie* heißt nicht, an einen anderen Rechtsbefehle richten (dies wäre ein heteronomer Vorgang), sondern *selber Pflichten übernehmen*. Die aus Verträgen und dgl. entspringenden subjektiven Rechte beruhen auf der selbstgewollten Übernahme der korrespondierenden

Adomeit unterscheidet den Vertrag als sich im Vertragsschluß erschöpfendes, (mindestens) zweiseitig auszuübendes Gestaltungsrecht vom einseitigen Gestaltungsrecht, das zwar durch Ermächtigungsgeschäft legitimiert sein kann, anscheinend gleichwohl als heteronome Normsetzung gegenüber dem Betroffenen verstanden wird[12]. Beide Erklärungsmuster sind zumindest ungenau: Im ersten Fall wird der Selbstbindungsaspekt im gegenseitigen Gestaltungsakt verschliffen und deshalb nicht kenntlich, im zweiten Fall wird ihm für die Herleitung der Rechtserzeugung keine hinreichende Bedeutung beigemessen.

II. Vertragliches Gestaltungsrecht als Akt der Privatautonomie

Um mit dem einseitigen Gestaltungsrecht zu beginnen: Auch das durch Ermächtigungsgeschäft legitimierte Gestaltungsrecht ist grundsätzlich ein Akt der Privatautonomie und keine heteronome Normsetzung. Jene Qualität gewinnt es dadurch, daß der Betroffene an der Rechtserzeugung beteiligt ist. Die vom Gestaltungsrecht ausgehende Rechtswirkung gestaltet zwar die Rechtssphäre des Betroffenen, führt aber nicht zu einer Freiheitsverkürzung, wenn der Betroffene seine Sphäre dem Rechtsinhaber bereits durch eine vorgängige Selbstbindung entsprechend geöffnet hat.

Dieser zentrale Aspekt findet in *Adomeits* Konstruktion des Ermächtigungsgeschäfts keine hinreichende Berücksichtigung. Denn im Rahmen seines Systems kommt es auf den Unterwerfungsakt letztlich nicht an, er ist logisch verzichtbar: Da *Adomeit* allein auf den Ableitungszusammenhang aus der staatlichen Rechtsordnung abstellt, bleibt für die

---

Pflichten durch die Gegenpartei" [Hervorhebungen im Original]. Dem entspricht die Definition der Privatautonomie durch *Zöllner*, FS Bydlinski, S. 517, 524 f., der (im Anschluß an *F. Bydlinski*, AcP 180 [1980], 1, 33: „Privatautonomie ist die rechtliche Möglichkeit willkürlicher Selbstgestaltung durch die Beteiligten") auf die „Selbstregelung durch Konsens der Beteiligten" abhebt. Die verbreitete Definition, Privatautonomie sei „das Prinzip der Selbstgestaltung der Rechtsverhältnisse durch den einzelnen nach seinem Willen" (*Flume*, Rechtsgeschäft, § 1/1, S. 1) stellt demgegenüber einseitig und damit zumindest ungenau allein auf den Willen des Gestaltungsmachtinhabers ab.

[12] Der Begriff der Heteronomie wird von *Adomeit* ganz offensichtlich nicht nur auf allein auf gesetzlicher Ermächtigung beruhende Gestaltungsrechte, sondern auch auf vertraglich begründete Gestaltungsrechte bezogen: Von heteronomer Normsetzung spricht er im Zusammenhang mit einem einseitigen Leistungsbestimmungsrecht des Gläubigers sowie dem Weisungsrecht des Arbeitgebers. Später (in: FS Kelsen zum 90. Geburtstag, S. 9, 15) hält er sie hingegen treffender für eine „mittelbar autonome Gestaltung".

Rechtserzeugung allein ausschlaggebend, daß die Unterwerfungsabrede für ihre Wirksamkeit wiederum einer gesetzlichen Ermächtigungsnorm bedarf. „Die Delegationskette wird hier um ein Zwischenglied ergänzt"[13], das Ermächtigungsgeschäft ist also im Stufenbau der Rechtsordnung nur ein Umweg: für die Geltung des Gestaltungsrechts ist es allein entscheidend, daß es auf Gesetz beruht – ob unmittelbar oder mittelbar, macht keinen Unterschied.

Tatsächlich ist die Ermächtigung aber kein mehr oder minder beliebiges Element im Ableitungszusammenhang aus der staatlichen Rechtsordnung, sondern für die Entstehung des Gestaltungsrechts als privatautonomem Akt schlechthin konstitutiv: Die Ermächtigung muß zur Ermächtigungsnorm zwingend hinzutreten.

Diese Kluft zwischen einerseits Anerkennen von Spezifika privatautonomer Regelungen und andererseits fehlenden entsprechenden Konsequenzen für das System des Stufenbaus ist schon bei *Kelsen* angelegt. *Kelsen* hebt zwar die Beteiligung der „zu verpflichtenden Subjekte an der Erzeugung der verpflichtenden Norm" hervor und bezeichnet „die rechtsgeschäftliche Sphäre als die der Privatautonomie"[14], gleichzeitig kann er aber „wie im obrigkeitlichen Befehl so auch im privaten Rechtsgeschäft nur die Individualisierung einer generellen Norm" und „auch im privaten Rechtsgeschäft ebenso wie im obrigkeitlichen Befehl einen Akt des Staates, das heißt einen der Einheit der Rechtsordnung zurechenbaren Tatbestand der Rechtserzeugung" erblicken[15].

Zu einer stimmigen Integration der Privatautonomie in den Stufenbau der Rechtsordnung muß der Beitrag der betroffenen Privaten zur Rechtserzeugung in das System eingefügt werden, damit der Rechtserzeugungszusammenhang von privater Selbstbindung und staatlicher Sanktionierung seinen angemessenen Ausdruck findet. Auch wenn es sich konstruktiv um zwei verschiedene Rechtsgeschäfte handelt – die vertragliche Unterwerfung und die spätere Ausübung des solchermaßen eröffneten Gestaltungsrechts –, so darf doch ihr inhaltlicher Zusammenhang nicht aus den Augen verloren werden. Der Stufenbau der Rechtsordnung muß also zum vertikalen Ableitungszusammenhang „von oben" um eine zweite Dimension, eine Legitimation „von unten" ergänzt werden: die private Ermächtigung bzw. Unterwerfung, die etwa in

---
[13] *Adomeit*, Gestaltungsrechte, S. 36.
[14] *Kelsen*, Reine Rechtslehre, 1. Aufl., 44., S. 110.
[15] *Kelsen*, Reine Rechtslehre, 1. Aufl., 45., S. 111; 2. Aufl., 38., S. 285.

Hinblick auf die Begründung eines rechtsändernden oder -aufhebenden Gestaltungsrechts ihren Ausdruck im Ermächtigungsgeschäft findet. Sie unterfängt den Stufenbau gleichsam mit einem Fundament für privatautome Regelungen. Nur so kann dem Rechtserzeugungszusammenhang Genüge getan werden: Staatliche und private Ermächtigung müssen zusammenkommen.

Die landläufige Vorstellung vom Gestaltungsrecht als Gestaltungsmacht, die die fremde Rechtssphäre allein und selbständig transformiere, ist also für das vertraglich begründete Gestaltungsrecht zu ungenau. Tatsächlich setzt die betroffene Rechtssphäre der Rechtsausübung, sofern diese sich im Rahmen der Ermächtigung bewegt, keinen Widerstand mehr entgegen; es kommt zu keinem Eingriff, da sie bereits entsprechend präformiert ist. Die Gestaltungs"macht" ist insofern relativiert: Der fremde Wille wird dem Betroffenen nicht oktroyiert.

III. Rechtsbegründender Vertrag als Kombination von Ermächtigung und Gestaltung

Die eben am *Adomeit*schen Konzept zum einseitigen Gestaltungsrecht geübte Kritik läßt sich mutatis mutandis auf sein Modell des rechtsbegründenden Vertrags übertragen. Sein Verständnis der Vertragsfreiheit als Gestaltungsrecht, das einer Gruppe von Personen vom Gesetz zugeteilt wird[16], ist nicht hinreichend präzise, jedenfalls unvollständig.

1. Inhaltlicher Unterschied zum „klassischen" Gestaltungsrecht

Die vertragliche Einigung unterscheidet sich von der Einräumung eines rechtsändernden oder -beseitigenden Gestaltungsrechts allein durch den Inhalt der dem Begünstigten eingeräumten Berechtigung. *Bötticher* zufolge ist das Gestaltungsrecht „auf eine Veränderung in der Rechtswelt gerichtet"[17], während der Anspruch „in der rauhen Welt der Tatsachen reale Leistungen eines Schuldners erstrebt"[18]. Die Anspruchseinräumung begründet ein Herrschaftsrecht, das „klassische" (vor *Adomeit*sche) Gestaltungsrecht konkretisiert, ändert oder beseitigt ein Herrschaftsrecht. Die Anspruchseinräumung trifft auf seiten des Verpflichteten auf den „Urzustand", sie mindert seine vorrechtliche Freiheit – die

---

[16] *Adomeit*, Gestaltungsrechte, S. 13 f.
[17] *Bötticher*, Gestaltungsrecht, S. 3.
[18] *Bötticher*, Gestaltungsrecht, S. 3.

B. *Kritik und Erweiterung des Konzepts* 15

negative Vertragsfreiheit, von rechtlicher Inanspruchnahme verschont zu bleiben. Demgegenüber mindert die Einräumung des rechtsändernden bzw. -aufhebenden Gestaltungsrechts dasjenige, was der durch den Vertrag Begünstigte mittels Ausübung seiner auf Rechtswirkung zielenden positiven Vertragsfreiheit erworben hat: die Bestandskraft des erlangten Anspruchs ist entsprechend verringert. Auf die Unterscheidung ist bei der unten folgenden verfassungsrechtlichen Prüfung zurückzukommen[19].

2. Strukturelle Gemeinsamkeiten

Die Gegenüberstellung zeigt, daß private Gestaltungsmacht in verschiedener Form auftreten kann. Gleichwohl sind diese Unterschiede nicht Ausdruck einer „Wesens"verschiedenheit. Im folgenden ist darzulegen, daß der rechtliche Wirkungsmechanismus vielmehr derselbe ist, daß es sich durchweg um rechtliches Können handelt, das unmittelbar die Gestaltung der fremden Rechtssphäre ermöglicht. Rechtsbegründende wie rechtsändernde (bzw. -aufhebende) Gestaltungsmacht werden gleichermaßen als „Gestaltungsrecht" begründet. In allen Fällen droht infolgedessen dann ein Eingriff in die Freiheit des Gestaltungsgegners, wenn dieser den Gestaltungsmachtinhaber nicht selbst im gleichen Umfang ermächtigt hat.

a) Gestaltungsrecht des Adressaten der Ermächtigung

Adomeit begreift den Vertragsschluß als ein den Vertragsparteien gemeinsam zustehendes Gestaltungsrecht. Zwar handelt es sich auch bei der Selbstbindung des Verpflichteten um eine „Gestaltung" der eigenen Angelegenheiten. Wie aber insbesondere am Modell des einseitig verpflichtenden Vertrags deutlich wird, unterscheidet sich diese Gestaltung grundlegend von der, die der durch den Vertragsschluß prospektiv Begünstigte vornimmt. Die *Adomeit*sche Konstruktion verschleift den Unterschied zwischen Ermächtigung und Gestaltung und macht damit die Gestaltungsmacht unkenntlich, die dem prospektiven Gläubiger beim Vertragsschluß zukommt. Ein Gestaltungsrecht im Sinne der Kompetenz zur Gestaltung einer *fremden* Rechtssphäre hat allein der durch den Vertrag Begünstigte.

Diese Gestaltungsmacht erlangt er in dem Moment, in dem der prospektive Schuldner bereit ist, sich ihm gegenüber zu einem bestimmten

---

[19] § 3.A., S. 23 ff. und § 3.B., S. 46 ff.

Tun oder Unterlassen zu verpflichten, m.a.W. willens ist, ihm einen Anspruch einzuräumen. Der prospektive Schuldner öffnet damit dem Begünstigten seine (negative) Freiheitssphäre und ermächtigt ihn, auf sie zuzugreifen. Die Gestaltungsfreiheit des Begünstigten wiederum ist nunmehr entsprechend erweitert: Mittels seiner positiven Vertragsfreiheit kann er eine seinen Interessen entsprechende Gestaltung realisieren. Er hat die Möglichkeit, – im Rahmen der Selbstbindung des prospektiven Schuldners – ein Herrschaftsrecht über dessen Leistungsvermögen zu begründen und ihm, im Zusammenwirken mit der staatlichen Zwangsbewehrung des privat Vereinbarten, insoweit eine Verhaltensnorm aufzuerlegen.

Die Ausübung dieses Gestaltungsrechts wirkt rechtsbegründend, es erschöpft sich, wie die rechtsändernden oder -aufhebenden Gestaltungsrechte, in seiner Ausübung. Auch das rechtsbegründende Gestaltungsrecht zielt also, wie schon sein Name sagt, allein auf eine „Veränderung in der Rechtswelt", nämlich die Anspruchsbegründung, erst die Anspruchsdurchsetzung ist mit der „rauhen Welt der Tatsachen" konfrontiert.

b) Unterscheidung von Angebot und Ermächtigung

Die eben entwickelte Auffassung darf nicht mit der Auffassung verwechselt werden, derzufolge eine Vertragsofferte ihrem Empfänger ein Gestaltungsrecht eröffne[20].

Das Gesetz stellt mit Angebot und Annahme lediglich Hilfsmittel bereit, um das Zustandekommen des Vertrages zu bewirken. Die dahinter liegenden materiellen Vorgänge sind davon zu unterscheiden. Das Begriffspaar „Angebot/Annahme" liegt begrifflich quer zu dem hier analysierten Mechanismus. Angebot und Annahme werden ja prototypisch als inhaltlich deckungsgleich gedacht (Annahme soll durch bloßes „Ja" möglich sein[21]).

Die Unterschiede werden insbesondere deutlich, wenn man den gegenseitig verpflichtenden Vertrag betrachtet. Hier verpflichten sich ja beide Parteien gegenseitig zur Leistungserbringung und räumen jeweils dem Vertragspartner einen entsprechenden Anspruch ein. Es kommt also zu einer Kombination von gegenseitiger Ermächtigung und gegen-

---

[20] RGZ 132, 6; OLG Celle NJW 1962, 744; Staudinger-*Coing*, 11. Aufl. 1957, § 145 Rn. 12; siehe v.a. *von Einem*, Rechtsnatur, S. 23 ff. m.w.N.
[21] Siehe nur *Flume*, Rechtsgeschäft, § 35 I 1, S. 636.

seitiger Gestaltung. Resultat sind zwei Schuldverhältnisse, zwei selbständige Ansprüche, die zwar in Entstehung und Durchsetzung synallagmatisch aufeinander bezogen, gleichwohl aber zu unterscheiden sind. Wären Ermächtigung und Angebot kongruent, wären beim gegenseitig verpflichtenden Vertrag mithin zum Vertragsschluß zwei wechselseitige Angebote mit entsprechend korrespondierenden Annahmen erforderlich.

c) Unterscheidung von Willenseinigung und resultierender Freiheitsdisposition

Die Willenseinigung durch Annahme des Angebots ist mithin nur Auslöser und Koordinator für das Zusammenspiel von Ermächtigung und Gestaltung. Die Willenseinigung gibt den Dispositionen ihren Sinn und stellt ggf. ihren synallagmatischen Zusammenhang her, sie bildet den verbindenden Rahmen für die resultierenden (wechselseitigen) Ansprüche, sie ist aber nicht mit ihnen identisch. Der oben beschriebene materielle Prozeß spielt sich deshalb beim anspruchsbegründenden Vertrag auch erst im Zeitpunkt der Annahme ab: Im Angebot liegt neben dem Vorschlag eines gemeinsamen Leistungsprogramms zugleich die antizipierte Ausübung des Gestaltungsrechts bzw. die durch die Annahme bedingte Ermächtigung. Im Moment der Annahme kommt es dann tatsächlich zur Öffnung der schuldnerischen Sphäre und zur Ausübung des dem prospektiven Gläubiger dergestalt eingeräumten Gestaltungsrechts.

Kurz: Angebot und Annahme bewirken die vertragliche Willenseinigung, fixieren das gemeinsame Leistungsprogramm, aber erst Ermächtigung und Gestaltung in ihrem Zusammenspiel begründen das Schuldverhältnis und wirken anspruchsbegründend. Willenseinigung und Anspruchsbegründung erfolgen uno actu, sind aber getrennte Vorgänge; die Anspruchsbegründung findet in der Willenseinigung ihren Grund. „Horizontale" Willenseinigung und „vertikale" (wechselseitige) Unterwerfung gehen Hand in Hand.

Zur Verdeutlichung seien die unterschiedlichen Vorgänge am Beispiel des Kaufvertrags illustriert: Durch die Willenseinigung wird das Vertragsprogramm und damit das Erfüllungsziel festgelegt. Um diesem Vorhaben rechtliche Verbindlichkeit beizulegen, statten sich die Parteien gleichzeitig gegenseitig mit Instrumenten aus, die die Erfüllung sicherstellen sollen: den (hier gegenseitigen) Ansprüchen. Für ihr Zustandekommen bedarf es jeweils einer Disposition, die noch nicht die Güterzuordnung in der Außenwelt, sondern zunächst den Zugriff auf das Leistungsvermögen des Schuldners begründet. Die Ermächtigung des Schuldners und die Ausübung des korrespondierenden Gestaltungsrechts haben aber – im Hinblick auf das Erfüllungsziel – bereits „enteignende" bzw. „bereichernde" Wirkung[22]: Die dingliche Verfügungsmacht über das auf den Vertragspartner zu übertragende Gut ist zwar noch ungeschmälert, gleichwohl spielt der Leistungsgegenstand schon jetzt im Vermögen des Schuldners eine Sonderrolle. Dem Schuldner ist insofern der beliebige Umgang mit ihm verboten, als er dem Gläubiger für die Erfüllung der Leistungspflicht haftet. Ihn treffen Sorgfaltspflichten, wie sie sonst nur gegenüber fremdem Eigentum bestehen. Der resultierende Anspruch stellt aufgrund der vorangegangenen Disposition über die eigene Sphäre für den Schuldner keine rechtliche Beschwer (mehr) dar[23]. Gegen seine Durchsetzung – notfalls auch mit justizförmigen Zwangsmitteln – darf er sich nicht wehren, da er insofern „zu nichts mehr berechtigt ist"[24].

Umgekehrt wächst dem Gläubiger mit dem Anspruch ein Vermögenswert zu, der, sofern die Forderung keinem Abtretungsverbot unterliegt, einen eigenen Marktwert hat. Zur tatsächlichen Erfüllung bedarf es schließlich jeweils einer dinglichen Verfügung, die den geschuldeten Gegenstand dann auch real auf den Gläubiger überträgt. Deren Bestand ist im übrigen wiederum vom Bestehen der Obligation abhängig, da nur sie eine nachfolgende Kondiktion verhindert.

d) Rechtsbegründendes Gestaltungsrecht kein eigenes Rechtsgeschäft

Der Vertragsschluß zerfällt damit aber nicht in eine Vielzahl unterschiedlicher Rechtsgeschäfte. Vielmehr fallen Willenseinigung und Begründung des Schuldverhältnisses im mehrseitigen Rechtsgeschäft „Schuldvertrag" zusammen. § 311 Abs. 1 BGB bringt diesen Zusammenhang treffend zum

---

[22] Zur „Enteignungswirkung" schuldrechtlicher Leistungspflichten siehe *Lobinger*, Rechtsgeschäftliche Verpflichtung, S. 90 f. m. w. Nachw. in Fn. 6.

[23] *Bucher*, Das subjektive Recht, S. 87 f. ist deshalb zu widersprechen, wenn er zwischen autonomer Verpflichtung des Betroffenen und heteronomer Ausübung des Anspruchs unterscheidet. Aus dem gleichen Grund kann auch *Adomeits* Ansicht, der Anspruch verleihe eine Eingriffsbefugnis in die Interessensphäre des Verpflichteten, er sei Rechtfertigungsgrund und Erlaubnisnorm (in: Gestaltungsrechte, S. 32 f.), nicht gefolgt werden. Tatsächlich kann es aufgrund der Disposition des Betroffenen über die eigene Freiheit schon gar nicht zu einem Eingriff kommen, die Frage nach einem Rechtfertigungsgrund stellt sich deshalb nicht. *Adomeits* Analyse ist eine unmittelbare Folge der unzureichenden Integration des Ermächtigungselements in sein System.

[24] *Adomeit*, Gestaltungsrechte, S. 34.

Ausdruck: Zur Begründung eines rechtsgeschäftlichen Schuldverhältnisses bedarf es eines Vertrages.

Hingegen sind sowohl die vertragliche Ermächtigung als auch die Ausübung eines rechtsändernden oder –aufhebenden Gestaltungsrechts eigene Rechtsgeschäfte, da sie notwendig auseinanderfallen: Der Vertrag wirkt noch nicht rechtsgestaltend, sondern begründet nur ein Gestaltungsrecht[25].

Adomeits These, die Begriffe des Gestaltungsrechts und des Rechtsgeschäfts seien ihrem Umfang nach insofern deckungsgleich, als das Gestaltungsrecht immer durch Rechtsgeschäft ausgeübt werde[26], muß also für das rechtsbegründende Gestaltungsrecht modifiziert werden: Man kann zwar insofern davon sprechen, daß auch das rechtsbegründende Gestaltungsrecht „durch" ein Rechtsgeschäft ausgeübt wird, als durch Ausübung dieses Gestaltungsrechts das Rechtsgeschäft „Schuldvertrag" mithervorgebracht wird. Im Unterschied zum rechtsändernden Gestaltungsrecht erschöpft sich das Rechtsgeschäft aber nicht hierin.

IV. Ergebnis

1. Rechtsbegründende wie rechtsändernde (bzw. rechtsaufhebende) Gestaltungsrechte verleihen ihrem Inhaber Gestaltungsmacht über die Freiheitssphäre des Gestaltungsgegners.

2. Die Ausübung dieser Rechte erfolgt nur dann privatautonom, wenn sie durch eine Ermächtigung des Gestaltungsgegners hinreichend legitimiert sind.

a) Bei hinreichender Selbstbindung des Betroffenen greift das Gestaltungsrecht auf eine Sphäre zu, über die der Betroffene bereits gegenüber dem Rechtsinhaber disponiert hat. Die Fremd-Gestaltung führt dann nicht zu einem Eingriff.

b) Der als Folge der Ausübung des rechtsbegründenden Gestaltungsrechts entstandene Anspruch stellt für den Schuldner aus dem gleichen

---

[25] Die Feststellung von *Adomeit*, Gestaltungsrechte, S. 13, der Abschluß eines Vertrages gem. § 145 BGB könne geradezu als allgemeinste Form einer Rechtsgestaltung gelten, ist also zu apodiktisch: Der Vertrag ist für eine Rechtsgestaltung zwar notwendige, aber keine hinreichende Bedingung. *Adomeit* relativiert diese Position selbst an anderer Stelle, indem er die Ermächtigungsgeschäfte mangels gestaltender Wirkung aus dem Kreis der „Rechtsgeschäfte im engeren Sinne" ausscheidet und als eigene Kategorie verselbständigt (in: Gestaltungsrechte, S. 37).
[26] *Adomeit*, Gestaltungsrechte, S. 23.

Grund keine rechtliche Beschwer dar. Seine Ausübung sowie seine ggf. zwangsweise Durchsetzung mit Hilfe des staatlichen Rechtsschutzinstrumentariums vollzieht nur nach, was der Schuldner zuvor selbst preisgegeben hat.

3. Die Ermächtigung wird jeweils durch Vertrag erteilt.

a) Bei der Konstituierung eines rechtsändernden bzw. -aufhebenden Gestaltungsrechts erschöpft sich der Vertrag in der Ermächtigung, er ist ein Ermächtigungsgeschäft.

b) Beim rechtsbegründenden Gestaltungsrecht hingegen erfolgt die Ausübung im Moment des Vertragsschlusses, der dadurch begründete Schuldvertrag hat selbst gestaltende Wirkung.

C. Fazit

Mit Hilfe der normlogischen Analyse konnte also gezeigt werden, daß sämtliche Formen privatautonomer Gestaltungsmacht zum einen den gleichen Wirkungsmechanismus aufweisen und zum anderen durchweg einer doppelten Ermächtigung bedürfen. Um überhaupt Rechtswirksamkeit erlangen zu können, müssen sie zunächst auf einer gesetzlichen Ermächtigungsnorm beruhen. Insoweit unterscheiden sie sich nicht von Formen heteronomer Normierung. Um autonom zu wirken, bedürfen sie des weiteren einer Legitimation durch den Betroffenen: Die aus der staatlichen Sanktionierung resultierende Schaffung, Änderung oder Aufhebung einer Verhaltensnorm wirkt für den Betroffenen genau so heteronom wie originär staatliche Rechtsakte, wenn sich der Gestaltungsgegner nicht zuvor in zumindest gleichem Umfang selbst gebunden hat und den Rechtsinhaber seinerseits zur Gestaltung ermächtigt hat. Die vom Gestaltungsgegner gesetzte Grenze der Ermächtigung markiert damit zugleich die Schranke der privatautonomen Gestaltungsmacht.

Diese Erkenntnis hat Konsequenzen für Herleitung, Wirkungsweise und Umfang des verfassungsrechtlichen Freiheitsschutzes gegenüber privater Gestaltungsmacht, die im folgenden darzulegen sind.

§ 3. Ansatz und Reichweite der Grundrechtswirkung im Privatvertragsrecht

Privatautonomie und Vertragsfreiheit als ihr prominentestes Element[1] sind nach ganz überwiegender Auffassung prinzipiell verfassungsrechtlich geschützt[2]. Hiervon geht auch das Bundesverfassungsgericht in der sog. Bürgschaftsentscheidung aus: Art. 2 Abs. 1 GG gewährleiste als Teil der allgemeinen Handlungsfreiheit die Privatautonomie i.S. eines Selbstbestimmungsrechts des einzelnen im Rechtsleben[3]. Diese Feststellung ist in zweifacher Hinsicht problematisch. Zum einen taugt sie bereits im Ausgangspunkt nicht, um sich von ihr aus der vom Bundesverfassungsgericht angegangenen verfassungsrechtlich begründeten Inhaltskontrolle von Verträgen zu nähern. Wie im folgenden gezeigt werden wird, geht es nämlich dabei nicht um den Schutz der Privatautonomie, sondern um den Schutz vor „Privatheteronomie"[4]: Der richtige Ansatz liegt in der Erkenntnis, daß bei der Debatte um den verfassungsrechtlichen Schutz der Privatautonomie zwei eigentlich strikt zu unterscheidende Freiheitselemente miteinander vermengt werden, bei denen auch hinsichtlich Herleitung und Umfang des verfassungsrechtlichen Schutzes differenziert werden muß. Die Feststellung des Bundesverfassungsgerichts ist zum anderen insofern in sich nicht schlüssig, da sie zwar zu Recht davon

---

[1] *Flume*, Rechtsgeschäft, § 8 a, S. 12: Vertrag als Hauptform privatautonomer Gestaltung.

[2] Etwa *Canaris*, FS Lerche, 1993, S. 873, 874; Maunz-Dürig-*Di Fabio*, Art. 2 Abs. 1 Rz. 101; *Dreier*, in: ders., GG, Art. 2 Abs. 1 Rn. 24; *Starck*, in: v. Mangoldt/Klein/Starck, GG, Art. 2 Abs. 1 Rn. 136; *v. Münch*, in: v. Münch/Kunig, Art. 2 Rn. 16; *Manssen*, Privatrechtsgestaltung, S. 130 ff.

[3] BVerfG v. 19.10.1993, E 89, 214, 231 f. unter C II 2 a der Gründe m.w.N.

[4] Diesen Begriff hat *Kreutz*, Die Grenzen der Betriebsautonomie, 1979, S. 99 f. zur Abgrenzung der normativen Wirkung der Betriebsvereinbarung von unmittelbarer staatlicher Rechtssetzung geprägt. Er paßt aber auch auf unseren Zusammenhang, da hier gleichermaßen nicht der Staat selbst und unmittelbar das Rechtsverhältnis gestaltet, sondern vielmehr den von der anderen Vertragspartei intendierten Vertragsinhalt mit Rechtswirkung ausstattet.

ausgeht, daß es sich bei der Privatautonomie nicht um eine „natürliche", vorrechtliche Freiheit, sondern um eine Freiheit im „Rechtsleben" handelt. Die staatliche Ausgestaltung ist also hiernach für den Gebrauch der Freiheit konstitutiv. Das dadurch begründete Dilemma für die Bestimmung des Schutzbereichs des Grundrechts, das ja eigentlich vor eben diesem Staat schützen soll, findet in der Feststellung des Bundesverfassungsgerichts aber keine Berücksichtigung, geschweige denn eine Auflösung. Erschwerend kommt überdies hinzu, daß nach wie vor – über die spezifischen Schwierigkeiten des Grundrechtsschutzes der Privatautonomie hinaus – schon ganz grundsätzlich keine Klarheit über Geltungsgrund und Reichweite des Grundrechtsschutzes in Privatrechtsverhältnissen besteht[5].

Im folgenden gilt es also, diese Gemengelage zu entwirren. Zum besseren Verständnis der Zusammenhänge und zur Vermeidung der eben problematisierten Friktionen empfiehlt es sich, vom – unstreitig und unproblematisch verfassungsrechtlich geschützten – vorrechtlichen „Urzustand" auszugehen und zunächst den Vorgang der Rechts*begründung* durch Vertrag zu beleuchten und erst später die Fälle der Rechts*änderung* und *-aufhebung* zu untersuchen. Wenn man sich der Problematik dergestalt wie eingangs angekündigt von „unten", also aus der Perspektive des von der (künftigen) Rechtsausübung Betroffenen, nähert, wird unmittelbar deutlich, daß die Gefahr einer Freiheitsverkürzung zwar von privatem Handeln ausgelöst, im Rahmen des Vertragsrechts letztlich aber immer nur von der staatlichen Rechtsordnung bewirkt wird. Als entscheidend wird sich deshalb herausstellen, inwieweit der Betroffene diese Rechtswirkungen durch Gebrauch seiner Freiheit selbst herbeigeführt hat. Folgt man diesem Ansatz, erweist sich, daß die Grundrechte hier, wie auch sonst gegenüber dem hoheitlich agierenden Staat, in ihrer Abwehrdimension *gelten*. Allerdings *wirken* sie ganz unterschiedlich – je nach Grad und Gegenstand der Selbstbindung des Betroffenen.

---

[5] Siehe etwa *Hesse*, Grundzüge, Rn. 349 ff.; *Dreier*, in: ders., GG, Vorb. Rn. 57 ff.; *W. Rüfner*, in: HStR V, § 117 Rn. 54 ff. Dazu unten noch ausführlich unter § 3.C.I., S. 52 ff.

A. Rechtsbegründung durch Vertrag – Der verfassungsrechtliche Schutz der negativen Vertragsfreiheit

I. Privatautonomie und Rechtsordnung

1. Unterscheidung von positiver und negativer Vertragsfreiheit – Die Ambivalenz des Vertragsschlusses

Vertragsfreiheit wird meist beschrieben als die Freiheit, seine (Vermögens-)Interessen mittels rechtsverbindlicher Abreden mit Vertragspartnern selbst zu gestalten: Die Vertragschließenden machen von ihr Gebrauch, indem sie selbst über Ob und Inhalt eines Vertragsschlusses entscheiden; sie gestalten insoweit ihre rechtlichen Beziehungen nach eigenem Willen[6]. Auch diese Bestimmung greift zu kurz und bedarf weiterer Verfeinerung. Sie ist geprägt von einer abwehrrechtlichen Perspektive gegenüber unmittelbarer staatlicher Gestaltung der privaten Verhältnisse. Nur unzureichenden Aufschluß gibt sie hingegen über die besondere Art des Freiheitsgebrauchs, der sich aus dem (mindestens) zweiseitigen Charakter des Vertragsschlusses ergibt: dem korrespondierenden Zusammenwirken zu unterscheidender Freiheiten – der negativen und der positiven Vertragsfreiheit der am Vertragsschluß Beteiligten.

a) Ausüben der positiven Vertragsfreiheit durch inhaltliche Gestaltung der Vertragsbeziehung

Möchte jemand ein Bedürfnis befriedigen, dem er alleine nicht abhelfen kann oder will, wird er bestrebt sein, den Mangel durch die Leistung eines anderen ausgleichen zu lassen[7]. Sein Interesse richtet sich somit darauf, den anderen in den eigenen „Entfaltungsplan"[8] einzufügen, ihn für seine Zwecke zu instrumentalisieren[9], indem er Zugriff auf das Leistungsvermögen eines entsprechend Befähigten erlangt. Im Rahmen einer Friedensordnung kann er in den Genuß des Gutes oder der Dienstleistung grds. aber nur kommen, wenn sich der andere ihm gegenüber zur Leistung bereit findet. Kann das Geschäft nicht sofort abgewickelt

---

[6] Siehe etwa *Wolf*, Rechtsgeschäftliche Entscheidungsfreiheit, S. 19 m.w.N.
[7] Anschaulich dazu *Stern*, VerwArch 49 (1958), 106, 123: „Sobald der Mensch den Robinson-Status überwunden hat, drängt es ihn, sich seiner Mitmenschen und deren Habe zu bedienen, um seine eigenen Zwecke zu fördern."
[8] Formulierung von *Suhr*, Gleiche Freiheit, S. 25.
[9] *Suhr*, EuGRZ 1984, 529, 534.

werden[10], will sich der Nachfragende auf die Leistungsbereitschaft des anderen verlassen können[11]. Das Bestreben des Nachfragenden geht somit dahin, ein verbindliches Leistungsversprechen des Anbieters zu erlangen. Ziel ist der Erwerb eines Anspruchs, also die Befugnis, von dem anderen die Erfüllung des Leistungsversprechens verlangen zu dürfen. Der Nachfragende wird deshalb eine Verständigung mit dem Anbieter versuchen, um sich in der gewünschten Weise zu „vertragen": er wird seine Handlungsfreiheit dazu nutzen, den Anbieter zu einer entsprechenden Ermächtigung zu bewegen, und dann im Erfolgsfall seine dergestalt erworbene Gestaltungsmacht ausüben. Kommt ein solches vertragliches Schuldverhältnis zustande, hat der Nachfrager durch aktive inhaltliche Gestaltung der Beziehung zum Anbieter von seiner positiven Vertragsfreiheit Gebrauch gemacht. In Reinform – weil unbeeinflußt durch etwaige eigene Leistungsverpflichtungen – realisiert sich die positive Vertragsfreiheit somit etwa in der Annahme eines Schenkungsversprechens: Der Versprechensempfänger erlangt hier den Zugriff auf die Vermögenssphäre des Versprechenden („Zuwendung, durch die jemand aus seinem Vermögen einen anderen bereichert", § 516 Abs. 1 BGB)[12].

b) Verzicht auf die negative Vertragsfreiheit durch Selbstbindung des Schuldners im Vertragsschluß

Umgekehrt geht derjenige, der das Leistungsversprechen abgibt, durch den Vertragsschluß eine Leistungsverpflichtung ein. Da er sich im Umfang dieser Selbstbindung seiner Handlungsfreiheit begibt, disponiert er über eine Freiheit im negativen Sinn[13]: die Freiheit, keinem Zugriff auf

---

[10] Zum sog. „Handgeschäft" siehe *Willoweit*, JuS 1984, 909, 912.
[11] Vgl. *Savigny*, Obligationenrecht, S. 9.
[12] Die Ansicht von *Köndgen*, Selbstbindung ohne Vertrag, S. 158, „selbst hartnäckigen Anhängern der Willenstheorie würde der Nachweis schwerfallen, daß das Einverständnis des Promissars eine ‚Gestaltung der Rechtsverhältnisse in Selbstbestimmung' beinhalte", kann nicht überzeugen. Zwar hat der Versprechensempfänger hier „interaktionstheoretisch" insofern zur Vereinbarung nichts beigetragen, als er das Versprechen nicht durch das Angebot einer Gegenleistung provoziert hat. Gleichwohl gestaltet der Versprechensempfänger seine Vermögenangelegenheiten auch und gerade durch die schlichte Annahme eines (altruistischen) Angebots. Die bloße Unentgeltlichkeit steht der Selbstgestaltung nicht entgegen. Im Gegenteil kann sie u.U. sogar Ausweis besonderen Verhandlungsgeschicks sein. Dazu, daß es gleichwohl für die Beurteilung der Freiheitlichkeit des Vertragsschlusses auf die Perspektive des sich Verpflichtenden ankommt, sogleich im Text.
[13] Zur Unterscheidung von positiver und negativer Freiheit *Schapp*, AcP 192 (1992), 355, 359 ff. unter Anknüpfung an *Kant* (dazu insb. S. 363 ff.); *ders.*, JZ 1998, 913, 914;

das eigene Leistungsvermögen ausgesetzt zu sein[14]. Er verzichtet insoweit auf seine negative Vertragsfreiheit[15]. Bildlich gesprochen stellt der Schuldner damit einen Teil der eigenen Freiheit zur Verfügung des Gläubigers, er „verlagert" sie gewissermaßen auf ihn[16]. Der Schuldner wird

---

Dreier, in: ders., GG, Vorb. Rn. 48; *Schubert*, RdA 2001, 199, 201. Siehe auch *Zöllner*, FS Bydlinski, S. 517, 525. Anders der Sprachgebrauch bei *Neuner*, Privatrecht und Sozialstaat, S. 9 f. in Anschluß an *Haverkate*, Verfassungslehre, S. 158 Fn. 2, der die positive Freiheit als „materiale" Freiheit versteht, über die der Staat eine Definitions- und Regelungskompetenz habe.

[14] *Köndgen*, Selbstbindung ohne Vertrag, S. 120 referiert die von ihm sog. „klassische, altliberale Konzeption" folgendermaßen: „Die dritte Funktion der Vertragsfreiheit mag man als die *negatorische* bezeichnen". „Vertragsfreiheit (…) gibt auch das Recht, sich gegen ungewollte und lästige Inpflichtnahme, gegen jede Art von Fremdbestimmung, sei es durch ein anderes Privatrechtssubjekt oder durch den vertragskorrigierenden Richter, zur Wehr zu setzen. Auf eine sinnfällige Dichotomie reduziert heißt dies: Obligation, die nicht auf Selbstbestimmung beruht, ist Zwang" [Hervorhebung im Original].

[15] Zum Begriff MünchKomm-*Kramer*, Einl. zu Bd. 2 Schuldrecht Allgemeiner Teil Rz. 14; *Neuner*, JZ 1999, 126. Siehe auch schon *Krüger*, BB 1956, 969; *Merten*, JuS 1976, 345, 346 m.w.N. in Fn. 21. Ähnlich *Busche,* Privatautonomie und Kontrahierungszwang, S. 127, der von einer „negativen Vertragsbegründungsfreiheit" spricht. Man könnte auf die Idee kommen, noch grundlegender vom Verzicht auf die „negative Privatautonomie" zu sprechen. *Schapp*, AcP 192 (1992), 355, 361, 382 verwendet diesen Begriff, versteht hierunter allerdings die Freiheit der Vertragspartner, grundsätzlich von einem Eingriff in ihre Gestaltungsmöglichkeiten durch zwingendes Recht frei zu sein. Durch zwingendes Recht wird jedoch nicht die Abgrenzungsfreiheit, sondern vielmehr die Inhaltsfreiheit, also die Privatautonomie im positiven Sinne beschränkt. Mit dem Begriff „negative Privatautonomie" könnte deswegen treffender die Freiheit bezeichnet werden, überhaupt keinen vertraglichen Verpflichtungen zu unterliegen, insbesondere also etwa von einem Kontrahierungszwang verschont zu bleiben. Dieser Ausdruck will gleichwohl nicht recht passen, da schon der Begriff der Privatautonomie immer die rechtliche Umsetzung mitdenkt, also auf eine positive rechtliche Gestaltung abzielt. In unserem Zusammenhang geht es hingegen um den vorrechtlichen „Urzustand", der gerade (noch) keiner privatauto*nomen* Ausformung unterliegen soll. Er ist mit „negativer Vertragsfreiheit" hinreichend bezeichnet.

[16] Diese Sicht scheint an naturrechtliche Lehren vom Versprechensvertrag anzuschließen. Für *Grotius* und in seinem Gefolge *Pufendorf* setzte sich der Vertragsschluß aus zwei Elementen zusammen. Das Vertragsversprechen war zunächst ein Akt einseitiger Selbstbindung, das erst in einem zweiten Schritt – analog zur Sachübertragung – durch die Abgabe auf den Adressaten übertragen wurde (dazu ausführlich *Schmidlin*, FS Seiler, S. 187 ff. m.w.N., der das Modell deshalb als „translativen Versprechensvertrag" bezeichnet; siehe auch *St. Lorenz,* Schutz vor dem unerwünschten Vertrag, S. 30 f.). Diese Lehre gilt zwar mittlerweile durch das maßgeblich von *Savigny* in Anschluß an *Kant* begründete pandektistische Modell der Willensvereinigungen (auch dazu *Schmidlin*, a.a.O. S. 198 ff.) als überwunden, dem zufolge nicht ein Übertragungsakt, sondern der gemeinschaftliche Wille als gesetzgebendes Vernunftvermögen, das heißt als freier verbindlicher Wille den Vertrag wirksam werden läßt. Gleichwohl kommt auch diese Lehre

zwar durch die „Obligation" nicht im Wortsinn an den Gläubiger „gefesselt", dieser erlangt auch kein Herrschaftsrecht über die Person des Schuldners, aber insofern Macht – und insoweit doch auch ein „Herrschaftsrecht"[17] – über den schuldnerischen Willen, als der Gläubiger von ihm nunmehr Erfüllung der eingegangenen Verpflichtung verlangen kann[18].

c) Das Verhältnis von positiver und negativer Vertragsfreiheit

aa) Die Korrespondenz beim Leistungsversprechen

Ein vertragliches Schuldverhältnis kommt also dadurch zustande, daß der Versprechende unter Verzicht auf seine negative Vertragsfreiheit – der statischen, am status quo orientierten Abgrenzungsfreiheit[19] – ein

---

nicht ohne die Vorstellung aus, daß es durch den Vertragsschluß zu einem Freiheits„transfer" kommt (vgl. dazu das *Savigny*-Zitat in Fn. 18; siehe auch *Hattenhauer*, Grundbegriffe, S. 92 zur Kantschen Verbindlichkeitslehre: Eine Person „stellte einen Teil ihrer Freiheit zur Verfügung der anderen. Verbindlichkeit kam dadurch zustande, daß jemand in den Besitz einer gewissen Menge von Freiheit einer anderen Person gelangte". „Die obligatio war somit rechtmäßig verlagerte Freiheit"). Sie wird deshalb sogar als „Sandhaufen-Theorie" der Freiheit bezeichnet, weil ihr zufolge einzelne „Freiheitspartikel" vom Berechtigten auf eine andere Person übertragen werden könnten (*J. Schmidt,* Vertragsfreiheit, S. 103 ff.). Zur „Enteignungswirkung" schuldrechtlicher Leistungspflichten *Lobinger*, Rechtsgeschäftliche Verpflichtung, S. 90 m.w.N.

[17] Zum Verständnis des Anspruchs als Herrschaftsrecht *Adomeit*, Gestaltungsrechte, S. 26 ff. und schon oben bei § 2 Fn. 3.

[18] Vgl. *Savigny*, Obligationenrecht, S. 4: Die Obligation „besteht in der Herrschaft über eine fremde Person; jedoch nicht über diese Person im Ganzen (wodurch deren Persönlichkeit aufgehoben seyn würde), sondern über einzelne Handlungen derselben, die aus ihrer Freiheit ausscheidend, und unserem Willen unterworfen, gedacht werden müssen"; S. 5: „auf der anderen Seite erscheint die natürliche Freiheit eingeschränkt, als ein Zustand der Unfreiheit oder Nothwendigkeit". *Larenz*, Schuldrecht I, S. 16 f. hält dem entgegen, eine Herrschaft über die Leistungshandlung des Schuldners könne es nicht geben, „da jede Handlung den Grund ihrer Existenz in der Freiheit des Handelnden hat, die ihrerseits kein möglicher Gegenstand der Beherrschung durch einen anderen ist". Nun hat sich auch *Savigny* die „Herrschaft über die Leistungshandlung des Schuldners" nicht im dem Sinne vorgestellt, daß die Handlungsfreiheit des Schuldners dem Gläubiger partiell ausgeliefert werde und somit von ihm gleichsam gebeugt werden dürfe. *Savignys* Formulierung soll nur plastisch zum Ausdruck bringen, daß die Erfüllung der Obligation insofern nicht mehr im Belieben des Verpflichteten steht, als dieser nicht nur in ein sittliches Sollen, sondern zudem in die Durchsetzbarkeit der eigenen Verpflichtung eingewilligt hat. Die unmittelbare Erzwingbarkeit der Obligation wird von *Larenz* nicht hinreichend erfaßt, wenn er (a.a.O., S. 23) die Obligation (im Sinne der ursprünglichen Bedeutung „Fesselung") durch das ethische Moment des Verpflichtetseins, des Sollens, in den Hintergrund gedrängt und die „Schuld" letztlich in einer reinen Vermögenshaftung aufgehen sieht.

[19] Zum Begriff der Abgrenzungsfreiheit *Schapp*, JZ 1998, 913, 914.

Leistungsversprechen abgibt und der Versprechensempfänger es korrespondierend mittels Ausübung seiner positiven Vertragsfreiheit – der dynamischen, auf Veränderung der eigenen Sphäre angelegten Entfaltungsfreiheit[20] – annimmt. Wie oben gezeigt, gehen hier Ermächtigung und Gestaltung Hand in Hand.

bb) Der gegenseitige Vertrag

Im für den Wirtschaftsverkehr typischen Fall des gegenseitigen Austauschvertrages werden wechselseitig Schuldverhältnisse vereinbart. Hier üben also beide Vertragspartner jeweils ihre positive Vertragsfreiheit aus und verzichten zugleich auf ihre negative. Da die beiden Schuldverhältnisse in Entstehung und Durchsetzung[21] aufeinander bezogen sind, bilden sie ein einheitliches Rechtsgeschäft. Gleichwohl bleiben die beiden Elemente unterscheidbar.

d) Fazit

Für die Freiheitlichkeit des Zustandekommens des Schuldverhältnisses ist also entscheidend, daß sich der (jeweilige) Schuldner selbst bindet. Der prospektive Gläubiger kann seine Vorstellungen im Vertragsinhalt nur dann verwirklichen, wenn der in Aussicht genommene Schuldner diese Absichten auch konsentiert und ihn zu einer entsprechenden Gestaltung ermächtigt. Nur wenn er dem Gläubiger durch Verzicht auf seine negative Vertragsfreiheit insoweit entgegenkommt, kann dieser überhaupt von seiner positiven Vertragsfreiheit Gebrauch machen.

2. Das Verhältnis der positiven Vertragsfreiheit zur Vertragsrechtsordnung – Der staatliche Geltungsbefehl für private Abreden

Damit sich vertragliche Vereinbarungen nicht im Privatkonsens erschöpfen, der allenfalls aufgrund ökonomischen (Austausch-)Kalküls, sozialen Drucks oder sittlicher Verpflichtung zur Erbringung der geschuldeten Leistung führt, bedürfen sie zur Erlangung eines Grades von Verbindlichkeit, der unabhängig von den genannten Umständen die – notfalls zwangsweise – Durchsetzung der vertraglich geschuldeten Leistungen[22] gewährleistet, der Ausstattung mit Rechtsqualität. Die private

---

[20] Zum Begriff der Entfaltungsfreiheit *Schapp*, JZ 1998, 913, 914.
[21] Hierzu jüngst *Ernst*, AcP 199 (1999), 485.
[22] Im Rechtszwang liegt der Hauptunterschied zu anderen Normensystemen, etwa einem Moralsystem. Besonders plastisch hat dieses Moment *Kelsen*, Reine Rechtslehre, 1. Aufl., 27. f), S. 63 ff. herausgestellt. Ihm zufolge ist zwar auch ein Moralsystem auf eine

Handlung kann aus sich selbst heraus die Zuordnung zum Recht nicht bewirken. Hierzu ist nach heutigem Verständnis allein der Staat als Träger und Garant der Gesamtrechtsordnung in der Lage. Rechtswirksamkeit erlangen private Abreden also erst aufgrund staatlicher Sanktionierung[23], erst dann mündet die positive Vertragsfreiheit in „Privatautonomie" im Sinne von *rechtlicher* Selbstgestaltung. Die Privatautonomie – und als ihr Element die positive Vertragsfreiheit – ist somit keine natürliche, der staatlichen Rechtsordnung vorausliegende Freiheit, sondern auf staatliche Umsetzung angewiesen. Die Privatrechtsordnung ist deshalb, nach dem berühmten Satz von *Flume*, das Korrelat der Privatautonomie[24].

Trotz des freiheitlichen Vorgangs des Vertragsschlusses selbst bedarf die Erlangung von Rechtsqualität für die resultierende Regelung also letztlich immer der staatlichen Autorität, die qua Rechtsordnung diese Form privaten Konsens' aus der Vielzahl zwischenmenschlicher Kommunikationsformen heraushebt und mit Rechtszwang ausstattet. Mit den Worten des Bundesverfassungsgerichts in der Bürgschaftsentscheidung ausgedrückt: „Nach ihrem Regelungsgegenstand ist die Privatautonomie notwendigerweise auf staatliche Durchsetzung angewiesen. Ihre Gewährleistung denkt die justitielle Realisierung gleichsam mit"[25]. Die Rechtswirkung eines privaten „Rechtsgeschäfts" kommt also zweigleisig zustande: zur privaten Regelerzeugung tritt der staatliche Geltungsbefehl hinzu[26].

Die staatliche Sanktionierung des privaten Vertrags erfolgt typischerweise in drei Schritten. Zunächst abstrakt generell durch das Aufstellen

---

einheitliche Grundnorm rückführbar (etwa „du sollst dein Versprechen halten"). Der Inhalt der die Ordnung bildenden Normen ist als das Besondere unter das Allgemeine subsumierbar. Rechtsnormen gelten aber nicht kraft ihrer evidenten inhaltlichen Qualität, sondern weil sie *als Recht* gesetzt sind. „Zwang soll gesetzt werden unter den Bedingungen und auf die Weise, die der erste Verfassungsgeber oder die von ihm delegierten Instanzen bestimmen: das ist die schematische Formulierung der Grundnorm einer Rechtsordnung (im Sinn einer einzelstaatlichen Rechtsordnung, von der hier zunächst allein die Rede ist)."

[23] *F. Kirchhof*, Private Rechtsetzung, S. 49 ff.; *P. Kirchhof,* FS Ulmer, S. 1211; *Isensee*, FS Großfeld, S. 485, 495; *Hellermann*, Die sogenannte negative Seite der Freiheitsrechte, S. 205 ff.; *Roth*, Grundrechte, S. 229, 233.
[24] *Flume*, Rechtsgeschäft, § 1/2, S. 1 f.; *H. P. Westermann*, Vertragsfreiheit, S. 27 f. m.w.N. in Fn. 26; *Höfling*, Vertragsfreiheit, S. 21 spricht von einer normativ konstituierten Freiheit.
[25] E 89, 214, 231 unter C II 2 a der Gründe.
[26] Vgl. *F. Kirchhof*, Private Rechtsetzung, S. 157.

von Rechtssätzen, die den privaten Willenskonsens als Rechtsakt anerkennen und rechtlich ausgestalten: § 311 Abs. 1 BGB macht aus ihm ein Rechtsverhältnis, indem die Norm die vertragliche Verpflichtung einem gesetzlichen Schuldverhältnis gleichstellt[27], § 241 Abs. 1 BGB knüpft hieran eine gesetzliche Leistungspflicht. In einem zweiten Schritt durch die justizförmige Feststellung der Leistungspflicht, die in einen konkret individuellen Leistungsbefehl, den Titel, mündet. Und schließlich durch Erzwingung des geschuldeten Tuns oder Unterlassens mittels direkten Zugriffs auf die Schuldnersphäre im Wege der Zwangsvollstreckung.

II. Selbstbindung als Disposition über grundrechtlich geschützte Freiheit

1. Grundrechtsschutz der negativen Vertragsfreiheit

Im Unterschied zur positiven Vertragsfreiheit ist die negative Vertragsfreiheit[28] eine natürliche Freiheit. Sie bezeichnet die der Rechtsordnung vorausliegende Freiheit, den „Urzustand" ohne staatlich sanktionierte vertragliche Bindung. Jedenfalls[29] als Teil der allgemeinen Handlungsfreiheit ist sie deshalb im Rahmen von Art. 2 Abs. 1 GG vor staatlichen Eingriffen grundrechtlich geschützt[30].

2. Staatliche Geltungsanordnung als potentieller Eingriff

a) Rechtszwang als Belastung

Vertragliche Abreden beschränken sich, wie eben festgestellt, nicht auf den Privatkonsens unter den unmittelbar Beteiligten, sondern erlangen aufgrund staatlicher Sanktionierung Rechtsqualität. Die private Abrede ist nicht nur „lex contractus" im ethischen Sinn[31]. Vielmehr wird ihre

---

[27] *Löwisch*, AcP 165 (1965), 421, 422.
[28] Dazu oben schon unter § 3.A.I.1.b), S. 24 ff.
[29] Zum Streit, ob die Unterlassensfreiheit vom Schutzbereich des Grundrechts erfaßt wird, das die korrespondierende Betätigungsfreiheit schützt – ob also etwa die negative Vertragsfreiheit im Arbeitsverhältnis durch Art. 12 GG geschützt wird –, oder ob sie allein unter die allgemeine Handlungsfreiheit fällt, *Hellermann*, Die sogenannte negative Seite der Freiheitsrechte, insb. S. 130 ff., 224 ff. m.w.N., der sich dezidiert für Letzteres ausspricht (Zusammenfassung, S. 250 f.). Dazu, daß es für Prüfungsumfang und -intensität letztlich belanglos ist, welchem Schutzbereich die Unterlassensfreiheit zugeordnet wird, unten in Fn. 207.
[30] So schon *Krüger*, BB 1956, 969; *E. R. Huber*, DÖV 1956, 135, 137; *Merten*, JuS 1976, 345, 346.
[31] Zum Begriff *Flume*, Rechtsgeschäft, § 33/2, S. 602; *Adomeit*, Rechtsquellenfragen,

Verletzung zum Verstoß gegen eine gesetzliche Verpflichtung[32]. Der vertraglich Verpflichtete sieht sich damit nicht nur dem privaten Anspruchsteller, sondern auch dem Staat gegenüber, der das im Ursprung zunächst private Begehren mit Rechtszwang ausstattet und ggf. mit Zwangsmitteln gegen den Verpflichteten durchsetzt. Zur Schuld als Sollensverpflichtung tritt also die Haftung als Duldenmüssen staatlicher Vollstreckungsmaßnahmen. Die Initiative zur Realisierung der Forderung geht zwar von dem privaten Anspruchsteller aus, es ist aber der Staat, der – wie in anderen Fällen obrigkeitlichen Handelns auch – mit Zwang auf die Sphäre des Verpflichteten einwirkt. Die staatliche Geltungsanordnung versieht die privaten vertraglichen Abreden also mit einem heteronomen Element[33], das zumindest als potentieller Eingriff in die grundrechtlich geschützte negative Vertragsfreiheit des Betroffenen erscheint.

Ein solcher Eingriff läge dann bereits im Rechtszwang selbst, nicht erst in der staatlichen Exekution der gesetzlichen Geltungsanordnung. Durch Titelverschaffung und Zwangsvollstreckung käme es grundsätzlich – sofern nicht spezifische Verfahrensrechte verletzt werden – zu keiner weitergehenden Belastung, da jene lediglich das gesetzliche Regelungsprogramm vollziehen[34].

b) Spannungsverhältnis zwischen negativer Vertragsfreiheit und staatlicher Sanktionierung der Privatautonomie

Die staatliche Sanktionierung der Privatautonomie beeinträchtigt damit zumindest potentiell die negative Vertragsfreiheit. Für die Beurteilung der Freiheitlichkeit des Zustandekommen des Schuldverhältnisses kommt es also entscheidend darauf an, ob und inwieweit der Rechtszwang der vom Schuldner eingeräumten Ermächtigung entspricht oder aber darüber hinausgeht und damit seine Freiheitssphäre verkürzt.

S. 80. Dazu, daß sich die Parteien im Vertrag „ihr gemeinsames ‚Gesetz'" geben, *Oechsler*, Gerechtigkeit, S. 206.

[32] *Löwisch*, AcP 165 (1965), 421, 422.

[33] *Kelsen*, Reine Rechtslehre, 2. Aufl., 33. a), S. 175 zufolge besteht deshalb „auch im Privatrecht keine volle Autonomie", und *Radbruch*, Rechtsphilosophie, S. 241 kommt sogar zu dem Schluß: „Vertragsbindung ist nicht Autonomie, sondern Heteronomie."

[34] Vgl. *Th. Koch*, Grundrechtsschutz, S. 140, 477 f.

c) Prinzipielle Betroffenheit der abwehrrechtlichen Dimension

Soweit der Rechtszwang tatsächlich zu einem Eingriff in Art. 2 Abs. 1 GG führt, ist die abwehrrechtliche Dimension des Grundrechts betroffen. Die staatliche Sanktionierung privater Abreden bedürfte dann der Rechtfertigung. Insofern gilt hier grundsätzlich nichts anderes als bei hoheitlichem Staatshandeln.

3. Die grundrechtliche Dimension der Selbstbindung

Wäre die staatliche Geltungsanordnung in jedem Einzelfall rechtfertigungspflichtig, könnten nur solche privaten Abreden den Filter der Grundrechtsprüfung passieren, die der dann obligatorischen verfassungsrechtlichen Angemessenheitskontrolle standhalten. Von Privatautonomie im Sinne einer „Selbstgesetzgebung" könnte dann nicht mehr die Rede sein. Nicht zuletzt auf dieser Befürchtung beruht die verbreitete Skepsis gegenüber der Geltung der Grundrechte im Privatrechtsverkehr.

Die folgende Analyse wird zeigen, daß das Verhältnis von Rechtszwang und grundrechtlichem Schutz der negativen Vertragsfreiheit weitaus differenzierter ist.

a) Staatliche Geltungsanordnung als Eingriff in den Schutzbereich? – Die Reichweite des Verzichts auf die negative Vertragsfreiheit

Wie bereits ausgeführt, begibt sich derjenige, der eine vertragliche Bindung eingeht, seiner negativen Vertragsfreiheit. Da diese verfassungsrechtlich geschützt ist, disponiert er über eine grundrechtlich geschützte Freiheit: Der Vertragsschließende verfügt somit – wie es das Bundesverfassungsgericht ausdrückt – gegenüber anderen Privaten ohne staatlichen Zwang über grundrechtlich geschützte Positionen[35]. Damit ist allerdings lediglich eine Aussage über Dispositionsobjekt und -verfahren getroffen, aber noch nicht gesagt, daß auch das Resultat dieser Disposition, die rechtliche Bindung, keinen staatlichen Zwang darstellt. Es kommt mithin darauf an, ob sich die Disposition auf die Beziehung der Privatrechtssubjekte untereinander beschränkt oder ob sie darüber hinaus auch Bedeutung für das Verhältnis von grundrechtlich geschützter individueller Vertragsfreiheit und Privatrechtsordnung gewinnt.

Die staatliche Anerkennung und Durchsetzung privater Ansprüche konstituiert nur dann keine heteronome Zwangsordnung, wenn in der

---
[35] BVerfG v. 7.2.1990, E 81, 242 unter C I 2.

Disposition über die negative Vertragsfreiheit zugleich auch das Einverständnis mit der staatlichen Sanktionierung liegt, wenn also die staatlich vermittelte Rechtsqualität der privaten Abrede kein Zwangsmoment hinzufügt, das nicht bereits im vertraglichen Konsens enthalten ist.

aa) Rechtsbindung als Eingriff? – Rechtsgeschäft als Geltungserklärung

(1) Zielen auf einen wirtschaftlichen Erfolg

Der Vertragsschluß bezweckt regelmäßig einen Gütertransfer oder das Erbringen einer Dienstleistung. Im Zentrum der Gestaltung steht also meist ein bestimmter wirtschaftlicher oder gesellschaftlicher Erfolg. Wenn sich die Parteien auf einen solchen Inhalt verständigen, kommt es zunächst zu einer natürlichen Willenseinigung, nicht anders als im rein gesellschaftlichem Verkehr etwa bei einer Essensverabredung oder bei einem sog. gentlemen's agreement[36]. Der Gläubiger erstrebt den vertraglichen Erfolg im Vertrauen auf das Wort des Versprechenden, der Vertrag führt also vorderhand zu einer sozialen Bindung des Schuldners[37].

Die Anhänger der sog. Grundfolgentheorie[38] nahmen an, daß sich das Rechtsgeschäft in diesem Akt erschöpft, es einen bloßen Tatbestand darstellt, an den der Gesetzgeber für solche spezifischen Formen sozialen Konsenses Rechtsfolgen geknüpft hat. Allein die Rechtsordnung macht hiernach aus dem „sittlichen" Sollen ein rechtliches. Die staatlich angeordnete *Rechtsbindung* läge dann außerhalb der Selbstbindung und wäre schon deshalb heteronom.

(2) „Normierender Wille"[39] der Vertragsschließenden

Durch diese Bestimmung wird aber der Charakter des Vertragsschlusses nicht hinreichend erfaßt. Das Rechtsgeschäft ist nicht bloßes Anknüpfungsobjekt für die Rechtsordnung, sondern selbst Geltungs*erklärung*[40].

---

[36] Dazu *Reuss*, AcP 154 (1955), 485; Soergel-*Hefermehl*, BGB, Vor § 116 Rn. 28.
[37] Zur obligatio naturalis siehe *Hattenhauer*, Grundbegriffe, S. 89 ff.
[38] Dazu Enneccerus-*Nipperdey*, § 145 II. A 1, S. 896 Fn. 4; MünchKomm-*Kramer*, BGB, Vor § 116 Rn. 14; weitere Nachw. bei *Flume*, Rechtsgeschäft, § 4/5, S. 51; *Singer*, Selbstbestimmung, S. 45 Fn. 2.
[39] *Hölder*, Verhandlungen des Zwanzigsten Deutschen Juristentags, Bd. 4, S. 87: „der Wille, von dem wir reden, wenn wir von einer Willenserklärung reden, das ist immer ein normirender Wille".
[40] *Flume*, Rechtsgeschäft, § 4/7, S. 57: „ Das Rechtsgeschäft ist seinem Inhalt nach Geltungserklärung, weil durch den rechtsgeschäftlichen Akt eine Regelung in Geltung gesetzt wird, durch welche ein Rechtsverhältnis begründet, geändert oder aufgehoben wird"; *ders.*, Rechtsgeschäft, § 4/5, S. 52: „Nicht das Wollen irgendwelcher Erfolge oder

Es erstrebt den sachlichen Erfolg als rechtlichen. Die Parteien selbst wollen, gerade im Unterschied etwa zu einer Essensverabredung, durch Ausüben der Vertragsfreiheit eine verbindliche Vereinbarung schaffen, die gegenüber der verpflichteten Partei ggf. auch durchgesetzt werden kann. Sie haben also Rechtsbindungswillen und wünschen ein Rechtsverhältnis.

(3) Der Grundsatz der Vertragstreue als Eingriff gegenüber später geändertem Willen?

(a) Gegen die Herleitung der Vertragsbindung aus einer Geltungserklärung der Kontrahierenden wird eingewandt, daß dann auch der Fortbestand der Bindung vom – so ist zu ergänzen: fortbestehenden – Willen des Verpflichteten abhängen müßte[41]. Wäre das richtig, müßte unweigerlich eine gegen den mittlerweile veränderten Willen des Verpflichteten gesetzlich aufrechterhaltene Bindung die Vertragsfreiheit des Schuldners beeinträchtigen. Die lex contractus bekäme ein beschwerendes Eigenleben. Das verpflichtende Rechtsgeschäft ließe sich dann nicht als Mittel, sondern eher als Beschränkung der Privatautonomie verstehen[42].

Dieser Einwand mißversteht den Charakter der vertraglichen Selbstverpflichtung. Nicht zu bestreiten ist zwar, daß die vertragliche Bindung künftige Gestaltungsmöglichkeiten des Verpflichteten beschneidet und ihn insofern in seiner Handlungsfreiheit begrenzt. Über die eigenen Res-

---

Zwecke ist aber Inhalt des Rechtsgeschäfts, sondern daß etwas gelten, und zwar von Rechts wegen gelten soll". „Der rechtsgeschäftliche Wille gilt dem rechtlichen Sollen des Rechtsgeschäfts. Im Normalfall will der Erklärende, daß als Rechtens gelten soll, was er erklärt"; *Canaris*, Vertrauenshaftung, S. 413; *Singer*, Selbstbestimmung, S. 45; *Enderlein*, Rechtspaternalismus, S. 74; *Hönn*, Kompensation, S. 36 f.

[41] Insbesondere *F. Bydlinski*, Privatautonomie, S. 69; ähnlich *Wolf*, Rechtsgeschäftliche Entscheidungsfreiheit, S. 25 f. m.w.N in Fn. 74; *St. Lorenz*, Schutz vor dem unerwünschten Vertrag, S. 28 ff. Siehe auch *Bäuerle*, Vertragsfreiheit, S. 347 ff., 413 f., der zwar, ähnlich der hier vertretenen Position, der staatlichen Sanktionierung privater Abreden den Schutz des Verpflichteten durch die Grundrechte in ihrer Abwehrfunktion gegenüberstellt, den mit diesem Ansatz erzielten Fortschritt für das Verständnis der Grundrechtswirkung im Privatvertragsrecht sogleich aber wieder dadurch unkenntlich macht, daß er der rechtlichen Bindung letztlich immer heteronomen Charakter zuweist und deshalb bei der gesetzlichen Ausgestaltung des Vertrags durch den Gesetzgeber grundsätzlich eine Abwägung zwischen Schutz und Eingriff für erforderlich hält.

[42] So *F. Bydlinski*, Privatautonomie, S. 68. Ähnlich *Hönn*, FS Kraft, S. 259: „In einem materiellen Sinne sind Selbstbestimmung und Vertragsfreiheit dagegen stets eingeschränkt, durch die mit dem Selbstbestimmungsakt bzw. der Entscheidung verbundene Nachteile bzw. beim Vertragsschluß durch die mehr oder weniger starke Mitbestimmung des Partners."

sourcen kann letztlich immer nur ein Mal disponiert werden. Das dem Vertragspartner gegebene Versprechen verbietet deshalb eine erneute Disposition einem anderen gegenüber, – auf die „enteignende" Wirkung der Obligation wurde oben schon hingewiesen[43]. Hierin eine Beschwer zu sehen hieße jedoch, die Vertragsfreiheit zu einer immerwährenden Wahlfreiheit zu verklären. Tatsächlich findet die Gestaltungsfreiheit in ihren Konsequenzen ihre Grenze[44].

Den Grundsatz der Vertragstreue für einen Eingriff halten kann nur, wer sich einseitig auf die durch den Vertragsschluß ausgelöste künftige Beschränkung der positiven Vertragsfreiheit konzentriert und nicht erkennt, daß im Vertragsschluß im Ausmaß der eingegangenen Bindung ein Verzicht auf die negative Vertragsfreiheit liegt. Die aus dem Schuldverhältnis folgende Einschränkung der Freiheit ist Folge der Freiheitsbetätigung des Betroffenen selbst: Freiheit kann sich gerade darin artikulieren, daß man sich ihrer begibt[45]. Das Eingehen einer vertraglichen Verpflichtung impliziert also nicht nur den Verzicht auf einen erneuten, abweichenden Gebrauch der Vertragsfreiheit[46], sondern eröffnet – darauf wurde oben[47] schon hingewiesen – dem Gläubiger den Zugriff auf die Vermögenssphäre des Schuldners: Der Schuldner hat diesen Teil seiner Freiheit bereits auf den Gläubiger „verlagert" und ihm insoweit Macht über den eigenen Willen eingeräumt. Der Verzicht gilt nicht nur für den Moment des Vertragsschlusses, sondern notwendigerweise für den gesamten Zeitraum bis zur Vertragserfüllung. Wenn der Gläubiger nun von dieser Kompetenz, der „Einziehungsbefugnis"[48], Gebrauch macht, ist mithin – bildlich gesprochen – gar keine Freiheit mehr vorhanden, die er beschränken könnte. Der Grundsatz „pacta sunt servanda" beschränkt deshalb nicht – von außen – die Privatautonomie, sondern zeichnet nur –

---

[43] Oben bei § 2 Fn. 22.
[44] *Hübner*, FS Börner, S. 720.
[45] Dazu *Canaris*, AcP 200 (2000), 273, 279: „Genauer betrachtet ergibt sich dabei die Verbindlichkeit des auf einer völlig freien Entscheidung beruhenden Vertrags schon aus dem Prinzip der formalen Vertragsfreiheit selbst, weil rechtliche Geltung notwendigerweise Bindung impliziert und die Ingeltungsetzung von Rechtsfolgen demgemäß gar nicht anders gedacht werden kann als mit der Konsequenz der Verbindlichkeit."
[46] Siehe dazu *Enderlein*, Rechtspaternalismus, S. 89: „… daß eine zukunftsbezogene Lebensführung ohne die Beeinflussung und auch Beeinträchtigung zukünftiger Wahlmöglichkeiten gar nicht möglich ist. Die Entscheidung über die Verfolgung zukunftsbezogener Zwecke schließt die Entscheidung über zukünftige Wahlmöglichkeiten mit ein."
[47] Bei Fn. 16.
[48] Zum Begriff Staudinger-*J. Schmidt*, Bearb. 1994, Einl. zu §§ 241 ff. Rn. 122.

von innen – ihre selbst gesetzte Grenze nach. Er ist Folge eigenen Freiheitsgebrauchs und damit nicht zuletzt Ausdruck der Anerkennung des Menschen als vernunftbegabtem Wesen, das für die selbst gewollte Belastung verantwortlich ist und deshalb an der einmal getroffenen Entscheidung auch festgehalten werden kann[49]. Spätere Interessenänderungen oder andere abweichende Affekte können also an der Bindungswirkung nichts mehr ändern. Das Verständnis des Rechtsgeschäfts als Geltungserklärung macht mithin nicht das unveränderte Weiterbestehen des Vertragswillens zur Voraussetzung, sondern gewährleistet im Gegenteil das Weiterbestehen der Bindung unabhängig vom zwischenzeitlich geänderten Belieben des Schuldners[50].

Ein *Vertrags*recht, das an die Selbstbindung nur für den Moment des Vertragsschlusses anknüpft und im übrigen für die rechtliche Verpflichtung aus dem Vertrag auf den Schutz des Vertragspartners oder des Rechtsverkehrs rekurriert[51], begründet demgegenüber eine dem Rechtsgüterschutz verpflichtete heteronome gesetzliche Haftung[52]. Der tiefere Grund, den privaten Konsens mit rechtlicher Verbindlichkeit auszustatten, liegt doch gerade darin, daß der Verpflichtete dies selbst so will und ihm die Konsequenz seines freiheitlichen Handelns gerade deshalb zugerechnet werden kann[53]. Mit dem Schutz des Vertragspartners hat das nichts zu tun[54]: Dessen Anspruch soll ja gerade nicht weiter reichen, als es der Verpflichtete selbst konzidiert hat.

(b) Entgegenzutreten ist deshalb auch der Ansicht[55], der Grundsatz der Vertragstreue sei „keineswegs" allein aus der Privatautonomie erklärbar, sondern beruhe „schlicht auf einer Anordnung des positiven Rechts". In eine ähnliche Richtung weist die Behauptung, der Rekurs auf den Rechtsbindungswillen sei zirkulär, weil er die Rechtsordnung immer schon voraussetze und ihr deshalb nicht zugleich grundrechtlich voraus-

---

[49] Zur Selbstverantwortung als Korrelat der Selbstbestimmung *Ohly*, Einwilligung, S. 77 ff. Zu den vernunftrechtlichen Wurzeln *Hattenhauer*, Grundbegriffe, S. 89 ff. Zur „Spannung zwischen Natur und Vernunft" *Schapp*, Rechtsgeschäftslehre, S. 25. Zum „Pathos" der Rechtsgeschäftslehre *Canaris*, Vertrauenshaftung, S. 416 m. Fn. 17.
[50] Im Ergebnis wie hier *Hönn*, Kompensation, S. 39; *Larenz/Wolf*, BGB AT, § 2 Rn. 32; *Singer*, Selbstbestimmung, S. 56 f.
[51] Insbesondere *F. Bydlinski*, Privatautonomie, S. 66; weitere Nachw. bei *Canaris*, Vertrauenshaftung, S. 412, Fn. 1.
[52] Dazu *Lobinger*, Rechtsgeschäftliche Verpflichtung, S. 119.
[53] Vgl. *Oetker*, Dauerschuldverhältnis, S. 250.
[54] Ebenso *Canaris*, Vertrauenshaftung, S. 414 ff.
[55] *St. Lorenz*, Schutz vor dem unerwünschten Vertrag, S. 28, 35 ff. in Anschluß an *F. Bydlinski*.

liegen könne⁵⁶. Diese Standpunkte beruhen auf einer unzulässigen Gleichsetzung von vertraglicher Einigung und staatlich sanktioniertem Rechtsverhältnis⁵⁷. Der Grundsatz der Vertragstreue ergibt sich, wie eben ausgeführt, bereits aus dem (natürlichen) Vertragsschluß, der seine Verbindlichkeit in sich trägt⁵⁸. Der Vertrag hat also eine der staatlichen Rechtsordnung vorausliegende, apriorische Natur⁵⁹. Davon zu unterscheiden ist die Frage, ob diese Bindung auch Rechtsverbindlichkeit im Sinne staatlicher Anerkennung findet und ggf. mit Rechtszwang durchgesetzt wird. Dies hängt davon ab, ob und inwieweit die Rechtsordnung die private Willenseinigung sanktioniert⁶⁰.

Daß der Grundsatz der Vertragstreue nicht mit der Durchsetzbarkeit privater Abreden mittels Rechtszwangs gleichgesetzt werden kann, wird insbesondere an den sog. Naturalobligationen⁶¹(!), sofern die Parteien hier eine verbindliche Vereinbarung treffen wollten, oder auch an verjährten Forderungen deutlich. Die Rechtsordnung setzt hier zwar den Inhalt der privaten Willenseinigung nicht gegen den Willen des Betroffenen durch. Gleichwohl sind die Vertragsparteien der Vertragstreue nicht schlechthin entbunden. Die eingegangene sittliche Verpflichtung, die – mangels Rechtsbewehrung jetzt nur – „Ehrenschuld" auch zu erfüllen, wird dadurch nicht beseitigt. Die Rechtsordnung will hier lediglich (ausnahmsweise) die ursprünglich eingegangene Selbstbindung nicht gegen eine spätere Interessenänderung durchsetzen, verweigert aber solchen Abreden nicht jedwede Anerkennung. Denn zum einen bildet der Vertrag, wenn geleistet wird, eine hinreichende Rechtsgrundlage für das Behaltendürfen. Und zum anderen erkennt die Rechtsprechung dem Gläubiger einer Naturalobligation im Falle der Schlechter-

---

⁵⁶ Etwa *Struck*, Vertragsfreiheit, S. 43 f.
⁵⁷ Zur Unterscheidung von Vertrag und Rechtsverhältnis *Hattenhauer*, Grundbegriffe, S. 86: „Der Vertrag ist dagegen kein Rechtsverhältnis. Er ist nur eines von mehreren Mitteln, mit deren Hilfe Rechtsverhältnisse zum Entstehen gebracht werden können."
⁵⁸ *Stern*, VerwArch 49 (1958), 106, 130.
⁵⁹ Dazu *Stern*, VerwArch 49 (1958), 106, 122 ff. m.w.N. in Fn. 89.
⁶⁰ *Stern*, VerwArch 49 (1958), 106, 130: „Die Verbindlichkeit des Vertrages zu erklären, bedarf es daher weder einer staatlichen Rechtsnorm, die dies ausspricht, noch der hypothetischen Urnorm pacta sunt servanda; sie folgt vielmehr aus der Qualifizierung einer Abmachung als Vertrag und der im Vertrag beruhenden konstitutiven Verpflichtungskraft der Vertragspartner. Die bindende Kraft eines Vertrages ist mithin nicht derivativ aus einer Rechtsnorm abgeleitet, sondern originär aus dem Vertrag selbst, letztlich aus einer vorrechtlichen, apriorischen Natur; denn angesichts der vorjuristischen Natur des Vertrags kann es nicht eine Rechtsnorm sein, die das für den Vertrag unerläßliche Merkmal seiner Verbindlichkeit *erzeugt*. Dem Begriff des Vertrags wohnt die die Parteien verpflichtende Kraft inne. Rechtsnormen vermögen allenfalls Ausnahmen von diesem Grundsatz zu statuieren."

füllung sogar einen Anspruch auf Schadensersatz aus positiver Forderungsverletzung zu[62].

In unserem Zusammenhang ist allein wesentlich, daß der Grundsatz der Vertragstreue nicht in die negative Vertragsfreiheit eingreift. Ob darüber hinaus aus der vertraglichen Selbstbindung auch ein Anspruch auf Anerkennung des privat Vereinbarten durch die staatliche Rechtsordnung folgt, ist eine andere, von der uns hier interessierenden scharf zu unterscheidende Frage[63]. Jedenfalls stellt der Umstand, daß die Rechtsordnung nicht an jede Spielart privaten Bindungswillens Rechtsfolgen knüpft, keinen Einwand gegen die Herleitung der Bindungswirkung aus dem Willen der Beteiligten dar[64].

(4) Fazit

Der Vertrag ist also nicht nur Anknüpfungspunkt, sondern konstitutiv für die Rechtsfolge. Die oben zur normlogischen Ableitung gemachte Feststellung findet hier ihre Bestätigung. Zum Rechtsverhältnis wird der Vertrag zwar erst aufgrund staatlicher Anerkennung. Selbstbindung und staatliche Anerkennung bewirken aber nur gemeinsam die Rechtsverbindlichkeit des Vertrages[65], zwischen ihnen besteht ein Rechtsschöpfungs- oder Rechtserzeugungszusammenhang. Zur rechtsgeschäftlichen Geltungserklärung tritt der staatliche Geltungsbefehl.

bb) Rechtszwang als Eingriff? –
Selbstbindung auch gegenüber dem Staat

Der Staat gewährleistet aber nicht nur die Selbstbindung der Vertragsparteien durch Bereitstellen einer Rechtsordnung, die den privaten Willen rechtlich ausgestaltet und damit *rechts-verbindlich* macht. Das recht-

---

[61] Dazu *Reuss*, AcP 154 (1955), 485, 501 ff.
[62] BGH v. 8.7.1957, NJW 1957, 1356; dazu Staudinger-*Reuter*, Bearb. 1995, § 656 Rn. 10.
[63] Dazu unten bei Fn. 87.
[64] Gegen *St. Lorenz*, Schutz vor dem unerwünschten Vertrag, S. 35.
[65] Siehe *Kelsen*, Reine Rechtslehre, 2. Aufl., 35. h), S. 261: „Das Rechtsgeschäft als rechtserzeugender Tatbestand"; *Flume*, Rechtsgeschäft, § 1/2, S. 2: „Beides, die privatautonome Gestaltung des Rechtsverhältnisses und die Rechtsordnung gehören als Rechtsgrund der Geltung des privatautonomen Akts untrennbar zusammen"; *Braczyk*, Rechtsgrund und Grundrecht, S. 95: „Dem rechtlichen Handeln vorausgesetzt ist der Wille hierzu – der deshalb auch nicht, als den Gesetzen logisch vorausliegend, von diesen erzeugt (sondern höchstens bestärkt und gefestigt) werden kann".

liche Sollen wird vielmehr darüber hinaus mit *Rechtszwang* bewehrt: Für den Fall, daß der Schuldner seine Verbindlichkeit nicht aus freien Stücken erfüllt, kann der Gläubiger die Erfüllung mittels staatlicher Zwangsmaßnahmen durchsetzen. Der Staat erlegt ihm dann – insofern nicht anders als er es in Fällen der Eingriffsverwaltung tut – die Belastungen unmittelbar auf. Aus dem privaten Sollen wird also ein staatliches Müssen.

Vor allem hierin könnte, wie eingangs angemerkt, ein Eingriff in die negative Vertragsfreiheit des Schuldners liegen. Zwar hat der betroffene Private, wie oben ausgeführt, insoweit bereits über seine negative Vertragsfreiheit disponiert, aber zunächst nur gegenüber seinem Vertragspartner. Die Selbstbindung des Schuldners beschränkt sich jedoch nicht auf das Verhältnis zum Vertragspartner, sondern weist darüber hinaus, sie bezieht die staatliche Komponente der Rechtserzeugung mit ein.

(1) Gewährleistung der Durchsetzung vertraglicher Abreden durch staatliche Beteiligung

Die Parteien wissen, daß nur eine Instanz außer ihnen selbst die Durchsetzung des Vereinbarten – unabhängig vom jeweiligen Belieben und den Kräfteverhältnissen der Vertragsparteien – garantieren kann. Ihnen ist deshalb bewußt, daß im Rechtsstaat nur der Staat ihre Abrede mit Rechtsverbindlichkeit ausstatten kann. Wenn sie mit Rechtsbindungswillen handeln, geht es ihnen also nicht um eine allein auf bilateraler Anerkennung beruhende, außer- oder vorstaatliche „Rechts"verbindlichkeit, sondern um Verbindlichkeit i.S. der staatlichen Rechts*ordnung*. Die Vertragsparteien lösen mithin mit Abschluß des Vertrages zugleich wissentlich und willentlich den staatlichen Geltungsbefehl für das Rechtsgeschäft aus, sie unterstellen es der Rechtsordnung und nehmen somit auch die damit verbundenen belastenden Konsequenzen zumindest in Kauf. Umgekehrt stellt sich der Staat wiederum insoweit in den Dienst der Parteien. Er setzt, jedenfalls in dem hier zunächst interessierenden Modellfall, das durch, was die Parteien selbst vereinbart haben.

(2) Gewaltmonopol beim Staat – Vermeiden der Privatexekution

Die in diesem Kontext von staatlichen Zwangsmaßnahmen ausgehende Beschwer scheint im übrigen nur aus einer tabula-rasa-Betrachtung heraus als für den Betroffenen ausschließlich nachteilig. Wäre sie nicht beim Staat monopolisiert, sähe sich der Schuldner der Privatexekution des Gläubigers ausgesetzt, der bei Renitenz des Schuldners ggf. auf psychische oder gar physische Gewalt zurückgreifen könnte[66]. Der Schuldner ist deshalb durchaus daran interessiert, nicht privater Willkür ausgeliefert zu sein, sondern im Rahmen einer Friedensordnung Zwangsmaßnahmen erst nach Abschluß eines justizförmigen Verfahrens sowie nur unter Beachtung rechtsstaatlicher Standards ertragen zu müssen.

Die oben[67] hinsichtlich des natürlichen Vertragsschlusses getroffene Aussage zur Macht, die der Gläubiger über den Schuldner gewinnt, läßt sich somit relativieren: Der Schuldner unterwirft sich zwar dem Willen des Gläubigers, aber allein der (Rechts-)Macht des Staates[68].

cc) Rechtliche Ausgestaltung als Eingriff?

(1) Übersetzung in Rechtsbegriffe

(a) Eine Beschwer des vertraglich Gebundenen könnte allerdings darin liegen, daß der Staat die private Abrede in Rechtsbegriffe „übersetzt"[69]. Zwar haben Laien häufig keine genauen Vorstellungen davon, welche konkrete Gestalt ihr „natürlicher" Wille rechtssprachlich annimmt. Dies allein macht die Rechtswirkung aber noch nicht heteronom; entscheidend ist allein, ob die rechtliche Konstruktion ihrem sachlichen Gehalt nach die Vorstellungen der Laien umsetzt[70]. Die Grenze ist dann überschritten, wenn dem „lebensweltlichen" Willen eine bestimmte Rechtsfolge untergeschoben wird, von der nicht mehr angenommen werden kann, sie würde nach Erläuterung durch einen Juristen noch die Billigung der Parteien finden[71]. Bis zu dieser Grenze ist ein gewisser „Deutungsspielraum"[72] des Rechts unproblematisch. Das Recht ist insoweit nur instrumentell i.S. eines „Mitwollens"[73].

---

[66] Zur Gewährleistung einer Friedensordnung durch das staatliche Gewaltmonopol bei der Rechtsdurchsetzung *Werner*, Staatliches Gewaltmonopol, S. 48 ff. m.w.N.
[67] Bei Fn. 17.
[68] Vgl. dazu unten die Ausführungen nach Fn. 100.
[69] Zur „Übersetzung" der Parteivereinbarung, „als solche zunächst Ergebnis eines sozialen Interessenarrangements inter partes", in einen *Vertrag*, der Rechtsfolgen erzeugt, *Oechsler*, Gerechtigkeit, S. 293 [Hervorhebungen im Original].
[70] *Singer*, Selbstbetimmung, S. 45.
[71] *Schapp*, Rechtsgeschäftslehre, S. 11 f. Ihm folgend *Huda*, Freiheit, S. 178 f.
[72] Zum Begriff *Huda*, Freiheit, S. 76, 178 ff.
[73] *Windscheid*, Pandektenrecht § 69 Anm. 1a; *Ennecerus-Nipperdey*, AT § 145 I A 1, S. 896 Anm. 4. Zur Unterscheidung von Grundbegriff und dogmatisch-technischem Begriff des Rechtsgeschäfts *Thiele*, Zustimmungen, S. 6 ff. und zu den „Hilfsbegriffen der Rechtstechnik" ebenda, S. 82 ff.

So werden dem Laien etwa Trennungs- und Abstraktionsprinzip unbekannt sein. Gleichwohl tut die vom Gesetzgeber aus Verkehrsschutz- und Gefahrtragungsgründen gewählte Aufspaltung eines aus der Laiensphäre einheitlich erscheinenden Lebensvorgangs in Verpflichtungs- und Verfügungsgeschäft dem Bindungswillen der Vertragsschließenden keinen Zwang an, da sie die von den Vertragspartnern erstrebte wirtschaftliche Gestaltung nicht beeinträchtigt oder gar hindert, sondern lediglich subtiler ausgestaltet. Erweist sich beispielsweise ein Kaufvertrag als unwirksam, ist der Käufer dem Verkäufer zur Herausgabe der bereits übereigneten und übergebenen Kaufsache verpflichtet. Daß sich der Anspruch jetzt aus Bereicherungsrecht und nicht, wie aus Laiensphäre eigentlich zu vermuten wäre, aus dem ipso jure an den Veräußerer zurückgefallenen Eigentum ergibt, kann den Parteien insoweit einerlei sein. Wirtschaftliche Konsequenzen zeitigt die gesetzgeberische Konstruktion erst, wenn der Verkäufer etwa die Kaufsache vom bösgläubigen Zweiterwerber herausverlangen möchte[74]. Im Unterschied zu einer kausalen Gestaltung des Verfügungsgeschäfts, bei der die Unwirksamkeit des Verpflichtungsgeschäfts auf die Erstübereignung „durchgeschlagen" und deshalb eine wirksame Weiterübereignung nur an einen Gutgläubigen erlaubt hätte, bleibt der (entgeltliche) Eigentumserwerb eines Dritten aufgrund des Abstraktionsprinzips von der Unwirksamkeit des Verpflichtungsgeschäfts gänzlich unberührt. Dem an den bösgläubigen Dritten gerichteten Herausgabeverlangen ist also unter dem BGB kein Erfolg beschieden. Durch diese Folge der gesetzgeberischen Konstruktion wird aber i.d.R. der Wille der Vertragsparteien nicht mißachtet, da sie sich über die Rechtslage im Fall einer Weiterveräußerung im Zweifel keine Gedanken gemacht haben. Wollen die Vertragsparteien den Verkehrsschutz beschränken und haben sie diesen Willen zum Ausdruck gebracht, kann dieser Wunsch rechtlich etwa in die Vereinbarung einer sog. Geschäftseinheit „übersetzt" werden. Die rechtliche Konstruktion korrespondiert also insofern den wirtschaftlichen Vorstellungen der Parteien. Sie fügt ihnen nichts hinzu, was wirtschaftlich nicht intendiert gewesen wäre[75].

(b) Das gilt grds. auch für den Fall, daß die Rechtsordnung bestimmte rechtliche Gestaltungen verbietet oder auf bestimmte Formen begrenzt. Dann setzt sie zwar der Privatautonomie, hier der positiven Vertragsfreiheit, zugunsten konkurrierender Rechtsgüter Schranken, beeinträchtigt aber nicht die negative Vertragsfreiheit der Vertragsparteien, denn sie setzt die Kontrahierenden nicht wider Willen einem Rechtszwang aus.

(2) Spannungsverhältnis zwischen Wille und Erklärung

Nun reicht die Bildung des inneren Willens allein nicht aus, um eine Rechtsbindung zu schaffen, sondern der Versprechende muß seinen Bindungswillen auch gegenüber dem Vertragspartner erklären. Weicht das

---

[74] Dazu *Flume*, Rechtsgeschäft, § 12 III 3, S. 176 f.
[75] Siehe dazu im einzelnen *Singer*, Selbstbestimmung, S. 48 ff.

Erklärte vom eigentlich Gewollten ab und knüpft die Rechtsordnung aus Gründen des Verkehrsschutzes an die Erklärung an, scheint die konkrete Rechtsfolge nicht auf dem Willen, sondern allein auf der gesetzlichen Anordnung zu beruhen. Statt zur Selbstbindung käme es dann zur Fremdbindung. Für solche Fälle genügt zunächst die Feststellung, daß sie entgegen dem ersten Anschein nicht in kategorialem Widerspruch zum Willensprinzip stehen. Denn der Erklärungsempfänger wird hier nicht deshalb geschützt, weil er auf die Erklärung als äußerem Tatbestand vertraut, sondern weil er aus den Äußerungen des Erklärenden auf dessen vermeintlichen Willen schließt. Die prinzipielle Bedeutung des Willens als Geltungsgrund bleibt also auch in solchen Fällen erhalten[76], die Vertragsbindung wird nicht grundsätzlich allein auf eine gesetzliche Anordnung zurückgeführt.

dd) Fazit

Die vertragliche Selbstbindung der Privatrechtssubjekte beschränkt sich somit nicht auf ihr Verhältnis untereinander, sondern bezieht sowohl die staatliche Ausstattung mit Rechtsqualität als auch die staatliche Exekution der vertraglichen Bindung mit ein. Die Vertragsrechtsordnung fügt der privaten Gestaltung also insoweit kein Zwangsmoment hinzu, das nicht bereits im vertraglichen Konsens enthalten ist, sie konstituiert nicht a priori eine heteronome Zwangsordnung.

Sofern die staatlicherseits herbeigeführte Rechtswirkung das vertraglich Vereinbarte bewehrt, hat sie keine freiheitsverkürzende Wirkung und bewirkt keinen Eingriff in den Schutzbereich. Sie verursacht aber umgekehrt dann einen Eingriff, wenn sie ohne (hinreichenden) Konsens des Betroffenen in seine Sphäre hineinwirkt.

b) Konsequenzen für Grundrechtswirkung: Obsolenz, soweit die Selbstbindung reicht

Aus dieser Erkenntnis über das Verhältnis von Selbstbindung und Vertragsrechtsordnung lassen sich die gesuchten Konseqenzen für Mechanismus und Wirkungsweise des Grundrechtsschutzes in Hinblick auf die Rechtsbegründung durch Vertrag ziehen.

---

[76] Vgl. *Wolf*, Rechtsgeschäftliche Entscheidungsfreiheit, S. 24 f.; *Schapp*, Rechtsgeschäftslehre, S. 39 f.

aa) Disposition über grundrechtlich geschützte Freiheit

Sofern die Vertragsrechtsordnung lediglich die Selbstbindung des Schuldners sanktioniert, bleibt für einen Grundrechtsschutz der negativen Vertragsfreiheit kein Raum[77]. Mangels staatlichen Eingriffs in den Schutzbereich läuft die abwehrrechtliche Dimension des Grundrechts leer, der Rechtszwang bedarf soweit keiner Rechtfertigung.

Der Schuldner disponiert also durch das Eingehen einer Obligation nicht nur über seine Freiheit, sondern begibt sich dadurch im Ergebnis zugleich – und das ist für die verfassungsrechtliche Dimension des Vorgangs entscheidend – des ihm sonst gegen die staatliche Gewalt zustehenden Grundrechtsschutzes.

bb) Kein Grundrechtsverzicht – Die strikte Trennung von geschützter Freiheit und grundrechtlichem Abwehrrecht

In der Literatur wird aus diesem Zusammenhang, sofern er überhaupt gesehen wird, regelmäßig geschlossen, der Betroffene habe dadurch sein Grundrecht selbst eingeschränkt oder sogar auf es verzichtet[78]. Dabei handelt es sich um ein Mißverständnis.

Disponiert wird nämlich beim Vertragsschluß nicht über das Grundrecht selbst, sondern allein über die grundrechtlich geschützte Freiheit. Diese Kategorien müssen sorgfältig auseinandergehalten werden, Grundrecht und grundrechtlich geschützte Rechtsgüter sind strikt voneinander zu unterscheiden[79]. Die Freiheit liegt dem Grundrecht voraus[80]. Der Schutzbereich des Grundrechts markiert die (natürliche) Handlungsfrei-

---

[77] *Sachs*, JuS 1995, 303, 307: „Eine freie Willensentscheidung über ein disponibles Grundrechtsgut unterbricht den Zurechnungszusammenhang im Verhältnis zur Staatsgewalt"; so auch *Bethge*, VVDStRL 57 (1998), 7, 44. Zur tatbestandsausschließenden Wirkung der Einwilligung, v.a. in Hinblick auf tatsächliche Handlungen *Ohly*, Einwilligung, S. 139 f., 168, 466 f.

[78] Im Ergebnis ähnlich *Canaris*, AcP 184 (1984), 201, 206: „Was speziell den Bereich der Privatautonomie betrifft, so kommt hinzu, daß es dabei vorwiegend um die Einschränkung von Grundrechten durch deren Träger selbst geht"; *Medicus*, AcP 192 (1992), 35, 61: „Nur einen weiteren Ausdruck hierfür (für die aus Verfassungsnormen abzuleitende Privatautonomie) bildet der Hinweis, der Betroffene habe sich mit etwa eintretenden Grundrechtsbeeinträchtigungen einverstanden erklärt"; *Isensee*, in: HStR V, § 111 Rn. 60: „Bei Einvernehmen des Grundrechtsträgers, etwa bei einer vertraglichen Regelung, mag sich das Problem stellen, ob ein wirksamer Grundrechtsverzicht gegeben ist".

[79] *J. Ipsen*, JZ 1997, 473, 475. Dazu auch *Th. Koch*, Der Grundrechtsschutz des Drittbetroffenen, S. 86 m.w.N. in Fn. 70 sowie S. 498 unter 6.

[80] *J. Ipsen*, JZ 1997, 473, 475 ff.; *Schnur*, DVBl 1965, 489.

heit, die erst in Hinblick auf staatliche Beeinträchtigungen durch die Gewährleistung grundrechtlichen Schutzes zum subjektiven Recht umgeformt wird[81]. Die Disposition über die Freiheit beschränkt sich auf den Schutzbereich, der Wegfall des Abwehrrechts ist allein Folge der Disposition, nicht ihr Gegenstand[82].

Diese Unterscheidung ist keineswegs nur von systematischer oder gar allein terminologischer Bedeutung. Vielmehr legte die Deutung als Grundrechtsverzicht die Annahme nahe, die grundrechtliche Dimension führe zu einer „gedanklichen *Verdoppelung* der Rechtsinstitute des Privatrechts auf der Ebene des Verfassungsrechts"[83], die einfachrechtliche Ebene würde dann durch eine zweite, verfassungsrechtliche überlagert. Die Institute stünden zwangsläufig in Konkurrenz zueinander, die des

---

[81] *J. Ipsen*, JZ 1997, 473, 476.

[82] Nur ergänzend sei noch darauf hingewiesen, daß bereits die Zulässigkeit eines Grundrechtsverzichts grundsätzlich umstritten ist (vgl. etwa *Malorny*, JA 1974, 131; *Sturm*, FS W. Geiger, S. 173 ff.; *Pietzcker*, Der Staat 17 [1978], S. 527 ff.; *Amelung*, Die Einwilligung in die Beeinträchtigung eines Grundrechtsgutes, S. 19; *Robbers*, JuS 1985, 925 ff.; *Sachs*, VerwArch 76 [1985], 398, 419 ff.; *Bleckmann*, JZ 1988, 57; *Lübbe/Wolff*, Grundrechte als Eingriffsabwehrrechte, S. 58 ff., 164; *Stern*, Staatsrecht, Bd. III/2, 1994, § 86, S. 887 ff.; *Spieß*, Der Grundrechtsverzicht, 1997; *Isensee*, FS Großfeld, S. 485, 499; ErfK-*Dieterich*, Einl. GG Rn. 62 ff.; *Ruffert*, Vorrang, S. 244 ff.). Es ist äußerst fraglich, ob Grundrechtsträger überhaupt gegenüber dem Staat auf solch elementare Schutzpositionen verzichten können mit der Folge des Untergangs ihres Abwehrrechts. Die Diskussion wird hauptsächlich im öffentlichen Recht geführt. Die Frage ist dort von viel geringerem Gewicht als meist angenommen, da der Staat bei obrigkeitlichem Handeln in weiten Bereichen auch bei Zustimmung des Betroffenen nicht zu belastenden Regelungen beliebiger Intensität befugt sein kann. Im Unterschied zum Privaten ist der Staat bei eigenem Handeln immer an bestimmte Zwecke gebunden: Typischerweise ist er Sachwalter des öffentlichen Interesses, das deshalb bei seinem Vorgehen Richtschnur für Art und Ausmaß der Belastungen Privater zu sein hat. Die Begrenzung staatlicher Machtausübung folgt daher nicht allein aus entgegenstehenden Grundrechten Privater, sondern auch aus dem Rechtsstaatsprinzip, das den Staat an die Programmerfüllung bindet und ihm willkürliches Handeln verbietet (hierzu ausführlich *Bleckmann*, JuS 1994, 177, 178 ff.). Ein Grundrechtsverzicht der Regelungsunterworfenen wäre daher nur geeignet, *eine* Barriere zu beseitigen. Trotz Grundrechtsverzichts bliebe der Staat deshalb gehindert, schrankenlos auf Private einzuwirken (vgl. etwa BVerfG [Vorprüfungsausschuß], Beschl. v. 18.8.1981 – 2 BvR 166/81, NJW 1982, 367). Die Disposition des Betroffenen kann ihm somit lediglich begrenzten Spielraum verschaffen. Zudem wären für das Verständnis der vertraglichen Selbstbindung als Grundrechtsverzicht konstruktive Schwierigkeiten zu überwinden: Wem gegenüber erfolgt dieser Verzicht, ist dafür der Verzicht gegenüber dem Vertragspartner ausreichend oder müßte nicht der eigentlich betroffene Staat direkt adressiert werden? Muß dem Verfügenden bewußt sein, daß seine Disposition auch das Grundrecht umfaßt?

[83] *Diederichsen*, JbItalR 10 (1997), 3, 8 [Kursivtext im Original]. Ähnlich *Pawlowski*, Verfassungsgerichtsbarkeit, S. 39 ff.

Privatrechts liefen Gefahr, als rangniedere verdrängt zu werden. Zu solchen Befürchtungen gibt der verfassungsrechtliche Schutz vor Privatheteronomie jedoch keinen Anlaß. Einfaches Privatrecht wie Verfassungsrecht haben dieselbe Freiheit zum Gegenstand[84], nur ihr Ansatzpunkt im Spannungsverhältnis von Freiheit und rechtlicher Ausgestaltung ist verschieden[85]. Während das Privatrecht die natürliche Freiheit operabel macht, indem es sie in Rechtskategorien überführt, betont der grundrechtliche Schutz demgegenüber den vorstaatlichen Ursprung der Freiheit: Als Gegenpol gewährleistet es, daß die Ausgestaltung sich im Rahmen der vom Betroffenen eingeräumten Ermächtigung bewegt und nicht in Heteronomie umschlägt.

III. Zwischenergebnis

Bei der Frage nach dem grundrechtlichen Schutz der Privatautonomie muß unterschieden werden zwischen der Beschränkung privater Gestaltungsmacht einerseits und ihrer Gewährleistung andererseits. Bei ersterer geht es um den Schutz desjenigen, der staatlich bewehrter privater Gestaltungsmacht ausgesetzt ist, bei zweiterer um die Beschneidung bzw. Nichtermöglichung rechtlicher Gestaltungsmöglichkeiten Privater.

1. Hinsichtlich der Schranken privater Gestaltungsmacht ist zu fragen, in welchem Umfang die Rechtsordnung privates Gestaltungsbegehren mit Rechtsmacht ausstatten *darf*. Ausgangspunkt unserer Überlegungen war die Erkenntnis, daß staatlich sanktionierte Gestaltungsmacht dann für den hiervon Betroffenen freiheitsverkürzend wirkt, wenn sie gegenüber seiner Selbstbindung eine überschießende Tendenz aufweist. Gegen eine solche Zwangswirkung besteht dann verfassungsrechtlicher Schutz, wenn die Freiheitssphäre des Betroffenen in den Schutzbereich eines Grundrechts fällt.

---

[84] Ähnlich *Canaris*, RdA 1997, 267, 271 f. Fn. 28: „Im übrigen ist die Sorge *Diederichsens* vor einer verfassungsrechtlichen Verformung oder Überfremdung des Privatrechts unbegründet, weil das Grundgesetz im wesentlichen dieselben Rechte und Werte schützt wie jenes und die Verfassungskonformität privatrechtlicher Normen somit letztlich nicht von den Grundrechten selbst, sondern von der Handhabung des Übermaß- bzw. Untermaßverbots abhängt, also vor allem von der damit verbundenen Verhältnismäßigkeitsprüfung".

[85] Dazu *Jestaedt*, Grundrechtsentfaltung, S. 27: „Die liberalen Grundrechtsverbürgungen sichern im wesentlichen Extrakte bürgerlichrechtlicher Basiswertungen, sie bestätigen in verfassungsgesetzlicher Form, was das Privatrecht zuvor bereits gesetzesrechtlich vorweggenommen hatte."

Als unproblematisch hat sich insoweit der Schutz des vorrechtlichen Urzustands, der negativen Vertragsfreiheit erwiesen. Gegenüber der durch die Vertragsrechtsordnung bewirkten Anerkennung und Ausgestaltung privater Vertragsabreden, die den Schuldner zu einem bestimmten Tun oder Unterlassen verpflichten, gelten die Grundrechte gem. Art. 1 Abs. 3 GG wie gegenüber jeder anderen Form staatlicher Gewalt. Die staatlich begründete Zwangswirkung bewirkt allerdings so lange keinen Eingriff in die verfassungsrechtlich geschützte negative Vertragsfreiheit, wie sich die Rechtsordnung auf die Sanktionierung der privaten Selbstbindung beschränkt. Trotz prinzipieller *Geltung* der Grundrechte bleibt ihre Abwehrfunktion hier letztlich ohne *Wirkung*. Ist die private Gestaltungsmacht hingegen nicht oder nicht hinreichend durch eine entsprechende Selbstbindung des Betroffenen legitimiert, bewirkt ihre staatliche Sanktionierung einen Eingriff in die Handlungsfreiheit des Rechtsunterworfenen. Die gesetzliche Geltungsanordnung hat dann eine überschießende Wirkung, sie gewinnt gegenüber der negativen Vertragsfreiheit ein Eigengewicht: Obwohl sich der der Rechtsausübung Ausgesetzte insoweit staatlicher Zwangsausübung nicht unterworfen hat, kann der Rechtsinhaber auf staatliche Zwangsmittel zurückgreifen. Eine solche Rechtswirkung erfolgt dann für den Betroffenen nicht mehr privatautonom, sondern privatheteronom. Als Eingriff in den Schutzbereich eines Grundrechts ist sie rechtfertigungspflichtig. Insofern ziehen die Grundrechte der Vertragsrechtsordnung hinsichtlich der Rechtsbegründung Schranken.

2. Davon zu unterscheiden ist die andere, gewissermaßen in die umgekehrte Richtung zielende, Problematik, inwieweit die Rechtsordnung von Verfassungs wegen private Gestaltungsmöglichkeiten gewährleisten *muß*. Bei ihr geht es darum, ob die – notwendig auf staatliche Ausgestaltung angewiesene – positive Vertragsfreiheit etwa durch gesetzlichen Typenzwang oder andere Beschränkungen privater Regelungsspielräume, bspw. durch zwingendes Recht, verletzt wird, oder umgekehrt formuliert: ob derjenige, der eine bestimmte Gestaltung begehrt, von Verfassungs wegen einen Anspruch gegen den Gesetzgeber auf entsprechende Ausgestaltung der Rechtsordnung hat. Hauptsächlich auf diese Frage bezieht sich die gängige Diskussion um den verfassungsrechtlichen Schutz der Privatautonomie: Da hier offensichtlich der grundrechtliche status negativus nur begrenzt weiter führt[86], hat sich ein stark verästeltes

---

[86] *Herzog*, Grundrechte aus der Hand des Gesetzgebers, S. 1417 bringt das Dilemma

Meinungsspektrum herausgebildet, das von einer Theorie der weitgehenden Bindungsfreiheit des Gesetzgebers über die Annahme einer bloßen Garantie der Vertragsfreiheit als Rechtsinstitut bis zur Postulierung eines Optimierungsgebots reicht[87]. Um dazu Stellung zu nehmen, bedürfte es tiefschürfender Überlegungen zum Verhältnis von Staat und Gesellschaft, es müßte geklärt werden, inwieweit sich der Staat in den Dienst gesellschaftlicher Freiheiten zu stellen hat[88].

Im Rahmen dieser Untersuchung können diese Fragen – mit Ausnahme eines sogleich zu behandelnden Aspekts – dahinstehen, da hier nur die Schranken privater Gestaltungsmacht, nicht aber ihre Gewährleistung thematisiert werden.

B. Der verfassungsrechtliche Schutz privatautonom begründeter Rechtspositionen gegenüber Rechtsänderung und -aufhebung durch Gestaltungsrecht

Zwischen den beiden eben geschilderten Fallgruppen scheint eine dritte zu stehen – die der Änderung oder Aufhebung von Rechtspositionen durch („klassisches") Gestaltungsrecht, die bereits aufgrund vertraglicher Abreden entstanden sind. Wie schon bei der normlogischen Ableitung festgestellt, droht der Freiheitssphäre des Betroffenen dann eine Verkürzung, wenn eine solche Änderung oder Aufhebung rechtliche Anerkennung findet, ohne daß der Betroffene dazu hinreichend ermächtigt hat.

Einerseits handelt es sich hier nicht um ein zentrales Problem aus der Fallgruppe der verfassungsrechtlichen Gewährleistung privater Gestaltungsmacht, da es nicht um die Versagung der rechtlichen Gewährleistung bzw. um die Nichtermöglichung künftiger Gestaltungen geht

---

treffend auf den Punkt: „Der tiefe Widerspruch, der sich in diesen Fällen auftut, besteht darin, daß Grundrechte – wie immer – bestimmte Güter gegen den Staat schützen sollen, daß es die Güter, um die es in diesen Fällen geht, ohne den Staat aber überhaupt nicht gäbe, weil sie durch ihn – genauer durch die von ihm herrührende Rechtsordnung – erst geschaffen worden sind."

[87] Einen guten Überblick über diese Debatte gibt *Manssen*, Privatrechtsgestaltung, S. 152 ff. m. Nachw. Zum Verständnis als Optimierungsgebot siehe insb. *Höfling*, Vertragsfreiheit, S. 36 ff.

[88] Zur „Freiheit durch den Staat" *Manssen*, Privatrechtsgestaltung, S. 173 m.w.N. in Fn. 357. Zur Unterscheidung von Staat und Gesellschaft *Rupp*, in: HStR I, 1. Aufl., § 28, S. 1187 ff.; auch schon *L. Raiser*, Die Zukunft des Privatrechts, S. 21 ff.

– wie etwa bei der Schaffung zwingenden Gesetzesrechts, das nunmehr entgegenstehende Gestaltungen verbietet. Vielmehr geht es aus Sicht des Gestaltungsgegners um die Beeinträchtigung von Rechten, die bereits durch eigene Freiheitsbetätigung entstanden sind, – und zwar nicht notwendig, aber typischerweise als Gegenleistung für eigene Selbstbindung. Andererseits verdanken diese Positionen ihr Entstehen wie ihren Bestand notwendig staatlicher Ausgestaltung. Insoweit ist also nicht mehr der vorrechtliche Urzustand und damit eine natürliche Freiheit betroffen, sondern eine normativ konstituierte. Dieser Umstand könnte zu dem Schluß führen, daß der Staat mit der Sanktionierung der Änderung oder Aufhebung einer vertraglich begründeten Rechtsposition nur eine modifizierenden Ausgestaltung der rechtlichen Kompetenz des Betroffenen vornimmt, also lediglich das wieder zurücknimmt, was er zuvor selbst erst (mit)hervorgebracht hat. Dann wäre wie bei der Fallgruppe der verfassungsrechtlichen Gewährleistung der Privatautonomie die Wirkung der Grundrechte in ihrer Abwehrfunktion prima facie problematisch. Der verfassungsrechtliche Schutz gegenüber privater Gestaltungsmacht zerfiele demnach, je nach Objekt, in zwei Bereiche verschiedener Schutzintensität.

Entgegen dem ersten Anschein handelt es sich jedoch bei der vom Staat sanktionierten Einschränkung der rechtlichen Position des Gestaltungsgegners nicht lediglich um eine *Zurücknahme* zuvor verliehener rechtlicher Kompetenzen, sondern wiederum um eine rechtfertigungspflichtige *Beeinträchtigung* der verfassungsrechtlich geschützten Freiheit[89].

I. Schutz der Zuwendung

Denn zum einen hat der Gestaltungsrechtsinhaber bei der Anspruchsbegründung durch Verzicht auf eigene negative Freiheit dem Begünstigten, dem Gestaltungsgegner, insoweit ein „Verfügungsrecht" über die eigene Sphäre zugewandt. Der Verzichtende ist also nicht nur „entreichert", sondern der Begünstigte in gleichem Umfang „bereichert": die aus der

---

[89] Vgl. *Roth*, Faktische Eingriffe, S. 167 f., der die Zurücknahme zuvor verliehener rechtlicher Handlungsfähigkeit von einer rechtfertigungspflichtigen Beeinträchtigung rechtlichen Könnens unterscheidet. Dazu, daß in den Schutzbereich von Art. 14 Abs. 1 GG sogar bloße individuelle Belange und Interessen einfließen und ihre gesetzgeberische Beschränkung somit am Verhältnismäßigkeitsgrundsatz zu messen ist, *Ruffert*, Vorrang, S. 111 ff.

vertraglichen Einigung resultierende Forderung ist das Gegenstück zur oben erwähnten „vertraglichen Enteignung". Diese Verkörperung der Freiheit des anderen, die „transferierte" Freiheit stellt bereits einen eigenen Vermögenswert des Erwerbers (und jetzigen Gestaltungsgegners) dar, der verfassungsrechtlichen Schutz vor drohendem Verlust verdient. Schon deshalb liegt ein Schutz aus Art. 14 GG nahe. Der grundsätzliche Schutz von obligatorischen Rechten durch dieses Grundrecht ist denn auch weitgehend unstreitig[90].

II. Schutz der eigenen Disposition – Grundrechtlicher Schutz der eigenen Leistung

Die Aufnahme in den Schutzbereich von Art. 14 GG spiegelt aber nicht nur die Qualität des Zugewendeten wider, sondern ist zum anderen vor allem Folge der Schutzwürdigkeit der eigenen Leistung. Bei Art. 14 GG handelt es sich ja geradezu um den Paradefall des grundrechtlichen Abwehrschutzes eines gesetzlich konstituierten Freiheitsrechts[91]. Dieser Umstand ist keine verfassungsrechtliche Privilegierung, sondern Ausdruck des besonderen Schutzes der eigenen Leistung, die typischerweise für den Eigentumserwerb erbracht werden muß[92]. Auch für den Eigentumserwerb gilt der oben beschriebene Rechtserzeugungszusammenhang: die staatliche Garantie gewährleistet den Bestand der privat erbrachten Investition. Um ihretwillen bedürfen deshalb staatlich veranlaßte oder sanktionierte Einschränkungen der erworbenen Position der Rechtfertigung.

Die Aufnahme in den grundrechtlichen Schutzbereich markiert somit die Scheidelinie zwischen der Rücknahme einer ausschließlich staatlich verliehenen Position auf der einen Seite und dem Schutz einer eigenen Disposition auf der anderen. Der verfassungsrechtliche Schutz gewähr-

---

[90] Siehe nur Maunz-Dürig-*Papier*, GG, Art. 14 Rz. 199 m.w.N., der sämtliche obligatorische Rechte zum Kreis der Eigentumsrechte aus Art. 14 rechnet. Soweit ersichtlich, ist in diesem Zusammenhang einzig streitig, ob Art. 14 GG über den *Bestand* der Forderung hinaus auch ihr *Entstehen* schützt, hierzu etwa *Manssen*, Privatrechtsgestaltung, S. 137 ff. Bei dieser Debatte handelt es sich um eine Variante der eben (bei Fn. 87) erwähnten Diskussion um den grundrechtlichen Schutz der positiven Vertragsfreiheit. Aus den genannten Gründen kann sie in unserem Zusammenhang dahinstehen.
[91] Dazu Dreier-*Wieland*, GG, Art. 14 Rn. 21; *Jestaedt*, Grundrechtsentfaltung, S. 30 ff. m.w.N.; *Herzog*, Grundrechte aus der Hand des Gesetzgebers, S. 1418 ff.
[92] Dazu *Roth*, Faktische Eingriffe, S. 172 ff.

B. Der verfassungsrechtliche Schutz privatautonom begründeter Rechtspositionen   49

leistet nicht nur Vertrauensschutz auf den Bestand einer staatlichen Leistung, sondern die Sicherung der eigenen (investierten) Freiheit.

1. Schutz der materialisierten positiven Freiheit

Wie oben[93] gezeigt, war Voraussetzung für den Erwerb der Rechtsposition durch den Gestaltungsgegner die Ausübung der eigenen positiven Vertragsfreiheit. Die erworbene Rechtsposition ist also ohne die eigene Freiheitsbetätigung nicht zu denken, sie ist aus der Perspektive des Begünstigten nichts anderes als materialisierte, geronnene eigene positive Vertragsfreiheit. Bereits aus diesem Grund kann die entstandene Rechtsposition nicht rechtfertigungslos entzogen werden.

2. Drohender Verlust von durch eigene Leistung Erworbenem – Schutz des Surrogats für eigenen Freiheitsverzicht

Zudem ist die erlangte Rechtsposition regelmäßig – mit Ausnahme der unentgeltlichen Zuwendung – Gegenleistung für eine vertraglich eingegangene eigene Verpflichtung, also für eine Disposition über die eigene negative Vertragsfreiheit. Nur um deretwillen war der andere bereit, die eigene Sphäre zu öffnen und den Anspruch einzuräumen. Sanktioniert nun der Staat die Aufhebung der solchermaßen erworbenen Position unter Voraussetzungen, die von der Ermächtigung des Betroffenen nicht umfaßt sind, erweist sich der Freiheitsverzicht im nachhinein zumindest teilweise als entwertet, das Opfer ist insoweit umsonst erbracht. Die subjektive Äquivalenz[94] ist dann nicht mehr gewahrt: Bei vorheriger Kenntnis von diesen Umständen hätte sich der vertraglich Begünstigte dem anderen gegenüber nicht oder jedenfalls nicht im vorgenommenen Umfang seiner Freiheit begeben.

Die Äquivalenzbetrachtung darf dabei nicht auf das unmittelbare Verhältnis von Leistung und Gegenleistung pro rata temporis beschränkt werden. Vielmehr muß insbesondere bei Dauerschuldverhältnissen berücksichtigt werden, daß die Selbstbindung in Erwartung einer gewissen Beständigkeit der Austauschbeziehung erfolgt ist, die der Gläubiger in seine Kalkulation aufgenommen – und sogar

---

[93] Unter § 2.B.III.2.a), S. 15.
[94] Zum Begriff der subjektiven Äquivalenz, derzufolge „es lediglich darauf ankommt, daß jede Vertragspartei aufgrund ihrer eigenen Einschätzung in der Leistung des anderen ein ihr genügendes Äquivalent für die eigene Leistung erblickt", im Unterschied zu einem nach externen Maßstäben beurteilenden objektiven Äquivalenzprinzip *Larenz*, BGB AT, § 2 V, S. 45. Siehe auch *Bartholomeyczik*, AcP 166 (1966), 30, 56; *Canaris*, AcP 200 (2000), 273, 293 m.w.N.

häufig mit einem gewissen Abschlag „bezahlt" – hat. Diese Erwartung wird durch die staatliche Autorisierung etwa einer nicht durch hinreichende Unterwerfung legitimierten Kündigung enttäuscht.

Es geht hier also nicht nur um den Schutz des Vertrauens auf das Aufrechterhaltenbleiben einer staatlichen Leistung, sondern um das Verlassenkönnen auf Bestand und Ertrag der eigenen Freiheitsinvestition. Die Entfernung des staatlichen Elements aus dem ursprünglichen Rechtserzeugungszusammenhang schlägt unmittelbar auf die natürliche, negative Freiheit des Betroffenen durch.

Die betroffene rechtliche Kompetenz ist nicht bloß staatlich verliehen, sondern zugleich Frucht eigener Leistung des Begünstigten. Gewährleistet der Staat die Rechtsbegründung, trägt er unvermeidlich auch für die dadurch ausgelösten (Rechts-)Folgen Verantwortung. Soll das Institut Austauschvertrag nicht ad absurdum geführt werden, muß auch seine (Rechts-)Folge verfassungsrechtlich abgesicherten Bestandsschutz vor nicht hinreichend konsentierter Änderung genießen. Der Grundrechtsschutz muß mithin sachgerecht auf die synallagmatisch verknüpften Ansprüche erstreckt werden: Als Surrogat der investierten negativen Freiheit genießt die erlangte Rechtsposition einen gleichwertigen Bestandsschutz. Auch insoweit ist also der status negativus berührt, das Grundrecht muß in seiner Abwehrfunktion wirken.

3. Normbestandsschutz

Die eben entwickelte Position schließt an eine in der Literatur vertretene Auffassung zur verfassungsrechtlichen Verankerung der positiven Vertragsfreiheit schlechthin an. Insbesondere *Lübbe-Wolff*[95] hat sich für die Aufnahme einfachgesetzlicher Rechtspositionen in den formellen Schutzbereich eines Grundrechts ausgesprochen[96]. Folgt man diesem Ansatz, so wäre die Privatautonomie umfassend verfassungsrechtlich gewährleistet, sofern man etwa in §§ 241 Abs. 1, 311 Abs. 1 BGB die prinzipielle Entscheidung des Gesetzgebers für die rechtliche Anerkennung privater Ab-

---

[95] Die Grundrechte als Eingriffsabwehrrechte, S. 150 ff.
[96] Hierzu insbesondere auch *Manssen*, Privatrechtsgestaltung, S. 170 ff. Kritisch zur Konzeption eines negatorischen Normbestandsschutzes *Gellermann*, Grundrechte in einfachrechtlichem Gewande, S. 410 ff., der aber – ähnlich der hier vertretenen Position – „Änderungen der freiheitsermöglichenden normativen Infrastruktur" dann abwehrrechtliche Relevanz beimißt, wenn sie sich „mindernd auf konkrete Positionen auswirken, die auf der Basis des bisherigen Rechts begründet wurden und in der Hand zumindest einzelner Grundrechtsträger eine Verfestigung erfahren haben" (S. 456).

reden sieht. Zur generellen Richtigkeit der Konzeption eines verfassungsrechtlich aufgeladenen Normbestandsschutzes braucht hier nicht Stellung genommen zu werden, da es in unserem Zusammenhang nur um einen Ausschnitt aus der Gesamtproblematik geht.

Uns interessiert nicht der Bestandsschutz der ausgestaltenden gesetzlichen Privatrechtsnorm, der ja auch ihre künftige Anwendbarkeit und somit zugleich den Schutz des Entstehens bzw. des Erwerbs von Rechten umfassen würde, sondern allein der Dispositionsschutz auf der darunter befindlichen Ebene des Stufenbaus der Rechtsordnung. Eine privatautonome Abrede, die bereits gesetzliche Anerkennung gefunden und damit aufgrund des Erzeugungs- und Ableitungszusammenhangs Rechtscharakter angenommen hat, kann nicht mehr zur freien Disposition des Staates stehen: Einem Gestaltungsrecht, das diese Rechtsposition ändern oder aufheben kann, kann staatlicherseits nicht ohne Rücksicht auf eine rechtsgeschäftliche Ermächtigung des Betroffenen Rechtswirkung verliehen werden. Die erworbene Rechtsposition muß also dem negatorischen Schutzbereich des Grundrechts zugeordnet werden.

III. Fazit

Sowohl in Fällen der Rechtsbegründung als auch in solchen der Rechtsänderung oder -aufhebung droht die Beschneidung gleichermaßen schützenswerter Freiheiten, die überdies in Genese und Inhalt einen engen Bezug aufweisen. Entgegen dem ersten Anschein greift deshalb der verfassungsrechtliche Schutz im selben Umfang.

C. Folgerungen für den Streit um Geltung und Wirkungsweise der Grundrechte im Privatrecht

Das Verhältnis von Verfassungsrecht und Vertragsrecht wird nach wie vor teils als nicht abschließend geklärt, teils sogar als für die Theorie der mittelbaren Drittwirkung entschieden angesehen. Im folgenden soll das eben entwickelte Konzept zu den bislang vertretenen Theorien in Beziehung gesetzt werden.

I. Streit um die sog. Drittwirkung der Grundrechte

Das Ob und Wie der Grundrechtsgeltung im Privatrecht wird überwiegend als „Drittwirkungs"problem diskutiert. Gefragt wird, ob die „Grundrechte über das klassische Zweierverhältnis zwischen einzelnem und Staat hinaus auch im Verhältnis des einen zum anderen einzelnen (als Dritten)"[97] von Bedeutung sind. Nach den vorstehend gewonnenen Erkenntnissen ist bereits der Begriff der „Drittwirkung" ungenau, und zwar in doppelter Hinsicht: Es geht hier weder um die „Dritt"richtung der Grundrechte noch um deren bloße „Wirkung".

1. Theorie der unmittelbaren Drittwirkung

Die zu Beginn der Debatte herrschende, heute kaum noch vertretene sog. Theorie der unmittelbaren Drittwirkung der Grundrechte[98], die nicht nur den Staat, sondern auch Private für an die Grundrechte gebunden hält – die Grundrechte werden ihr zufolge im rechtsgeschäftlichen Bereich zu gesetzlichen Verboten im Sinne von § 134 BGB –, setzt bereits formell nicht am richtigen Abwehrobjekt an und führt materiell zu einer übermäßigen Freiheitsbeschränkung der Privatrechtssubjekte.

a) Formell: Ansetzen am unzutreffenden Abwehrobjekt

Von einer Drittrichtung ließe sich nur dann sprechen, wenn die Grundrechte selbst und unmittelbar gegenüber den *Privatrechtssubjekten* Geltung beanspruchen, wenn diese also in ihrem Handeln den gleichen Schranken unterlägen wie sie dem Staat durch die Grundrechte gesetzt sind. Diese These ist unter Hinweis auf Wortlaut, Systematik und Geschichte des Grundgesetzes bereits oft widerlegt worden[99]: Art. 1 Abs. 3

---

[97] *Pieroth/Schlink*, Grundrechte, Rn. 173.
[98] Als Vertreter dieser Lehre seien insbesondere *Nipperdey* (Grundrechte und Privatrecht, Krefeld 1961, S. 12 ff.; *Enneccerus-Nipperdey*, Allgemeiner Teil des Bürgerlichen Rechts, 15. Aufl., Tübingen 1959, § 15 IV 4), *Leisner* (Grundrechte und Privatrecht, insb. S. 384 ff.), *Ramm* (Die Freiheit der Willensbildung, insb. S. 55 ff.) und *Gamillscheg* (AcP 184 [1984], 385, insb. S. 419 ff; *ders.*, Die Grundrechte im Arbeitsrecht, insb. S. 17 ff., 75 ff.; *ders.*, Kollektives Arbeitsrecht, Bd. 1, S. 313 f.) genannt. Weitere Nachw. bei *Canaris*, AcP 184 (1984), 201, 203 und *Stern*, Staatsrecht, Bd. III/1, § 76 II 1, S. 1538 ff.
[99] Insbesondere *Canaris*, AcP 184 (1984), 201, 203 ff.; *Singer*, JZ 1995, 1133, 1135. Weitere Nachweise bei *J. Hager*, JZ 1994, 373. Erhellend zur mißverständlichen Verwendung des Begriffs einer „Bindung" der Privatrechtssubjekte an die Grundrechte durch die Protagonisten der Lehre von der unmittelbaren Drittwirkung *Floren*, Grundrechtsdogmatik, S. 27 ff.

GG bindet nun einmal unmittelbar ausschießlich die staatliche Gewalt und nicht den einzelnen Bürger[100]. Eine solche Geltung wäre allerdings auch weitgehend sinnlos und damit überflüssig, weil sie zumindest für die uns hier interessierenden Fälle ins Leere ginge. Denn der Debatte liegt insofern ein grundlegendes Mißverständnis zugrunde: Das private Anspruchsbegehren im Rahmen der *natürlichen* Handlungsfreiheit kann die Freiheit des anderen gar nicht beeinträchtigen, auch wenn es nicht durch einen entsprechenden Konsens des Betroffenen legitimiert ist. Die Geltendmachung der Forderung ist zunächst eine reine Willensbekundung; zum Eingriff kann sie erst dadurch werden, daß von der reklamierten Position Zwang ausgeht. Da, wie gezeigt, nur der Staat eine vertraglich begründete Position mit solchem Zwang – mit Rechtszwang – ausstatten kann, kann auch eine Freiheitsverkürzung nur von ihm ausgehen: nur so weit der staatliche Geltungsbefehl reicht, können private Regeln Zwangscharakter aufweisen[101].

---

[100] Das gilt i.ü. entgegen verbreiteter Auffassung auch für den 1. Halbsatz von Art. 9 III 2. Der gesamte 2. Satz wird als einziger Fall einer im Grundgesetz selbst vorgesehenen unmittelbaren Drittwirkung angesehen und deshalb als Beleg dafür herangezogen, daß schon deshalb die anderen Grundrechte darüber hinaus keine solche Wirkung haben können (siehe etwa *L. Raiser*, Grundgesetz und Privatrechtsordnung, S. B 19 Fn. 38; *Diederichsen*, Rangverhältnisse, S. 53). Bei genauerer Analyse ergibt sich aber, daß sich nur der 2. Halbsatz („hierauf gerichtete Maßnahmen sind rechtswidrig") auf die Drittrichtung bezieht, da hier eine Schranke (auch) für die natürliche Handlungsfreiheit von Privaten errichtet wird. Der 1. Halbsatz („Abreden, die dieses Recht einschränken oder zu behindern suchen, sind nichtig") betrifft hingegen die rechtlich präformierte Privatautonomie – rein tatsächliches Handeln kann nicht „nichtig" sein – und kann sich deshalb nur an den Staat richten: Er verbietet ihm, einschlägige private Abreden mit Rechtsqualität auszustatten. Dieser Teil der Vorschrift nimmt also gegenüber den anderen Grundrechten in seiner Geltungsrichtung keine Sonderstellung ein.

[101] Vgl. dazu oben die Ausführungen bei Fn. 68. Ähnlich auch *Roth*, Grundrechte, S. 229, 238. Dies verkennt *Oldiges*, FS Friauf, S. 281, 301 ff., der annimmt, daß der Privatrechtsgesetzgeber bei der Abgrenzung der bürgerlichen Rechts- und Interessensphären selbst dann keinen Grundrechtseingriff begehe, wenn er der einen Seite zugunsten der anderen Belastungen aufgibt, die sich mit deren grundrechtlich geschützter Freiheitssphäre nicht vereinbaren lassen. Er habe „vielmehr lediglich versäumt, der grundrechtlichen Relevanz der betroffenen Rechtssphäre hinreichend Rechnung zu tragen. Störer im materiell-grundrechtlichen Sinn ist vielmehr der Bürger, der den ihm unberechtigt zugefallenen Rechtsvorteil realisiert." Bestätige ein Gericht ein grundrechtswidriges Begehren der einen Seite, dann verletze es nicht eingriffshaft das Grundrecht der anderen, sondern es erfülle die ihm obliegende Pflicht nicht, diese Seite vor grundrechtswidriger Inanspruchnahme zu schützen. Der Staat ist diesem Ansatz zufolge also lediglich ein (willfähriger) Helfer des dolosen Privaten, der mittels staatlicher(!) Zwangsmittel die grundrechtlich geschützte Freiheit seines Kontrahenten beeinträchtigen kann – eine Konstruktion, die nicht nur die Bindung des Privatrechtsgesetzgebers an

§ 3. Ansatz und Reichweite der Grundrechtswirkung

Weil im Rahmen einer Friedensordnung zudem alleine der Staat das private Begehren gegen den widerstrebenden Betroffenen durchsetzen darf, ist auch insofern die unmittelbare Macht über den Willen des Betroffenen bei ihm konzentriert[102], nur von ihm droht der Freiheit des Schuldners unmittelbar Gefahr. Dem entgegne man nicht, das staatliche Gewaltmonopol sei doch gerade dafür geschaffen, die Privatexekution durch eine rechtsstaatlich kanalisierte und domestizierte abzulösen[103], materiell stehe auch hinter der staatlichen Exekution immer noch der das Verfahren betreibende Private. Historisch mag die Schaffung auch der Privatrechtsordnung ein Produkt staatlichen Schutzes sein. In dem Moment aber, in dem diese Ordnung installiert ist, in dem der Staat sämtliche Machtausübung bei sich monopolisiert, hat der Staat – bildlich gesprochen – seine Unschuld verloren: Nunmehr wohnt *seinem* Handeln die Gefahr der Freiheitsverkürzung inne.

Das Abstellen auf eine Grundrechtsbindung des Privaten setzt also für das Privatvertragsrecht bereits am falschen Objekt an. Tatsächlich geht es hier nicht um eine „Dritt"richtung, sondern wie sonst auch allein um die Bindung des Staates.

b) Materiell: Übermäßige Freiheitsbeschränkung wegen nicht hinreichender Berücksichtigung der Selbstbindung

Nicht zu kritisieren an der Theorie der unmittelbaren Drittwirkung ist hingegen – anders als dies durch die Vertreter der Theorie der sog. mittelbaren Drittwirkung geschieht –, daß sie das rechtsgeschäftliche Handeln aus der Abwehrperspektive der Grundrechte heraus beurteilt. Die negative Vertragsfreiheit wird dadurch prinzipiell in effektiver Weise vor Freiheitsverkürzungen geschützt. Scheitern muß die Theorie aber – über die eben dargelegten Gründe hinaus – auch daran, daß sie die Selbstbindung der von ihr in Schutz genommenen Privatrechtssubjekte nicht hinreichend berücksichtigt. Im Ergebnis kommen ihre Vertreter deshalb durchweg zu einer übermäßigen Beschränkung der Privatautonomie: Muß jede Vertragsabrede gleichermaßen wie eine vom Staat oktroyierte Bestimmung einer Grundrechtsprüfung standhalten, kann

---

die Grundrechte mißachtet, sondern das Verhältnis von Staat und Bürger geradezu auf den Kopf stellt. Wie kann dem Bürger ein Rechts(!)vorteil „unberechtigt" zufallen?
[102] Dazu schon oben bei Fn. 66.
[103] Etwa *Diederichsen*, Rangverhältnisse, S. 47: Schutz durch staatlichen Zwangsapparat als Surrogat für dem Bürger untersagten eigenmächtigen Schutz seiner privaten Rechte durch Selbsthilfe.

von Privat*autonomie* nicht mehr die Rede sein. Denn die damit unweigerlich verbundene generelle Verhältnismäßigkeitsprüfung führt zu einer Angemessenheitsprüfung von Verfassungs wegen, die die prinzipielle Willkürfreiheit der Privatrechtssubjekte beseitigt[104]. So hat etwa *Leisner* zwar erkannt, daß sich der „Privatbereich" durch „die dort eingeräumte vertragliche Dispositionsbefugnis über die eigenen Rechtsgüter, unter Umständen also auch über den eigenen Freiheitsschutzbereich, wie ihn die Grundrechte abschirmen", auszeichne[105], kommt aber gleichwohl zu dem Ergebnis, „die Vertragsfreiheit ist, verfassungsrechtlich gesehen, nichts anderes als eine privatrechtliche, auf der Stufe des einfachen Gesetzes stehende, Globalkompetenz zum Eingriff in eigene und fremde Grundrechte, deren Ausübung sie insoweit nicht verletzt, als sie sich im Rahmen der jeweiligen Gesetzesvorbehalte hält". „Die Ausübung der Vertragsfreiheit muß sich also im Rahmen der Grundrechte halten"[106]. Den naheliegenden Schluß, daß es bei einer Disposition über die eigene Freiheit schon gar nicht zu einem Eingriff kommt, zieht er nicht.

Die Theorie der unmittelbaren Drittwirkung überträgt mithin die Abwehrperspektive gegenüber allein hoheitlicher Freiheitsverkürzung nicht hinreichend modifiziert auf das Privatvertragsrecht.

c) Die „etatistische Konvergenztheorie"[107] von Jürgen Schwabe

In der Gegenüberstellung von unmittelbarer und mittelbarer Drittwirkung nimmt die von *Jürgen Schwabe* entwickelte Konzeption[108] eine Sonderrolle ein. Er betrachtet nicht, wie andere Anhänger einer unmittelbaren Drittwirkung, die Privatrechtssubjekte als Adressaten der Grundrechte. Vielmehr rechnet er privatrechtliche Beschränkungen oder Eingriffe stets der Rechtsmacht des Staates zu und wendet deshalb die Grundrechte in ihrer Abwehrfunktion direkt auf staatliche Akte – Gesetzesbefehl, Rechtsprechung und Zwangsvollstreckungsmaßnahmen – an. Die Nähe zum auch in unserer Untersuchung entwickelten Modell ist zunächst unverkennbar. *Schwabes* Verdienst[109] besteht darin, den en-

---

[104] *Canaris*, AcP 184 (1984), 201, 209 f.; *Singer*, JZ 1995, 133, 1135 f.
[105] *Leisner*, Grundrechte und Privatrecht, S. 319 f.
[106] *Leisner*, Grundrechte und Privatrecht, S. 330.
[107] Der Ausdruck stammt von *Isensee*, in: HStR V, § 111 Rn. 118.
[108] Insbesondere in *Schwabe*, Drittwirkung, passim; *ders.*, AöR 100 (1975), 442; ähnlich der Ansatz von *Griller*, JBl 1992, 205 ff. u. 289 ff.
[109] Was die Kritik (etwa *Isensee*, in: HStR V, § 111 Rn. 118; auch *Canaris*, AcP 184

gen Zusammenhang zwischen vertraglicher Bindung und gesetzlichem Geltungsbefehl für die Begründung der Grundrechtswirkung fruchtbar gemacht zu haben[110].

Das Konzept leidet aber zum einen an der Verabsolutierung des Ansatzes, da es *Schwabe* auch auf den außervertraglichen Bereich erstreckt. Infolge seines Axioms, daß es keine „rechtsleeren Räume" geben könne, kommt er zu dem Schluß, daß generell die Nichtgewährung staatlichen Schutzes gegen private Angriffe auf grundrechtlich geschützte Rechtsgüter als staatlicher Eingriff in das betreffende Grundrecht zu qualifizieren sei[111]. Sofern ein Privater im Rahmen seiner natürlichen Handlungsfreiheit eine Rechtsgutverletzung begeht, kann diese jedoch nicht bereits deshalb dem Staat zugerechnet werden, weil er ihr nicht entgegengetreten ist: das Nichtverbotensein einer Handlung ist mit einer positiven Erlaubnis bzw. Anerkennung nicht gleichzusetzen und daher als Zurechnungskriterium untauglich[112].

Und zum anderen findet für den vertraglichen Bereich auch bei *Schwabe* das Element der Selbstauferlegung der durch den Vertrag bewirkten Pflichtenbindung keine hinreichende Berücksichtigung. Er konzediert zwar, daß Hoheitsmaßnahmen, die mit frei erteilter, nicht widerrufener Einwilligung des Betroffenen geschehen, keine Eingriffe seien[113], meint aber gleichwohl, daß aus der Bindung wieder eine Freiheitsbeeinträchtigung werde, wenn der Betroffene der vertraglichen

---

[1984], 201, 217 ff.) meist übersieht und undifferenziert gemeinsam mit der berechtigten Ablehnung des Schwabeschen Ansatzes zur Zurechenbarkeit auch privaten deliktischen Handelns zum Staat „erledigt".

[110] Gleichermaßen weiterführend ist auch der Ansatz von *F. Kirchhof,* Private Rechtsetzung, S. 523, der davon ausgeht, daß ein Grundrecht auf private Rechtsregeln einwirkt, „wenn und weil der Staat sie ermöglicht", die staatliche Beteiligung am Geltungsbefehl als Ansatzpunkt der Grundrechtsbindung begreift und daraus schließt, daß „die staatliche Beteiligung an privater Rechtsetzung durch den Geltungsbefehl die Einwirkung der Grundrechte sichert; enthält der Geltungsbefehl bereits die vom Grundrecht geforderten Sicherungen für die Normadressaten privater Regeln, wird privates Normieren sich stets in grundrechtskonformem Rahmen halten". Letztlich macht er diese Grundlegung aber nicht für die Anwendbarkeit der Abwehrfunktion fruchtbar, sondern folgt der Lehre von den grundrechtlichen Schutzpflichten.

[111] So auch *Murswiek*, Staatliche Verantwortung, S. 62 ff., 88 ff.

[112] *Canaris*, AcP 184 (1984), 201, 230 f.; *ders.*, Grundrechte, S. 40 ff. Siehe auch *Braczyk*, Rechtsgrund und Grundrecht, S. 63 f.; *Lübbe-Wolff*, Grundrechte als Eingriffsabwehrrechte, S. 170 ff.; *Enderlein*, Rechtspaternalismus, S. 164 ff.

[113] Probleme der Grundrechtsdogmatik, S. 99.

Regelung später nicht mehr zustimme[114]. An anderer Stelle nimmt er an, daß die Einwilligung des Betroffenen die Gewichtigkeit des beeinträchtigten Rechtsguts für die Güterabwägung beeinflussen könne[115], sieht aber keinen Anlaß, in einem solchen Fall von der Abwägung ganz abzusehen. Im Ergebnis kommt er damit zu einer zumindest ständig drohenden Verhältnismäßigkeits- und damit Inhaltskontrolle[116]. *Schwabe* bestätigt somit letztlich die Vorbehalte, die seit jeher gegen die Theorie der unmittelbaren Drittwirkung vorgebracht werden. Die mangelnde Konsistenz seiner Konzeption hat leider im allgemeinen Bewußtsein den Blick auf seinen für das Vertragsrecht durchaus treffenden Ansatz verstellt.

2. Grundrechtsfreiheit des Privatrechts?

Die diametrale Gegenposition zur Theorie der unmittelbaren Drittwirkung nimmt eine Lehre ein, die nicht nur – wie eben gezeigt zu Recht – die Grundrechtsbindung der Privatrechtssubjekte ablehnt, sondern darüber hinaus die Anwendbarkeit der Grundrechte auf das Privatrecht schlechthin bestreitet[117]. Diese Theorie ist, anders als es prima facie scheinen mag, in ihrer Herleitung dem hier vertretenen Ansatz durchaus verwandt. Auch sie erkennt, daß zwischen anerkennendem Gesetz und individuellem Rechtsgeschäft ein Rechtserzeugungszusammenhang besteht, so daß man hinsichtlich der Verfassungskonformität

---

[114] Probleme der Grundrechtsdogmatik, S. 104. Ähnlich *Hellermann*, Die sogenannte negative Seite der Freiheitsrechte, S. 207.
[115] Drittwirkung, S. 110 f. Wiederum ähnlich *Griller,* JBl 1992, 205, 289, 290, der die Verschiedenheit der Schranken privatautonom zustandegekommener Normen einerseits und heteronomer staatlicher Akte andererseits betont und das Ausmaß der Zulässigkeit von privatautomen Grundrechtsbeschränkungen durch Güterabwägung von Fall zu Fall entscheiden will.
[116] Ähnlich *Roth*, Grundrechte, S. 229, 239 ff., der gleichermaßen von einer Geltung der Grundrechte im Privatvertragsrecht in ihrer abwehrrechtlichen Dimension ausgeht und gleichermaßen eine vertragliche Selbstbindung des Schuldners unter den Vorbehalt des Übermaßverbotes stellt, da ein Verzicht auf Freiheitsrechte „stets hinreichend gewichtigen Gründen dienen" müsse. Als Rechtfertigung läßt er etwa die Grundrechte des Gläubigers gelten (a.a.O., S. 244).
[117] Insbesondere *Diederichsen*, Rangverhältnisse, S. 46 ff.; *Zöllner*, AcP 196 (1996), 1, 7. Ähnlich *H. Mayer,* JBl 1990, 768, 771 f., der die „mittelbare Drittwirkung" als „Nicht-Wirkung" begreift. Eine Sonderposition in diesem Kontext nimmt *Windel*, Der Staat 37 (1998), 385, 406 ff. ein, der die Grundrechtsanwendung im Privatrecht nicht für eine „Folge der spezifischen Normqualität der Grundrechte" hält, ihnen den Vorrang „im normativen Sinne" abspricht und sie lediglich als „Ergänzung des zivilrechtlichen Argumentationsreservoirs" ansieht.

nicht kategorial zwischen Rechtsnorm und privatautonomem Akt unterscheiden kann[118]. Ähnlich wie *Schwabe* argumentiert sie deshalb aus dem Stufenbau der Rechtsordnung heraus, zieht aber daraus wiederum unzutreffende Konsequenzen, wenn auch eben in entgegengesetzter Richtung. Während *Schwabe* die Grundrechtswirkung verabsolutiert, wird sie hier negiert: Da diese Theorie mit der Grundrechtswirkung – zu Unrecht, aber angesichts der bislang diskutierten Spielarten verständlicherweise – eine unvermeidliche Freiheitsbeschränkung assoziiert, wendet sie sich, insofern konsequent und geradezu notwendig, nicht nur gegen jede Form der Dritt*wirkung* gegenüber der Privatrechtsgesetzgebung, sondern bereits gegen die Grundrechts*geltung*. Diese Theorie leidet jedoch daran, daß ihre Vertreter nicht zwischen negativer und positiver Vertragsfreiheit unterscheiden: Aus Respekt vor der Privatautonomie und ihrer gesetzgeberischen Ausgestaltung kommt sie im Ergebnis zu einer Immunisierung des Privatrechts gegenüber den vermeintlich freiheitsverkürzenden Konsequenzen einer Grundrechtsgeltung und versagt damit der negativen Vertragsfreiheit den ihr gebührenden verfassungsrechtlichen Schutz.

Zur Kritik im einzelnen:

a) Formelle Einwände

Die Position kann m.E. schon deshalb nicht überzeugen, weil sie mit dem eindeutigen Wortlaut des Art. 1 Abs. 3 GG nicht zu vereinbaren ist. Auch der Privatrechtsgesetzgeber übt „Gesetzgebung" im Sinne dieser Verfassungsbestimmung aus und nimmt deshalb keine kategoriale Sonderstellung gegenüber anderen Formen der öffentlichen Gewalt ein[119]. Der Verweis von *Diederichsen*[120] darauf, daß es dem Grundgesetzgeber

---

[118] *Diederichsen*, AcP 198 (1998), 171, 206 ff., insb. S. 209: „Zielt so, was die Kontrolle der Einhaltung der Grundrechtsmaßstäbe anlangt, alles eher auf die Gleichstellung von Rechtsgeschäften unter Privatrechtssubjekten einerseits und der Normen des Privatrechts andererseits" und S. 213: „Für die Grundrechtskontrolle stellt das Privatrecht unabhängig davon, ob die jeweils zu prüfende Rechtsfolge auf einer Rechtsnorm oder auf einem privatautonomen Akt beruht, eine homogene Masse gleichartigen Rechtsstoffs dar". Auch *Zöllner*, RDV 1985, 3, 6 nimmt auf den Rechtserzeugungszusammenhang Bezug, wenn er die Einschlägigkeit der Grundrechte als Abwehrrecht für ein Gesetz bestreitet, „das seinem Inhalt nach nicht einen Eingriff des Staates vorsieht, sondern einen Eingriff Privater".

[119] Ausführlich hierzu *Canaris*, RdA 1997, 267, 271 f. Fn. 28; *Ruffert*, Vorrang, S. 89 ff.

[120] Rangverhältnisse, S. 46 ff.

C. *Folgerungen für den Streit um Geltung und Wirkungsweise* 59

mit dieser Bestimmung im Unterschied zur Weimarer Reichsverfassung um die Bindungswirkung der Grundrechte, nicht aber um die Erweiterung ihres Adressatenkreises gegangen sei, ist kein Einwand gegen die hier vertretene Auffassung. Gleiches gilt für die Auffassung *Zöllners*[121], als Abwehrrechte gegenüber dem Staat könnten die Grundrechte nicht einschlägig sein gegenüber einem Gesetz, das einen Eingriff Privater vorsieht. Oben konnte gezeigt werden, daß sich die staatliche Machtausübung im Privatvertragsrecht von anderen Fällen hoheitlichen Handelns nicht grundsätzlich unterscheidet. Soweit es das Vertragsrecht anbelangt, geht es gerade nicht um Eingriffe Privater, sondern um solche des die Rechtsordnung verkörpernden Staates.

Insoweit sind die Grundrechte der Betroffenen in ganz gleicher Weise in ihrer Abwehrfunktion betroffen. Von einer Erweiterung des Adressatenkreises kann keine Rede sein[122]. Ein Unterschied zu anderen Formen staatlicher Machtausübung besteht allein darin, daß die Betroffenen ihre Freiheitssphäre dem Staat gegenüber regelmäßig selbst öffnen. Dieser Umstand führt aber, je nach Umfang der Disposition, nur zu einer Modifikation der Wirkungsweise der Grundrechte, also hinsichtlich Ansatzpunkt und Intensität der konkreten Auswirkung auf den Inhalt der privatrechtlichen Bestimmung. Nicht aber kann er die prinzipielle Geltung der Grundrechte beseitigen. Ihre Geltung wäre nur dann verzichtbar, wenn die Privatvertragsrechtsnormen den Willen der Betroffenen immer genau nachzeichneten bzw. Defizite der Selbstbindung ausglichen, wenn sich also privater Wille und staatliche Macht a priori im Gleichklang befänden und eine überschießende Wirkung der Privatrechtsnormen ausgeschlossen wäre. Das ist jedoch nicht der Fall. Im Gegenteil besteht die von der Rechtsordnung im ganzen zu leistende Aufgabe gerade darin, eine solche Harmonie herzustellen oder aber für eine hinreichende Rechtfertigung von Freiheitseingriffen zu sorgen. Die Privatvertragsrechtsordnung befindet sich im ständigen Spagat zwischen Schutz der negativen Freiheit auf der einen Seite und Ausgestaltung der positiven Freiheit auf der anderen Seite und bedarf deshalb immer wieder der Ausrichtung und der Überprüfung an den ihr zugrundeliegenden Prinzipien. Genau darin liegt die Aufgabe der Grundrechte. Zumindest als Regulativ im Hintergrund sind sie unverzichtbar.

---
[121] RDV 1985, 3, 6.
[122] Dazu treffend *Canaris*, Zwischenbilanz, S. 11 f.

Diederichsens methodische Kritik scheint sich denn auch hauptsächlich auf Wirkungen zu beziehen, die den Grundrechten über ihre Abwehrfunktion hinaus zugeschrieben werden, inbesondere auf ihre angebliche Bedeutung als Grundwerteordnung[123]. Insoweit ist ihm vorbehaltlos beizupflichten; darauf ist gleich zurückzukommen.

b) Materielle Einwände

Inhaltlich wird gegen die Geltung der Grundrechte im Privatrecht eingewandt, sie seien hinsichtlich ihrer Einschränkbarkeit nur in Hinblick auf den Interessenausgleich zwischen Staat und Bürger formuliert, ein Eingriff sei deshalb nur durch Allgemeininteressen gedeckt, nicht aber zum Schutz eines privaten Individualinteresses. Der Interessenausgleich zwischen den Bürgern als gleichgeordneten Rechtssubjekten sei davon wesensverschieden[124].

Dieses Argument berührt einen wichtigen Punkt, trifft die Problematik aber, soweit das Privatvertragsrecht betroffen ist, nur ungenau. Es ist ja in der Tat gerade die Frage, ob und inwieweit ein Eingriff in grundrechtlich geschützte Freiheiten überhaupt durch Individualinteressen gerechtfertigt werden kann. Überschießende Gestaltungsmacht ist, wie festgestellt, im System der Privatautonomie ein Fremdkörper: Die Ausstattung eines privaten Gestaltungsbegehrens mit Rechtsqualität ist nur so lange ohne weiteres legitim, wie es durch den Betroffenen konsentiert ist. Geht die staatlich sanktionierte Befugnis darüber hinaus, bedarf der Betroffene gerade und erst recht eines Abwehrinstruments zur Verteidigung seiner Freiheit. Der Hinweis auf die Rechtfertigungsebene ist also nicht geeignet, die Geltung der Grundrechte im Privatvertragsrecht zu entkräften, sondern unterstreicht im Gegenteil ihre Notwendigkeit.

3. Theorie der sog. mittelbaren Drittwirkung

Als fraglich gilt, welche Konsequenzen sich aus der Bindung des Privatrechtsgesetzgebers für die verfassungsrechtliche Kontrolle privatautonomen Handelns ergeben. Herrschende Doktrin ist nach wie vor, daß die generelle Gleichstellung von privatautonomer Regelung und Privatrechtsnorm unzulässig sei und deshalb insoweit keine unmittelbare Grundrechtsgeltung angenommen werden könne[125]. Die Anhänger der

---

[123] *Diederichsen*, Rangverhältnisse, S. 66 Fn. 147.
[124] *Zöllner*, RDV 1985, 3, 6.
[125] Siehe vor allem *Canaris*, AcP 184 (1984), 201, 217 ff. m. zahlr. Nachw.

Lehre von der sog. mittelbaren Drittwirkung folgen deshalb einem anderen Erklärungsansatz: Die von den Grundrechten – über ihre Funktion als Abwehrrechte hinaus – konstituierte objektive Werteordnung[126] habe auch eine Ausstrahlungswirkung auf das Vertragsrecht, die entweder über die zivilrechtlichen Generalklauseln Einfluß auf Rechtsgeschäfte nehme[127] oder aber einer anderen Auffassung zufolge ihnen gegenüber einen staatlichen Schutzauftrag auslöse[128].

Auch dieser Theorie kann, trotz wesentlicher Beiträge zum Verständnis der Grundrechtswirkung im Privatrecht, im Ergebnis für das Vertragsrecht nicht gefolgt werden, da auch sie nicht hinreichend zwischen dem verfassungsrechtlichen Schutz von positiver Freiheit und negativer Freiheit unterscheidet.

a) Generalklauseln als Einbruchstellen

Mit der Auffassung von den zivilrechtlichen Generalklauseln als „Einbruchstellen" der Grundrechte in das Zivilrecht[129] ist nicht nur die aus dem Stufenbau der Rechtsordnung folgende Selbstverständlichkeit gemeint, daß die durch die Grundrechte geschützte Werteordnung in die Auslegung wertausfüllungsbedürftiger Begriffe einfließt. Vielmehr ist damit die Vorstellung verbunden, die Grundrechte könnten dergestalt in der Drittrichtung eine spezifische Abwehrwirkung entfalten. Wenn die Grundrechte aber die Auslegung derjenigen Normen steuern, die das Verhalten von Privaten im rechtsgeschäftlichen Umgang bestimmen, sind die Generalklauseln nur noch Transportmedium für die verfassungsrechtlich vorgegebenen Wertungen. Die „Mittelbarkeit" der Grundrechtswirkung beschränkt sich auf die Vermittlung über die Normenhierarchie, hat aber keine spezifische inhaltliche Qualität[130].

---

[126] Zu den objektiven Grundrechtsgehalten umfassend *Dolderer*, Objektive Grundrechtsgehalte, Berlin 2000.
[127] Dazu sogleich unter a).
[128] Dazu sogleich unter b).
[129] Grundlegend *Dürig*, FS Nawiasky, S. 157 ff. Aus neuerer Zeit insbesondere *Medicus*, AcP 192 (1992), 35, 45 f.; *Larenz*, BGB AT, § 4 III, S. 83; Maunz-Dürig-*Di Fabio*, GG, Art. 2 Abs. 1 Rz. 67, 109; *Rüfner*, in: HStR V, § 117 Rn. 60 ff., 72 ff.; *v. Münch*, in: v. Münch/Kunig, GG, Vorb. Art. 1–19 Rn. 31 ff.; *Stern*, FS Wiedemann, S. 133 ff. Ausführliche Nachweise – auch zur Rechtsprechung, die sich dieser Position im wesentlichen angeschlossen hat – bei *Stern*, Staatsrecht, Bd. III/1, § 76 II 2, S. 1543 ff. Speziell zur Rechtsprechung des Bundesverfassungsgerichts *Classen*, AöR 122 (1997), 65.
[130] Vgl. dazu *J. Hager*, JZ 1994, 373, 374 ff. Seine Position steht eigentümlich zwi-

Soweit darauf verwiesen wird, daß die Ausstrahlungswirkung der Grundrechte weniger prägnant als ihre Abwehrfunktion ausfalle, hat das nichts mit einer schwächeren Grundrechts*geltung* zu tun, sondern allein damit, daß hinsichtlich des Ausmaßes der Grundrechts*wirkung* der Umfang der Selbstbindung des Betroffenen zu berücksichtigen ist. Die Wirkungen der Grundrechte sind also nicht nur, wie *Dürig* noch meinte, Auswirkungen der „selbstverständlich nötigen Einheit des Gesamtrechts in der Rechtsmoral"[131], sondern Konsequenz der Einheit der Rechtsordnung.

b) Schutzfunktion

Die im Vordringen befindliche und beim Bundesverfassungsgericht auch in Hinblick auf das Privatvertragsrecht zumindest zeitweilig auf Sympathie gestoßene[132], namentlich von *Canaris* entwickelte Spielart einer mittelbaren Grundrechtswirkung nimmt an, die Grundrechte verpflichteten allein den Privatrechtsgesetzgeber (und in seinem Gefolge den normanwendenden und –auslegenden Richter), durch entsprechende Normierung (bzw. Gesetzesauslegung) Private vor dem Angriff Privater zu schützen. Der Gesetzgeber müsse auf die Grundrechtsgefährdungen, die durch die Zulassung der Privatautonomie entstehen, mit der Schaffung ausreichender Schutzbestimmungen reagieren[133].

---

schen den „Fronten" der Drittwirkungsdebatte: Ähnlich der hier vertretenen Auffassung schließt er – ausgehend von der Grundrechtsbindung der privatrechtlichen Gesetze und vermittelt über den Stufenbau der Rechtsordnung – auf eine unmittelbare Wirkung der Grundrechte auch gegenüber rechtsgeschäftlichen Vereinbarungen. Inkonsequenterweise folgt er gleichwohl der Schutzgebotslehre, die somit in seiner Konstruktion notwendig ein Fremdkörper und ohne praktische Auswirkung bleibt: Hinsichtlich der Intensität der Grundrechtswirkung kann er nicht mehr zwischen Schutz- und Abwehrfunktion unterscheiden. Eine eigenartige Position zwischen Eingriffsdogmatik und Schutzgebotslehre nimmt auch *Floren*, Grundrechtsdogmatik, S. 54 ff. ein, der die Eingriffsdogmatik zu einer „Ereignisdogmatik" auch gegenüber von ihm sog. Privateingriffen erweitert, indem er nicht hinreichendes Schutzverhalten des Staates gegenüber privaten Übergriffen mit der eingeführten Eingriffsdogmatik zu bewältigen versucht.

[131] FS Nawiasky, S. 157, 177.
[132] In der sog. „Handelsvertreter"-Entscheidung (BVerfG v. 7.2.1990, E 81, 242 unter C I 3) bezieht sich das Gericht auf eine Sicherung des Grundrechtsschutzes durch staatliche Regelungen sowie auf einen Schutzauftrag der Verfassung. *Oeter*, AöR 119 (1994), 529, 550 f. sieht darin ebenfalls einen „(wenn auch noch nicht ausdrückliche[n]) Rückgriff auf eine Schutzpflicht".
[133] *Canaris*, AcP 184 (1984), 201, 225 ff.; *Höfling*, Vertragsfreiheit, S. 52 ff.; *Starck*, in: v. Mangoldt/Klein/Starck, GG, Art. 2 Abs. 1 Rn. 271 ff.; *Stern*, Staatsrecht, Bd. III/1, § 76 IV 5, S. 1572 ff.; *Jarass*, FS 50 Jahre Bundesverfassungsgericht, 2. Bd., S. 35, 50; *Her-*

aa) Verwandtschaft mit Dürigscher Lehre

Diese Lehre ist in ihrer Genese eng mit der Theorie einer bloßen Ausstrahlungswirkung der Grundrechte verwandt. Auch *Dürig*[134] hat seine Position mit einem verfassungsrechtlichen „Schutzauftrag (vgl. Art. 1 Abs. 1 Satz 2 GG)" begründet, der normative Mittel zur Abwehr von Angriffen aus der Drittrichtung gebiete. Die Generalklauseln waren deshalb für ihn nicht nur Medium, um den Inhalt der die gesamte Rechtsordnung überwölbenden objektiven Werteordnung aus einer übergeordneten Ebene des Stufenbaus in den privatrechtlichen Normenbestand einfließen zu lassen, sondern ganz praktisch privatrechtliche Abwehrnormen, die in der Horizontalen gegen die Angriffe Privater auf Rechte anderer in Stellung gebracht werden sollten. Erst bezogen auf diese Funktion erhält ihre verfassungsrechtliche „Aufladung" den eigentlichen Sinn: „Bei Fehlen spezieller zivilrechtlicher Schutznormen" sollten sie den dem objektiven Privatrecht gestellten verfassungsrechtlichen Schutzauftrag erfüllen[135]. Insofern unterscheidet sich *Canaris'* Lehre von der *Dürig*schen im wesentlichen nur dadurch, daß jene sich nicht auf die Generalklauseln als Abwehrnormen beschränkt, sondern dem Zivilrechtsgesetzgeber ein weiteres Gestaltungsspektrum zur Durchführung seines Schutzauftrags zubilligt.

---

mes, VVDStRL 61 (2002), 119, 134 f.; *Ruffert*, Vorrang, insb. S. 141 ff. Zu weiteren Nachw. siehe *J. Hager*, JZ 1994, 373, 378 Fn. 67. Zu den grundrechtlichen Schutzpflichten allgemein *Dietlein*, Die Lehre von den grundrechtlichen Schutzpflichten, 1992. Die Geltung einer Schutzfunktion, die die Mitgliedsstaaten zur Schaffung eines grundfreiheitenkonformen Privatrechts verpflichte, wird auch weithin für das Verhältnis von Grundfreiheiten des EG-Vertrages und Privatrechtsordnung angenommen; s. etwa *Remmert*, JURA 2003, 13 m.w.N. Da es bei dieser Konstellation im wesentlichen allein um die staatliche Beschränkung der *positiven* Vertragsfreiheit der betroffenen Privatrechtssubjekte in Hinblick auf grenzüberschreitende Transaktionen geht, nicht aber um die Beschneidung ihrer negativen Vertragsfreiheit, bestehen insoweit gegen ein solches Konzept vom hier vertretenen Standpunkt aus keine prinzipiellen Bedenken. Anzumerken ist lediglich, daß es dort weniger um die Schutzfunktion der Grundfreiheiten bzw. der Gemeinschaftsgrundrechte geht als vielmehr um ihre institutionelle Dimension (zum problematischen Anspruch gegen den Staat auf Bereitstellung bestimmter privatrechtlicher Gestaltungsmöglichkeiten s. oben bei Fn. 87).

[134] FS Nawiasky, S. 157, 176 f.
[135] FS Nawiasky, S. 157, 176.

bb) Schutzfunktion als Ausgleich natürlicher Freiheiten

(1) Auf die Schutzfunktion der Grundrechte wird meist dann rekurriert, wenn es zu Kollisionen konkurrierender Grundrechtspositionen, also zu Konflikten in der Horizontalen, kommt[136]. Der Staat wird in diesen Fällen, unter bestimmten Voraussetzungen – *Canaris* hat dafür den Begriff des „Untermaßverbots" geprägt[137] – für verpflichtet gehalten, für einen Ausgleich zu sorgen. Ziel ist die praktische Konkordanz *natürlicher* Freiheiten, die aufgrund einer Interessenkollision notwendig nicht beide zugleich im selben Umfang zur Geltung gebracht werden können. Für das Zivilrecht ist damit der gesamte Bereich deliktischen Handelns angesprochen. Kardinalbeispiel aus der Rechtsprechung des Bundesverfassungsgerichts sind die Entscheidungen zu § 218 StGB, in denen zwischen dem Schutz des ungeborenen Lebens und dem Selbstbestimmungsrecht der Schwangeren abzuwägen war[138]. Die Abwehrfunktion ist in diesen Fällen einer Kollision natürlicher Freiheiten nicht einschlägig, da nicht jede faktische Beeinträchtigung rechtlich geschützter Positionen durch Private dem Staat zuzurechnen ist. Die Beziehungen zwischen Privatrechtssubjekten sind nicht vollständig in beiderseitige Herrschaftssphären aufgeteilt. Deshalb existiert kein generelles Verbot einer jeden nicht ausdrücklich gestatteten Beeinträchtigung, und umgekehrt ist nicht jede nicht verbotene Beeinträchtigung vom Staat autorisiert. Vielmehr gibt es einen weiten Bereich allgemeiner Handlungsfreiheit, der rechtlich nicht besetzt ist[139]. Kommt es in diesem Sektor zu einem relevanten Grundrechtseingriff durch Private, kann die Abwehrfunktion nicht helfen, da ein bloßes staatliches Unterlassen den Verletzten nicht entlastet. Der Staat muß dann zum Schutz des Betroffenen aktiv eingreifen.

(2) Im Vertragsrecht sind aber tatsächlich weder natürliche Freiheiten noch konkurrierende Grundrechtspositionen durch den Staat auszugleichen. Der Konsens der Vertragsparteien erlangt ja, wie oben ausführlich

---

[136] Vgl. etwa *Pietrzak*, JuS 1994, 748, 751.
[137] AcP 184 (1984), 201, 228.
[138] BVerfG v. 25.2.1975, E 39, 1, 42 ff.
[139] So *Canaris*, AcP 184 (1984), 201, 229 f. in Auseinandersetzung mit der oben referierten Gegenposition von *Schwabe*, AöR 100 (1975), 442 ff.; *ders.*, Probleme der Grundrechtsdogmatik, 1977, S. 212 ff.; *ders.*, Die sogenannte Drittwirkung der Grundrechte, 1971, S. 65 ff. *Schwabe* bestreitet die Existenz ‚rechtsleerer Räume' und geht von einer Duldungspflicht desjenigen aus, der „durch das Nichtverbotene nachteilig betroffen wird".

dargelegt, nur dann als vertragliche Abrede Verbindlichkeit, wenn der Staat ihn als rechtsverbindlich anerkennt; die Privatautonomie ist keine natürliche, sondern eine rechtlich präformierte Freiheit. Der Staat ist immer an der Rechtserzeugung beteiligt. Erst er und nur er allein gibt der privaten Vereinbarung den Zwangscharakter, der im Falle defizitärer Selbstbindung zu einem Eingriff in die negative Vertragsfreiheit des Betroffenen führen kann. Führt die Ausstattung mit Rechtsqualität zu einer Freiheitsverletzung auf seiten des Betroffenen, ist das Grundrecht in seiner Abwehrfunktion betroffen[140]: Der Staat muß von Verfassungs wegen seine Mitwirkung schlicht unterlassen durch Verweigerung bzw. Entzug der Anerkennung. Weiteres aktives Tun, wie von der Schutzfunktion gefordert, ist weder erforderlich noch auch nur möglich. Der Staat müßte sonst gegen sich selbst einschreiten – ein evident paradoxes Ergebnis[141].

(3) Zudem genießt niemand die Vertragsfreiheit allein, sie ist vielmehr eine Erscheinungsform von Rechtsteilhabe, von Partizipation[142]. Der eine Vertragspartner ist notwendig *auf den Konsens* des anderen *angewiesen*, nur bei einer Einigung kommt es zum anspruchsbegründenden oder sonstwie rechtsbegründenden Vertragsschluß. Auf diese Zustimmung des anderen besteht aber kein Anspruch: Die Interessen sind nicht per se ausgleichsbedürftig, so daß der Staat hier von Verfassungs wegen zwangsweise nachhelfen müßte, sondern grundsätzlich allein der Disposition der Beteiligten überlassen. Somit kann – über die durch die allgemeine Handlungsfreiheit selbstverständlich geschützte Freiheit zur Vertragsanbahnung hinaus – der Anspruch des einen Partners aus dem Vertrag nur dann verfassungsrechtlich geschützt sein, wenn die Verpflichtung des anderen wirksam erfolgt, also weder durch Disposition über unverzichtbare Rechtsgüter noch unfrei zustandegekommen ist. Die Freiheit des einen ist beim *Akt des Vertragsschlusses*

---

[140] Dieser Zusammenhang scheint auch bei *Canaris*, AcP 184 (1984), 201, 220 auf: „Sofern der Gesetzgeber den originären Bereich der Privatautonomie überschreitet und das Rechtsgeschäft als ein Mittel der *Fremd*bestimmung einsetzt, sollte man in der Tat eine unmittelbare Grundrechtsgeltung bejahen" [Hervorhebung im Original]; siehe auch *H. Mayer*, JBl 1990, 768, 772: „In aller Allgemeinheit wird man sagen können, daß Privatautonomie dort und insoweit zulässig ist, als es um die Ordnung gemeinsamer ‚privater' Interessen geht und eine Entfaltung des ‚wahren Willens' der Vertragspartner angenommen werden kann. Darüber hinausgehende Befugnisse zu ‚privatautonomer' Rechtssetzung werden wohl als verfassungswidrig anzusehen sein."
[141] Ähnlich *Eschenbach/Niebaum*, NVwZ 1994, 1079, 1081; *Looschelders/Roth*, JZ 1995, 1034, 1041 Fn. 68.
[142] *Adomeit*, FS Kelsen zum 90. Geburtstag, S. 9, 19. Zur Gemeinschaftsbezogenheit der grundrechtlichen Freiheit *Häberle*, Wesensgehaltsgarantie, S. 209.

grundrechtlich immer nur so weit verbürgt wie die Freiheit des anderen reicht. Ist der Vertragspartner unfrei oder nicht dispositionsbefugt, scheidet er als „taugliches" Subjekt für den Kontrakt aus: Das bloße Interesse des anderen, den gewünschten Vertragsinhalt gerade mit diesem Partner rechtsverbindlich zu vereinbaren, ist rechtlich nicht geschützt und vermittelt keine grundrechtlich geschützte Position, gegen die die Freiheit des „Untauglichen" erst abzuwägen wäre. Dem Staat stellt sich deshalb nicht – wie das Bundesverfassungsgericht meint[143] – ein Problem praktischer Konkordanz, das notwendig *er* zu lösen hätte[144]. Die staatliche Gewährleistung des Instituts Vertrag führt nicht zum Ausgleich konkurrierender Grundrechtspositionen durch den Staat, sondern schafft immer nur eine Voraussetzung für die Freiheitsausübung, für den Interessenausgleich durch die Privatrechtssubjekte selbst. Der „untaugliche" Beteiligte bedarf daher nicht des Schutzes *durch* den Staat, mittels der Schutzfunktion des Grundrechts, sondern vielmehr des Schutzes *vor* dem Staat, wenn dieser gleichwohl die belastende Abrede durch einfachrechtliche Anordnung mit Verbindlichkeit ausstattet. Daraus folgt umgekehrt, daß die Verweigerung der Anerkennung eines solchen „Vertrages" (von einem wirklichen „sich vertragen" kann ja gerade nicht die Rede sein) für denjenigen, der aus ihm einen Anspruch herleiten will, keinen Eingriff in seine Grundrechte bewirkt[145]. Es handelt sich dabei lediglich um eine enttäuschte Chance, eine grundrechtlich irrelevante Expektanz. Die Freiheiten der Vertragskontrahenten verhalten sich nicht komplementär zueinander, die Freiheit des einen verdrängt auch nicht die des anderen, sie geht nicht auf seine Kosten, sondern die Anbahnungsfreiheiten beider wirken gewissermaßen symbiotisch zusammen, sie schaffen zusammen eine neue Qualität gemeinsamen Freiheitsgebrauchs: eine Freiheit durch andere, „die Entfaltung des einen durch den anderen"[146]. Fällt ein Element weg, bleibt von

---

[143] E 81, 242, 255; 89, 214, 232 unter C II 2 b. Ebenso Maunz-Dürig-*Di Fabio*, GG, Art. 2 Abs. 1 Rz. 112.

[144] Wie hier im Ergebnis auch *Zöllner*, AcP 196 (1996), 1, 12 f., 36.

[145] Der Ansicht des Bundesverfassungsgerichts (E 81, 242 unter C I 3), jede Begrenzung der Vertragsfreiheit zum Schutze des einen Teils greife gleichzeitig in die Freiheit des anderen Teils ein, kann deshalb nicht gefolgt werden. Wie das Bundesverfassungsgericht *J. Hager*, JZ 1994, 373, 377 (m.w.N. zu dieser Position in Fn. 53), der die Privatautonomie dessen, der sich auf die nichtanerkannte vertragliche Regelung stützt, für ebenfalls vom Grundgesetz garantiert hält.

[146] So die Formulierung von *Suhr*, Entfaltung des Menschen durch die Menschen, S. 87 ff.

C. Folgerungen für den Streit um Geltung und Wirkungsweise

dem anderen nichts mehr übrig, es führt keine vom anderen getrennt denkbare eigene Existenz. Das für die Schutzfunktion typische Dilemma, daß der Schutz des einen typischerweise nur um den Preis eines Eingriffs in die Rechte des anderen zu erreichen ist („Schutz durch Eingriff"), liegt hier also nicht vor. Auch diese Kontrollüberlegung belegt, daß die Schutzfunktion nicht einschlägig sein kann.

Anders verhält es sich allerdings bei staatlicher Einflußnahme auf den Vertrags*inhalt* durch die Schaffung zwingenden Privatrechts. In diesen Fällen handelt der Staat zur Gewährleistung bestimmter inhaltlicher Standards. Er verankert auf solche Weise Elemente objektiver Äquivalenz im Vertragsrecht, um vor bestimmten ihm ausgleichsbedürftig erscheinenden Risiken der Privatautonomie zu schützen. Diese Regelungen können einen Eingriff in die positive Vertragsfreiheit der Vertragsschließenden bewirken, da diesen hierdurch bestimmte Gestaltungen auch bei einer wirksamen Einigung verwehrt werden. Die Problematik ist aber sorgfältig von der ihr vorausliegenden der Gewährleistung eines den verfassungsrechtlichen Anforderungen genügenden Vertragsschlusses zu unterscheiden.

(4) Die Anwendung der Schutzfunktion im Vertragsrecht beruht somit auf der Verwechslung von Ursache und Folgen. Der Gesetzgeber mag von Verfassungs wegen verpflichtet sein, ein Privatvertragsrecht bereitzustellen, um der allgemeinen Handlungsfreiheit auch auf wirtschaftlichem Gebiet Geltung zu verschaffen. Ist er dieser Verpflichtung aber nachgekommen und hat er die Institutsgarantie bereits umgesetzt, können die resultierenden gesetzlichen Regelungen – wie andere Gesetze auch – zum Eingriff in die Rechte der Betroffenen führen[147]. Die Anwendung der Schutzfunktion nimmt das falsche Element des Rechtserzeugungszusammenhangs ins Visier: die Ausübung der positiven Vertragsfreiheit. Tatsächlich geht es aber um das für rechtliches Handeln ausschlaggebende Moment: die staatliche Mitwirkung. Ihr gegenüber braucht der Staat nicht aktiv einzuschreiten. Er kann sich vielmehr mit einem – durch die Abwehrfunktion der Grundrechte gebotenen – bloßen Unterlassen begnügen.

---

[147] Das verkennt *Gellermann*, Grundrechte in einfachrechtlichem Gewande, S. 131 ff., der zwar mit beachtlichen Gründen die positive Vertragsfreiheit verfassungsrechtlich als Institut garantiert sieht, jedoch ihre negative Dimension übersieht und deshalb die gesetzliche Ausgestaltung nicht einmal als potentiellen Eingriff erkennen kann.

Die Domäne der Schutzfunktion im Privatrecht bleibt der außervertragliche Bereich, insbesondere das Deliktsrecht. Hier bedarf es in der Tat der Abgrenzung der jeweiligen Freiheitssphären und somit auch des Schutzes vor der natürlichen Freiheit des anderen[148].

cc) Untermaßverbot nur begrenzt operabel

Schließlich sei noch darauf hingewiesen, daß im Rahmen der Schutzfunktion das Verhältnismäßigkeitsprinzip, der Dreh- und Angelpunkt der Grundrechtsprüfung, nicht anwendbar ist. Zur Ermittlung der Eingriffsschwelle, ab der ein staatliches Eingreifen erforderlich wird, kann nur auf das sog. Untermaßverbot zurückgegriffen werden. Dessen Anwendungsvoraussetzungen sind aber, trotz der jetzt schon bald zwei Jahrzehnte zurückliegenden Entdeckung durch *Canaris*, weitgehend ungeklärt und konturenschwach[149]. *Canaris'* Hinweis auf die überragende Rolle des einfachen Rechts bei der Umsetzung der Schutzgebotsfunktion[150] kann nicht recht weiterhelfen, da es ja gerade um die Entwicklung von Maßstäben geht, anhand deren sich ermessen läßt, ob und inwieweit das einfache Recht den verfassungsrechtlichen (Minimal-)Anforderungen überhaupt genügt.

II. Zwischenergebnis: Bindung der Privat*rechts*ordnung an die Grundrechte

Der hier entwickelte Ansatz zieht also die Konsequenzen aus der Verankerung der Privatautonomie im Stufenbau der Rechtsordnung. Der Staat ist nicht nur bei der abstrakt-generellen Regelbildung als Gesetzgeber an die Grundrechte gebunden, sondern notwendigerweise auch bei der daraus unmittelbar folgenden Ausstattung konkret-individuellen privaten Handelns mit Rechtsqualität. Die Bindung auf der abstrakten gesetzlichen Ebene setzt sich auf der Konkretisierungsebene im Stufenbau fort, soweit es der staatlichen Mitwirkung bei der rechtsgeschäftlichen Rechtserzeugung bedarf.

---

[148] *Canaris* führt denn auch zur Untermauerung seiner Theorie vor allem Beispiele aus diesem Bereich an, so etwa in: Zwischenbilanz, S. 27 ff. oder S. 51 ff. Zur Rolle der Schutzpflichten im Schadensrecht *Looschelders*, Ausstrahlung, S. 93 ff.
[149] Dazu etwa *Schlink*, FS 50 Jahre Bundesverfassungsgericht, 2. Bd., S. 445, 462 ff.
[150] Etwa in Zwischenbilanz, S. 43 ff., 83 ff.

Aus der Perspektive des betroffenen Privaten mag die Grundrechtswirkung freilich insofern „mittelbar" erscheinen, als sie ihn zwar nicht unmittelbar erfaßt, aber doch das ihm zur Verfügung stehende rechtliche Instrumentarium zur verbindlichen Gestaltung seiner Angelegenheiten betrifft. Seine Gestaltungsspielräume sind entsprechend begrenzt.

Es bleibt damit festzuhalten, daß die unmittelbare Grundrechtswirkung im Vertragsrecht bei richtigem Verständnis keine Freiheitsbeschränkung bewirkt, die über die prinzipiellen Beschränkungen hinausgeht, die ohnehin schon im System der Privatautonomie zur Gewährleistung beiderseitiger Freiheitssicherung angelegt ist. Das Erfordernis der Beachtung der Grundrechte schärft lediglich den Blick und zwingt zur Beachtung der in den Grundrechten manifestierten universellen Werte einerseits und der Anforderungen an eine freie Willensbildung andererseits.

1. Die Aufgabe: Kontrolle der staatlichen Geltungsanordnung privater Gestaltungsbefugnisse

Die grundrechtliche Kontrolle soll den Einzelnen davor schützen, daß die Rechtsordnung Private mit Gestaltungsmacht ausstattet, deren Rechtswirkung nicht vom Betroffenen selbst durch freiwilligen Freiheitsverzicht legitimiert worden ist. So weit die Selbstbindung der Privatrechtssubjekte reicht, läuft der Freiheitsschutz der Grundrechte leer. Insoweit hat sich der Einzelne durch die selbst herbeigeführte Verpflichtung der autoritativen Durchsetzung des privaten Begehrens durch den Staat unterworfen und auf seine Dispositionsfreiheit verzichtet. Hat ein solcher Verzicht nicht stattgefunden oder liegen die Verzichtsvoraussetzungen nicht vor, haben Privatrechtsnormen, die gleichwohl Privatrechtsakten rechtliche Wirksamkeit verleihen, gegenüber dem Willen des Betroffenen eine überschießende Wirkung und bewirken einen Eingriff in dessen grundrechtlich geschützte Freiheitssphäre. Das Grundrecht in seiner Abwehrfunktion zwingt dann zu einer Überprüfung und ggf. zur Verweigerung der staatlichen Autorisierung privaten Begehrens.

2. Das Ziel: Vermeidung einer Grundrechtsverletzung – Rechtfertigung des Eingriffs oder verfassungskonforme Reduktion der Ermächtigungsnormen

Kommt es zu einem Eingriff, bedarf er der Rechtfertigung. Lassen sich keine Rechtfertigungsgründe finden, ist das Grundrecht verletzt. Das private Begehren darf dann keine staatliche Anerkennung finden. Der

Anwendungsbereich der den Eingriff bewirkenden gesetzlichen Anerkennungsnorm muß deshalb auf ein eingriffsvermeidendes, verfassungskonformes Maß begrenzt werden. Das kann entweder durch Nichtanwendung der Norm im Einzelfall oder durch Anwendung einer ihre Geltung beschneidenden Gegennorm geschehen, entweder einer rechtshindernden oder -vernichtenden Einwendung, typischerweise einer Generalklausel, deren Anwendung dann wiederum verfassungsrechtlich determiniert ist. *Insofern* sind die Generalklauseln tatsächlich „Einbruchstellen" für verfassungsrechtliche Wertungen.

D. Die Grundrechtsprüfung

Hinsichtlich des verfassungsrechtlichen Schutzes vor privater Gestaltungsmacht sind zwei große Fallgruppen zu unterscheiden: Paternalistischer und nichtpaternalistischer Schutz.

I. Paternalistischer Schutz – Schranken der Selbstbindung

1. Charakteristikum

Paternalistisch motivierter verfassungsrechtlicher Schutz soll den Betroffenen im weitesten Sinne vor sich selbst schützen[151], ihn vor einer Selbstschädigung durch Freiheitsgebrauch bewahren. Nun ist oben ja deutlich geworden, daß jede Form der vertraglichen Selbstbindung insofern mit einer „Selbstschädigung" verbunden ist, als sie dem Vertragspartner ein Zugriffsrecht auf die eigene Sphäre einräumt. Der paternalistische Schutz hält die Selbstbindung für keine hinreichende Bedingung für die Suspendierung des verfassungsrechtlichen Schutzes, sondern stellt ihr weitere Wirksamkeitsvoraussetzungen an die Seite. Er beschränkt ihre Reichweite durch von außen gesetzte Schranken.

---

[151] Dazu in verfassungsrechtlicher Sicht etwa *Hillgruber*, Der Schutz des Menschen vor sich selbst, 1992; *Dietlein*, Schutzpflichten, S. 219 ff.; *Singer*, JZ 1995, 1133. Zur Bedeutung des Sozialstaatsprinzips für die Begründbarkeit sozialer Mindeststandards im Privatrecht *Neuner*, Privatrecht und Sozialstaat, insbes. S. 219 ff. Zur Schaffung von „sozialer Gerechtigkeit" durch Vertragsrecht *L. Raiser*, Die Zukunft des Privatrechts, S. 29 ff.; *Weitnauer*, Der Schutz des Schwächeren im Zivilrecht, 1975; *v. Stebut*, Der soziale Schutz als Regelungsproblem des Vertragsrechts, 1982; *v. Hippel*, Der Schutz des Schwächeren, 1982; *Lurger*, Vertragliche Solidarität, 1998.

2. Fallgruppen

Die Fallgruppe des paternalistischen Freiheitschutzes[152] zerfällt wiederum in zwei Untergruppen.

a) Fehlende Tauglichkeit von Dispositionssubjekt oder -objekt

aa) Fehlende Zurechenbarkeit wegen intellektueller Defizite

Zum einen kann die Wirksamkeit der Selbstbindung an intellektuellen Defiziten des Betroffenen scheitern.

Ist er nicht geschäftsfähig oder unterliegt er bei der Willensbildung einem Willensmangel, kann ihm die Willensbetätigung nicht als privatautonom zugerechnet werden. §§ 104 ff. BGB tragen dem Rechnung. Ob diese Regeln bzw. ihre Interpretation in jeder Hinsicht den verfassungsrechtlichen Anforderungen genügen oder aber der Ergänzung bedürfen, ist gerade vor dem Hintergrund jüngster dogmatischer Entwicklungen eine lohnende Frage – man denke nur an die Sittenwidrigkeit einer Bürgschaft aufgrund enger persönlicher, die freie Willensbildung beeinträchtigender Beziehungen zwischen Hauptschuldner und Bürgen[153] (– das Bundesverfassungsgericht hätte besser an diesem Merkmal angesetzt, als sein Konzept der Inhaltskontrolle auf dem schwankenden Boden des Paritätserfordernisses zu gründen[154]; dazu sogleich –), die Fälle sog. „undue influence"[155], der Bereich der schlagwortartig als „wirtschaftliche Geschäftsfähigkeit"[156] umrissenen Problematik bis hin zum Verbraucherschutz[157] oder der Bedeutung von Aufklärungspflichten für die Wirksamkeit einer Selbstbindung[158].

---

[152] Hierzu *Enderlein*, Rechtspaternalismus und Vertragsrecht, 1996.
[153] BGH v. 24.2.1994, BGHZ 125, 206.
[154] Vgl. *Zöllner*, AcP 196 (1996), 1, 15.
[155] Dazu insbesondere *St. Lorenz*, NJW 1997, 2578; *ders.*, ZIP 1998, 1053; *Singer*, JZ 1999, 342, 345 f.; *Grigoleit*, NJW 1999, 900; *Lieb*, FS Medicus, S. 337; *Fleischer*, AcP 200 (2000), 91.
[156] Zum Begriff *Fikentscher*, FS Hefermehl, S. 41, 49; *Hönn*, Kompensation, S. 29. In der Sache wird er vor allem mit *Wolfs* Konzeption einer rechtsgeschäftlichen Entscheidungsfreiheit als Wirksamkeitsvoraussetzung einer Willenserklärung assoziiert; *Wolf* selbst vergleicht sie mit der fehlenden oder beschränkten Geschäftsfähigkeit (in: Rechtsgeschäftliche Entscheidungsfreiheit, S. 180).
[157] Siehe etwa *Dauner-Lieb*, Verbraucherschutz durch Ausbildung eines Sonderprivatrechts für Verbraucher, 1983; *Hübner*, FS Börner, S. 717 ff.; *Drexl*, Die wirtschaftliche Selbstbestimmung des Verbrauchers, 1998.
[158] Die Problematik umfassend aufarbeitend *Fleischer*, Informationsasymmetrie im Vertragsrecht, 2001; *Rehm*, Aufklärungspflichten im Vertragsrecht, 2003, insb. S. 105 ff.

bb) Dispositionsverbot

Die Zurechenbarkeit der Selbstbindung kann weiter daran scheitern, daß die Freiheit, über die verfügt werden soll, einem Dispositionsverbot unterliegt.

Hier geht es zum einen um die Unverfügbarkeit elementarer Güter mit Menschenwürdegehalt. So kann man etwa fragen, ob Art. 2 Abs. 2 GG einem Peepshow-Vertrag entgegensteht[159] oder die Verpflichtung hindert, sich öffentlich auspeitschen zu lassen, ob Art. 4 GG eine Verpflichtung zum Konfessionswechsel erlaubt, ob Art. 5 GG die Verpflichtung, eine Meinung nicht zu äußern, verbietet oder ob Art. 6 GG einer Verpflichtung gegenüber Dritten entgegensteht, sich scheiden zu lassen. Diese Diskussion[160] ist außerordentlich „wert"geprägt und streift zumindest den Bereich des Weltanschaulich-Bekenntnishaften.

Zum anderen wird auf sog. verzichtsfeste Kernbereiche verwiesen. Hier sollen etwa bestimmte für die Mitgliedschaft in einer Gesellschaft konstitutive Befugnisse – wie Informationsrechte, das Teilnahmerecht an Gesellschafterversammlungen, das Recht zur Beschlußanfechtung oder das Lösungsrecht aus wichtigem Grund – gänzlich unverzichtbar sein[161]. Dieser Kernbereich wird also absolut gesetzt.

Nicht unverzichtbar, sondern lediglich der Stimmrechtsmacht der Gesellschaftermehrheit entzogen sind hingegen die Teile der Mitgliedschaft, die dem sog. mehrheitsfesten oder unentziehbaren Kernbereich[162] zugeordnet werden. Der Gesellschafter unterwirft sich mit seinem Beitritt zur Gesellschaft zwar grundsätzlich einer gesetzlich oder durch Gesellschaftsstatut vorgesehenen Mehrheitsmacht. Es ist aber davon auszugehen, daß er typischerweise bestimmte sonstige zentrale Mitgliedschaftsrechte, die sog. Strukturmaßnahmen betreffen – wie etwa Stimmrecht, Recht auf Geschäftsführung, Vertretung und Gewinnbeteiligung oder seinen Kapitalanteil – davon ausnimmt. Ohne ausdrückliche Zustimmung des betroffenen Gesellschafters können diese Rechte deshalb nicht eingeschränkt oder abbedungen werden. Einen Eingriff in diese Teile der Mitgliedschaft muß er nur

---

[159] Dazu *J. Hager*, JZ 1994, 373, 380.
[160] Hierzu etwa *Singer*, JZ 1995, 1133, 1134 f.; *Schwabe*, JZ 1998, 66 ff.
[161] Dazu *K. Schmidt*, Gesellschaftsrecht, S. 472; Schlegelberger-*Martens*, HGB, § 119 Rn. 25; Staub-*Ulmer*, HGB, § 119 Rn. 41; *Hermanns*, ZGR 1996, 103, 109 ff.; *Röttger*, Kernbereichslehre, S. 96, 159 ff. Vertretern dieser Lehre, die gleichwohl einen Eingriff für grds. statthaft halten, fehlt es allerdings an Konsequenz (etwa *Hermanns*, ZGR 1996, 103, 113).
[162] Dazu etwa Staub-*Ulmer*, HGB, § 119 Rn. 42; Schlegelberger-*Martens*, HGB, § 119 Rn. 27 f.; *Röttger*, Kernbereichslehre, S. 97 ff.

dann dulden, wenn er zur Zustimmung verpflichtet ist. Darauf ist zurückzukommen[163].

cc) Fehlende Relevanz für den Gegenstand dieser Arbeit

Auch die Fallgruppe des paternalistischen Schutzes ist mit dem oben entwickelten abwehrrechtlichen Ansatz zu bewältigen: Soweit der paternalistische Schutz den Betroffenen an einer wirksamen Disposition über die geschützte Freiheit hindert, wird Gestaltungsmacht, die gleichwohl aufgrund ihrer Rechtswirkung in diese Sphäre eindringt, ipso jure zum Eingriff. Auch der paternalistische Schutz ist also kein aus der grundrechtlichen Schutzfunktion resultierendes Gebot, sondern wiederum Folge des status negativus.

Der eben vorgestellten Spielart des paternalistischen Schutzes wird gleichwohl nicht weiter nachgegangen, da die grundrechtliche Bewältigung dieser Frage keinen Beitrag zur – im Zentrum dieser Arbeit stehenden – Herleitung und Konkretisierung des Verhältnismäßigkeitsprinzips leisten kann. Das Verhältnismäßigkeitsprinzip hat, wie im einzelnen noch zu zeigen sein wird, seine Domäne bei der Abgrenzung von Freiheits- bzw. Machtsphären. Es kann sie zueinander in Beziehung setzen und aufgrund einer Abwägung eine Vorrangrelation herstellen. Soll die Abgrenzung hingegen gänzlich auf Wertungen basieren, die diesen Sphären vorausliegen, bleibt für das Verhältnismäßigkeitsprinzip kein Raum. Es geht dann weder um die Feststellung der Reichweite der eigenen Disposition noch um die Rechtfertigung eines Eingriffs. Die Untauglichkeit des Subjekts der Disposition bzw. der Umfang des nichtdispositiven Schutzguts steht von vornherein fest – auf die Selbstbindung kommt es ja gerade nicht an –, und eine Rechtfertigung ist definitionsgemäß nicht möglich, da der Schutz des Betroffenen absolut gesetzt wird: Trotz gewollten Verzichts auf die eigene Freiheit wird eine unzulässige Freiheitsverkürzung angenommen. Jeder Eingriff führt deshalb eo ipso zu einer Verletzung, eine Abwägung mit gegenläufigen Interessen kommt nicht in Betracht.

b) Beschränkte Disponibilität

Anders liegen die Dinge bei der weiteren Form paternalistischen Schutzes. Hier ist das geschützte Rechtsgut nicht absolut, sondern nur bei Vorliegen bestimmter Umstände unverfügbar.

---

[163] Unten § 4.E.III, S. 133 ff.

aa) Relative, dispositionsabhängige Kernbereiche

Einmal handelt es sich dabei um Rechtsgüter, die um so weniger verfügbar sind, je mehr die Disposition ihren Kerngehalt berührt. Man kann deshalb insoweit von relativen Kernbereichen sprechen. Je größer der Freiheitsverlust für den Disponierenden und je geringer der legitime Nutzen für den (Putativ)Berechtigten wiegt, desto eher ist die Grenze der zulässigen Disposition überschritten. Die Aufgabe besteht also darin, diesen geschützten Kernbereich durch Interessenabwägung überhaupt erst zu ermitteln.

Weite Teile der Inhaltskontrolle von Arbeitsverträgen und Mietverträgen über Wohnraum etwa sind auf den Schutz eines solchen relativen Kernbereichs rückführbar: Beide Vertragsverhältnisse stehen in engem Zusammenhang mit der Entfaltung der Persönlichkeit[164] und haben insoweit Menschenwürdegehalt. Je stärker die vereinbarte Arbeitsbedingung[165] oder Mietvertragsklausel[166] den Arbeitnehmer bzw. Mieter in seinem Persönlichkeitskern betrifft, desto weniger ist sie einer wirksamen Vereinbarung zugänglich bzw. desto höher sind die Anforderungen an die inhaltliche Ausgewogenheit.

Die Ermächtigung durch den Betroffenen ist hier also nur von begrenzter Reichweite. Die Fallgruppe weist damit starke Parallelen zur sogleich (unter II.1.) zu behandelnden Regelungsunterwerfung auf.

bb) Imparität

Weiter ist der Fallgruppe der beschränkten Disponibilität das vom Bundesverfassungsgericht scheinbar zur absoluten Wirksamkeitsvoraussetzung der Privatautonomie erhobene Erfordernis „strukturell gleicher Verhandlungsstärke" zuzuordnen. Entgegen Anklängen noch in der Handelsvertreterentscheidung[167] hat sich das Bundesverfassungsgericht in der Bürgschaftsentscheidung zwar zu einem „materiellen"[168] Ver-

---

[164] Für das Arbeitsverhältnis BVerfG v. 9.5.1972, E 33, 125, 158 f., für das Mietverhältnis BVerfG v. 26.5.1993, E 89, 1,6.

[165] Dazu, „daß angesichts der besonderen Ranghöhe der Berufsfreiheit und ihrer Nähe zum Kernbereich der menschlichen Persönlichkeit rechtsgeschäftliche Einschränkungen hier auf das unerläßliche Minimum begrenzt werden müssen", *Canaris*, AcP 184 (1984), 201, 241. Dazu noch unten bei § 4 Fn. 114.

[166] Dazu noch unten § 4.E.I.2.b), S. 124 f.

[167] BVerfG v. 7.2.1990, E 81, 242 unter C I 3.

[168] Zum Konzept einer „materiellen" Vertragsfreiheit insb. *Hönn*, Kompensation, S. 298 ff. m.w.N. Zur „Materialisierung" der Vertragsfreiheit *Canaris*, AcP 200 (2000), 273 ff.

D. Die Grundrechtsprüfung

ständnis der Privatautonomie bekannt, die fehlende Parität der Vertragsparteien i.S. eines Verhandlungsungleichgewichts allein aber nicht für einen hinreichenden Nichtigkeitsgrund gehalten. Vielmehr soll sich eine Pflicht zur Inhaltskontrolle erst dann ergeben, wenn der Vertrag zudem „für eine Seite ungewöhnlich belastend und als Interessenausgleich offensichtlich unangemessen" ist[169]. Neben die Imparität der Vertragsparteien muß also eine Inäquivalenz des Vertragsinhalts treten. Das Bundesverfassungsgericht orientiert sich damit am Modell des § 138 Abs. 2 BGB[170], der ja ebenfalls der „Ausbeutung" einer Schwächesituation auf seiten des Schuldners nur in Fällen eines auffälligen Mißverhältnisses von Leistung und Gegenleistung rechtshindernde Bedeutung beimißt.

Folgt man dem Bundesverfassungsgericht, so setzt mithin die Inhaltskontrolle zum Schutz des „schwächeren" Vertragspartners erst ab einer gewissen Erheblichkeitsschwelle ein[171], die zunächst durch eine Interessenabwägung ermittelt werden muß. Damit markiert das Bundesverfassungsgericht einen relativen Kernbereich der Privatautonomie schlechthin: Fehlende „wirtschaftliche Geschäftsfähigkeit" soll zwar kein absoluter Rechtshinderungsgrund, aber von Verfassungs wegen nur solange hinnehmbar sein, wie sie sich nicht in für den Betroffenen evident nachteiligen Geschäftsergebnissen niederschlägt.

Das Paritätskriterium ist als (relative) Funktionsvoraussetzung des Vertrages allerdings nur tauglich, wenn sich das erforderliche Gleichgewicht tatbestandlich überhaupt hinreichend genau bestimmen läßt. Daran sind indes erhebliche Zweifel angebracht. Bisher ist es nicht gelungen, entsprechende verallgemeinerungsfähige Kriterien zu entwickeln. Diese Einschätzung wird selbst von *Limbach*[172] und *Preis*[173] geteilt, die vom Bundesverfassungsgericht zum Beleg der These herangezogen worden sind, daß der Ausgleich der gestörten Vertragsparität zu den Hauptauf-

---

[169] E 89, 214, 234 unter C II 2c.
[170] Zu dieser Parallele *Drygala*, Schutz der Privatautonomie, S. 66 ff.; *Canaris*, AcP 200 (2000), 273, 296. Zur Vorgeschichte des § 138 Abs. 2 BGB *Luig*, Festgabe Coing, S. 171 ff., der die Genese dieser Norm als Weg zwischen zwischen den Polen der laesio enormis einerseits und dem „extremen Liberalismus des 19. Jahrhunderts" andererseits beschreibt. Zur Verbindung von „Kriterien der inhaltlichen mit solchen der verfahrensmäßigen Gerechtigkeit" im modernen Wuchergedanken *Belser*, Freiheit und Gerechtigkeit im Vertragsrecht, S. 515 f.
[171] Darauf, daß aus Sicht des Bundesverfassungsgerichts nicht jede Disparität Regelungsbedarf auslösen soll, weist auch *Oechsler*, Gerechtigkeit, S. 148 hin.
[172] JuS 1985, 10, 12 f..
[173] Grundfragen, S. 288 f.

gaben des geltenden Zivilrechts gehöre[174]. Sie sind beide der Auffassung, daß justitiable Kritererien zur Feststellung einer allgemeinen Ungleichgewichtslage zumindest bislang nicht entwickelt wurden. Diesem Dilemma läßt sich nicht dadurch entkommen, daß man kurzerhand – entsprechend der Praxis des BGH im Rahmen des § 138 Abs. 1 BGB für das Verhältnis von „Äquivalenzmißverhältnis" und Schwächesituation[175] – von der Inäquivalenz auf die Imparität schließt[176]. Damit wäre faktisch das Verbot der laesio enormis[177] von Verfassungs wegen wiederbegründet. Von einem Erfahrungswert, der ein solches Rückschlußverfahren legitimieren könnte, läßt sich allenfalls für bereits dogmatisch hinreichend präzise abgegrenzte Fallgruppen, wie etwa Ratenkreditverträge, ausgehen. Für die „strukturell ungleiche Verhandlungsstärke" jedoch wäre ein solcher Nachweis gerade erst zu führen.

Darüber hinaus bestehen vor allem durchgreifende rechtstheoretische Einwände gegen das Paritätskriterium[178]. Es ist bereits nicht einsichtig, daß und wie sich die Ungleichheit in einer für den „schwächeren" Vertragspartner nachteiligen Vereinbarung unmittelbar niederschlagen können soll[179]. Ist nicht vielmehr die „soziale" Ungleichheit der Beteiligten zunächst geradezu konstitutiv für das Zustandekommen eines Vertrages, weil der Nachfragende gerade nach dem Erwerb dessen trachtet, was der andere ihm insoweit voraushat? Ist es nicht so gesehen der Vertragsschluß, der überhaupt erst – partielle – Gleichheit zwischen den Parteien herstellt, indem er auf Basis subjektiver Äquivalenz von Leistung und Gegenleistung für den angestrebten Gütertransfer sorgt? Macht kann der „Stärke-

---

[174] BVerfGE 89, 214 unter C II 2c.
[175] Siehe nur BGH v. 19.1.2001, BGHZ 146, 298 unter II 1 c m.w.N. Dazu auch *Henssler*, Risiko als Vertragsgegenstand, S. 224 ff.: „Es entspricht der Lebenserfahrung, daß in aller Regel außergewöhnliche Gegenleistungen nicht ohne Not zugestanden werden und daß auch der Begünstigte diese Erfahrung teilt. Aus der Auffälligkeit des Mißverhältnisses darf damit zulässigerweise auf die Schwächesituation des Vertragspartners und die Kenntnis des Begünstigten sowohl von dem Mißverhältnis als auch von der Notlage des Partners gefolgert werden." Zur entsprechenden Praxis schon des Reichgerichts bei der Interpretation des § 138 Abs. 2 BGB *Luig*, Festgabe Coing, S. 171, 191 ff.
[176] Dazu, daß diese Konstruktion faktisch dem Verbot der laesio enormis zumindest nahekommt, *H. P. Westermann*, NJW 1997, 1, 5 f.: „so können wir heute ohne große Überspitzung feststellen, daß unser geltendes Recht an wichtigen Stellen im Ergebnis ähnlich wirkende Kontrollmöglichkeiten wieder eingeführt hat". Kritisch zum Rückschlußverfahren *Canaris*, AcP 200 (2000), 273, 301.
[177] Zur laesio enormis *Belser*, Freiheit und Gerechtigkeit im Vertragsrecht, S. 509.
[178] Dazu ausführlich und grundlegend *Zöllner*, insb. in AcP 176 (1976), 230 ff. und AcP 196 (1996), 1, 15 ff.
[179] So auch *Wolf*, Rechtsgeschäftliche Entscheidungsfreiheit, S. 104 ff.

D. Die Grundrechtsprüfung

re" über den „Schwächeren" beim Vertragsschluß nur dann gewinnen, wenn es diesem an der nötigen Einsicht in die mit dem Vertragsinhalt verbundenen Risiken fehlt oder wenn er auf den Erwerb des Vertragsgegenstands gerade vom Anbietenden angewiesen ist. In allen diesen Fällen ist es aber nicht die Ungleichheit oder Ungleichgewichtigkeit des Betroffenen, sondern seine Unfreiheit, seine fehlende Willens- und Entscheidungsfreiheit, die ihn den nachteiligen Vertrag eingehen läßt. Imparität ist somit letztlich nur ein Sammelbegriff für verschiedene, durchaus amorphe Freiheitsdefizite[180]. Imparität ist nicht Tatbestandsmerkmal, sondern Ergebnis eines Subsumtionsvorgangs[181]. *Limbach* zufolge verflüchtigt sich das Paritätsmodell „leicht zur Leerformel", tauglich sei es nur als Legitimationsmuster zur Rechtfertigung von gesetzgeberischen Eingriffen in das Vertragsgeschehen[182]. Mit letzterem ist der entscheidende Aspekt angesprochen: Für makroökonomische Problemlagen hat das Paritätsmodell anscheinend heuristischen Wert. Insbesondere das Wettbewerbsrecht zielt auf die Verhinderung und Beseitigung von marktbeeinflussender wirtschaftlicher Macht. Dem Wettbewerb wird eine „entmachtende" Funktion zugeschrieben[183]. Ein an Makro-Problemen orientiertes Modell ist aber für die Anwendung im spezifischen Einzelfall weder konzipiert noch tauglich[184].

Fazit: Das Paritätsmodell in der Konzeption des Bundesverfassungsgerichts läßt sich zwar unproblematisch in den hier entwickelten grundrechtlichen Ansatz einordnen[185]. Es soll jedoch der weiteren Untersuchung aus den genannten Gründen nicht zugrundegelegt werden. Weiterführend ist es indessen insofern, als eine offensichtliche vertragliche Äquivalenzverfehlung in der Tat Anlaß bieten kann, nach Freiheitsdefiziten oder Freiheitsgrenzen bei der Selbstbindung zu fragen.

---

[180] So auch *Zöllner*, AcP 196 (1996), 1, 26 ff.
[181] *St. Lorenz*, NJW 1997, 2578, 2579.
[182] A.a.O. (Fn. 172), S. 13.
[183] Dazu nur *Möschel*, Recht der Wettbewerbsbeschränkungen, S. 7: „Ein Recht gegen Wettbewerbsbeschränkungen versucht, Rechtsbedingungen zu gewährleisten, auf daß wirtschaftliche Freiheitsrechte auch gesellschaftlich funktionsfähig bleiben und nicht als Instrument privater Herrschaft eingesetzt werden."
[184] Hierzu *Oechsler*, Gerechtigkeit, S. 78 ff. Speziell zum Verhältnis von Vertrags- und Wettbewerbstheorie *Rittner*, AcP 188 (1988), 101.
[185] Hierzu auch noch unten § 4 Fn. 89.

II. Nichtpaternalistischer Schutz – Grenzen der Selbstbindung

Die Fälle der beschränkten Disponibilität weisen hinsichtlich der Abwägungsnotwendigkeit eine starke Wesensverwandtschaft mit der nunmehr zu behandelnden Fallgruppe auf: den durch die Betroffenen selbst gesetzten Grenzen der Selbstbindung.

1. Eingriff in den Schutzbereich? (Potentielles Überschießen der gesetzlichen Ermächtigungsnorm)

Findet eine gesetzliche Ermächtigungsnorm eine Auslegung, die einem Privaten Gestaltungsmacht einräumt, die über die Selbstbindung des Gestaltungsgegners hinausgeht, bewirkt sie einen Eingriff in den Schutzbereich von Art. 2 Abs. 1 GG (negative Vertragsfreiheit) bzw. Art. 14 Abs. 1 GG (ausgeübte positive Vertragsfreiheit).

a) Regelungsunterwerfung

aa) Abstrakte Disposition

Es kommt somit entscheidend darauf an, den Umfang des jeweiligen Freiheitsverzichts auszuloten. Schwierigkeiten machen vor allem die Fälle, in denen die vertragliche Ermächtigung sich nicht auf einen konkreten Einzelfall bezieht, sondern der Vertragspartner zu einer künftigen Gestaltung ermächtigt wird. Hinsichtlich einer rechtsbegründenden Gestaltung kann es insbesondere bei Dauerschuldverhältnissen im Moment des Vertragsschlusses noch nicht im einzelnen absehbar sein, welchen Pflichten der Schuldner bzw. Vertragspartner künftig im einzelnen unterliegen wird. Als Beispiel sei das arbeitsvertragliche Weisungsrecht genannt. Auch bei der Unterwerfung unter die Mehrheitsmacht in Gesellschaftsverträgen wird deren Reichweite mangels Voraussehbarkeit künftiger Gestaltungserfordernisse notwendig vage bleiben. Hinsichtlich einer rechtsändernden oder -aufhebenden Gestaltung ist im Moment der Ermächtigung regelmäßig nicht absehbar, wann und unter welchen konkreten Umständen die Gestaltung erfolgen wird. Sie erfolgt also in allen diesen Fällen nicht im konkreten Konsens, sondern aufgrund einer mehr oder minder abstrakten Ermächtigung[186]. Deshalb „ist der Zusammenhang zwischen Regelungsinhalt und Wille des Betroffenen gelockert. Je nach Sachlage mag der Betroffene

---

[186] Generell skeptisch gegenüber der Legitimationskraft privater Unterwerfungsakte *F. Kirchhof*, Private Rechtsetzung, S. 93 f., der ihnen allenfalls eine partielle Zustimmung zu einem privaten Rechtsbefehl zumißt und insofern von einer mindestens potentiellen Heteronomität ausgeht.

D. Die Grundrechtsprüfung   79

noch mehr oder weniger gut die Grenzen überschauen, innerhalb deren fremde Entschließung für ihn bindend wird, für den Einzelfall ist jedenfalls nicht sichergestellt, daß die getroffene Regelung seinem Willen korrespondiert".[187] Der vertragliche Bindungswille ist also in diesen Fällen gleichsam „ausgedünnt", die staatliche Autorisierung der privaten Gestaltung enthält ein potentiell überschießendes Moment. Die Abwehrfunktion des Grundrechts läuft aber nur dann tatsächlich leer, wenn sich der rechtsgeschäftliche Freiheitsverzicht auch auf die konkrete Gestaltung erstreckt.

bb) Willenskonkretisierung

Um für den Einzelfall zu ermitteln, ob die Gestaltung die Grenzen der vertraglichen Ermächtigung wahrt, muß die im Moment des Vertragsschlusses nur abstrakt erteilte Ermächtigung so weit konkretisiert werden, daß die Grenzen der Unterwerfung unter die fremde Gestaltungsmacht erkennbar werden. Hierzu muß die Gestaltung – wie auch sonst bei der Suche nach der Entsprechung zwischen Norm und Anwendungsfall – unter die Ermächtigung „subsumiert" werden. Eine Auslegung der abstrakten Gestaltungsermächtigung wird für den Regelfall ergeben, daß sie nur im Vertrauen auf eine vertragskonforme Ausübung des Gestaltungsrechts erfolgt ist. Denn andernfalls hätte der Gestaltungsgegner dem anderen keine so weit reichende Gestaltungskompetenz über die eigene Sphäre eingeräumt. Der im sonstigen Vertragsprogramm zum Ausdruck kommende Interessenausgleich gewinnt dadurch für die Rechtsausübung erhebliche Bedeutung. Die durch die Vereinbarung fixierte subjektive Äquivalenz[188] des Austauschverhältnisses wird zum Orientierungspunkt für eine Feinjustierung der Interessen in Hinblick auf den Einzelfall. Die Interessen müssen also zueinander in Beziehung gesetzt werden und anhand dieses Maßstabs abgewogen werden.

(1) Treu und Glauben

Diese Einschätzung entspricht den Anforderungen, die das Gebot von Treu und Glauben an die Ausübung der vertraglich begründeten Gestaltungsmacht stellt. Dieser Rechtsgrundsatz gilt hier mithin nicht allein

---
[187] *Zöllner*, Rechtsnatur, S. 30 zum Leistungsbestimmungsrecht durch einen Dritten, dem Weisungsrecht des Arbeitgebers oder dem Vertragsschluß durch einen Vertreter. Zum begrenzten Bindungswillen des Minderheitsgesellschafters *Schön*, FS Ulmer, S. 1359, 1385. Zur notwendigen Lückenhaftigkeit des von den Parteien geschaffenen Normenkomplexes *Oechsler*, Gerechtigkeit, S. 206.
[188] Zum Begriff siehe oben Fn. 94.

heteronom aufgrund gesetzlicher Anordnung, sondern folgt unmittelbar aus dem Regelungskontext. Er läßt sich hier (auch) willenstheoretisch deuten als konsentiertes Regulativ zur im Vertrag nur unvollständig ausgeglichenen Antinomie der Interessen der Vertragsparteien. Diese Konstellation korrespondiert mit einer von *Fikentscher* eingeführten Fallgruppe der Dogmatik zu § 242 BGB: der Bestimmung der Geltungsgrenze des Vertrages im Rahmen der Unzumutbarkeitslehre[189]. Zwischen Willenskonkretisierung und Inhaltskontrolle besteht ein teleologischer Zusammenhang[190].

(2) Abgrenzung zur vertragsergänzenden Auslegung

Nicht verwechselt werden darf die eben vorgestellte Fallgruppe der vertragsbegrenzenden Auslegung mit ihrem methodischen Gegenstück: der sog. vertragsergänzenden Auslegung. Auch hier findet eine Interessen- und Güterabwägung statt. Mit ihr soll aber nicht der Wortlaut auf seinen tatsächlichen materiellen Gehalt reduziert, sondern eine Lücke im Vertragsprogramm geschlossen, also eine Regelung für Umstände gefunden werden, „hinsichtlich deren nach dem aktuellen Verständnis der Beteiligten oder nach dem durch normative Auslegung festzustellenden Verständnis im Zeitpunkt der Erklärung mit dieser überhaupt keine Regelung getroffen werden sollte".[191] Die Auslegung hat also nicht die Begrenzung eines im Vertragsprogramm bereits enthaltenen, sondern im Gegenteil die Begründung eines hier gerade nicht vorgesehenen Rechts zum Ziel. Vom Vertragsprogramm auf eine Regelung für Umstände zu schließen, die bei Vertragsschluß gänzlich außerhalb des Horizonts der Vertragsparteien lagen, kann allenfalls durch Rekurs auf einen hypothetischen Willen der Beteiligten geschehen. Auch wenn man diese Lehre nicht gleich für eine petitio principii erklärt[192], so ist doch zumindest die

---

[189] *Fikentscher*, Schuldrecht, 6. Aufl., §§ 26 I 5a, S. 93, 27 II 2 c; siehe auch 9. Aufl., § 44 III 5 b bb Rn. 353: „Bei den Unzumutbarkeitsfällen geht es um die Abwägung dessen, was noch geschuldet ist". Das sonst in diesem Zusammenhang meist angeführte „Verbot der unzulässigen Rechtsausübung" im Rahmen der Schrankenfunktion des § 242 BGB umfaßt zwar im Ergebnis die gleiche Fallgruppe. Die Bezeichnung läßt aber weniger gut erkennen, daß die Unzulässigkeitsgrenze keine fixe ist, sondern erst durch Interessenabwägung ermittelt werden kann.
[190] Zum teleologischen Zusammenhang von Auslegung und Inhaltskontrolle *Oechsler*, Gerechtigkeit, S. 294 f; siehe dazu auch *J. Hager*, Auslegung, S. 132 f. Diesen Aspekt übersieht *Fastrich*, Richterliche Inhaltskontrolle, S. 21 ff. mit seiner strikten Trennung zwischen Auslegung und Inhaltskontrolle.
[191] *Flume*, Rechtsgeschäft, § 16/4, S. 323.
[192] So etwa *Oechsler*, Gerechtigkeit, S. 203 m.w.N. in Fn. 200, S. 237.

Gefahr einer heteronomen Gestaltung durch den „Vertragsergänzer" nicht von der Hand zu weisen[193].

b) Partielle Regelungsunterwerfung – Einbeziehung von Allgemeinen Geschäftsbeziehungen

Zumindest eng verwandt mit der Fallgruppe der Regelungsunterwerfung ist die Einbeziehung von allgemeinen Geschäftsbedingungen in einen Vertrag. Auch für diese Problematik lassen sich neue Einsichten[194] gewinnen, wenn man die Perspektive wechselt und statt nach der Rolle des Gestaltungsmachtinhabers, des Verwenders, nach der des Gestaltungsgegners, des Kunden, bei der Einbeziehung eines solchen Regelwerks fragt. Beim Abschluß eines Vertrags unter Verwendung allgemeiner Geschäftsbedingungen durch eine Seite besteht zwar regelmäßig ein Konsens über die Hauptleistungspflichten. Mit der Einigung über die essentialia negotii ist den Anforderungen der Rechtsgeschäftslehre grundsätzlich Genüge getan, der Vertrag kommt zustande. Hinsichtlich der vorformulierten übrigen Vertragskonditionen macht sich der Kunde aber typischerweise keine entsprechenden Gedanken – und zwar unabhängig davon, ob er sie gelesen hat oder nicht[195]. Denn er wird hier mit Bedingungen konfrontiert, deren Bedeutung für den Vertragsinhalt er im Regelfall weder erkennen noch gewichten kann[196]. Das kann zum einen am schieren Umfang der vorgelegten Klauseln liegen (die berühmte „kleingedruckte" Rückseite des Vertragsformulars), deren Lektüre und Analyse insbesondere bei den alltäglichen Bargeldgeschäften selbst für einen Spezialisten in groteskem Mißverhältnis zu Umständen und veranschlagter Dauer des Vertragsschlusses steht[197]. Und zum anderen werden hier typischerweise dispositive Gesetzesregeln abbedungen, die dem Kunden meist nicht einmal bekannt und in ihrer Bedeutung bewußt sind. Vor allem aber betreffen sie Sekundärpflichten, also den „pathologischen", gestörten Leistungsaustausch, und finden somit von vornherein schwerlich Eingang in die Kalkulation des Kunden[198], der naturgemäß

---

[193] Vgl. etwa *Gernhuber*, FS Nikisch, S. 261 f.
[194] Zum Diskussionsstand umfassend *Fastrich*, Richterliche Inhaltskontrolle, S. 79 ff.; *Drexl*, Die wirtschaftliche Selbstbestimmung des Verbrauchers, S. 332 ff.
[195] *Wackerbarth*, AcP 200 (2000), 45, 78 f.
[196] Vgl. *Canaris*, AcP 200 (2000), 273, 321.
[197] Dazu *Lieb*, AcP 178 (1978), 196, 202; *Stoffels,* AGB-Recht, Rn. 83; *Rehm,* Aufklärungspflichten, S. 134.
[198] *Wackerbarth*, AcP 200 (2000), 45, 78 f.

auf einen reibungslosen Ablauf vertraut[199] – sonst hätte er sich einem anderen Produkt oder einem anderen Vertragspartner zugewandt – und überdies Verschlechterungen im Sekundärbereich mangels Kalkulationsgrundlage kaum mit den im Primärbereich gebotenen Konditionen „verrechnen" kann. Daß ihm bei der Konkurrenz mangels Konditionenwettbewerbs über Sekundärleistungspflichten regelmäßig keine besseren Bedingungen geboten werden dürften[200], sei nur am Rande bemerkt. Weil dem Kunden die Bewertung nicht möglich ist, sind die vorformulierten Bedingungen für seine Abschlußentscheidung letztlich ohne maßgebende Bedeutung. Da er aber weiß, daß der Verwender ohne sie nicht zu kontrahieren bereit ist, und dem Kunden gleichwohl am Abschluß des Vertrages liegt, nimmt er sie zwar, gewissermaßen als vertragsbegleitendes Übel, in Kauf. Ein konkreter Bindungswille ist aber nicht nur nicht entstanden, sondern konnte schon gar nicht gebildet werden[201]. Der Zusammenhang zwischen Wille und Erklärung ist also auch hier gelockert.

Adomeit spricht deshalb von einer „Inhaltsunterwerfung"[202], die er von der eben vorgestellten Regelungsunterwerfung abgrenzt. Diese Unterscheidung weist zwar auf einen wichtigen Aspekt hin, kann jedoch nicht überzeugen. Denn der Kunde unterwirft sich gerade keinem bestimmten Inhalt. Die Gefahr der Verwendung vorformulierter Vertragsklauseln liegt weniger in der Einschränkung der Entscheidungsfreiheit, als darin, daß „in Bezug auf die Nebenbedingungen gar nicht entschieden wird"[203]. Der Kunde unterwirft sich vielmehr wiederum, dieses Mal bereits für den Moment des Vertragsschlusses, einer fremden Regelungskompetenz. Auch hier vertraut der Gestaltungsgegner auf einen dem übrigen Vertragsinhalt angemessenen Umgang mit der eingeräumten Gestaltungsmacht – sonst hätte er den Vertrag gar nicht erst geschlossen.

Die im Gesetz als Kriterien für allgemeine Geschäftsbedingungen aufgeführten Merkmale der Vorformulierung und der vorgesehenen Verwendung in einer Vielzahl von Fällen (§ 305 Abs. 1 Satz 1 BGB) bezeichnen beide das eigentliche Problem nur unvollkommen. Weder die Vorformulierung[204] noch gar die beabsichtigte allgemeine Verwendung – das

---

[199] So auch *Canaris*, AcP 200 (2000), 273, 324.
[200] Zu diesem „Marktversagen" *Canaris*, AcP 200 (2000), 273, 324 m.w.N. in Fn. 178.
[201] Dazu, daß hier dem Kunden seine Erklärung auch nicht als Risikoerklärung vollumfänglich zugerechnet werden kann, weil der Verwender mit einer Berücksichtigung des Klauselinhalts gar nicht rechnen konnte, *Wackerbarth*, AcP 200 (2000), 45, 79.
[202] Gestaltungsrechte, S. 36 Fn. 70 und in FS Kelsen, S. 9, 15.
[203] *Wackerbarth*, AcP 200 (2000), 45, 79.
[204] Dazu treffend *Zöllner*, RdA 1989, 152, 157: „Es ist gerade Ausdruck auch der Pri-

Schicksal der anderen Kunden ist für den einzelnen in seiner Entscheidungssituation schlicht bedeutungslos; insofern ist der Verzicht des Gesetzgebers auf dieses Merkmal für sog. Verbraucherverträge in § 311 Abs. 3 Nr. 2 konsequent – können eine Überforderung des Kunden begründen. Da sie aber typischerweise mit den eben beschriebenen problematischen Klauselwerken einhergehen, taugen sie als Indiz für eine unvollständige Freiheitsdisposition des Kunden.

Von einem konkreten Bindungswillen des Kunden kann erst dann gesprochen werden, wenn der Kunde die Klausel in seinen rechtsgeschäftlichen Gestaltungswillen aufnimmt. Davon ist bereits auszugehen, wenn der Kunde den Versuch unternimmt, ein Änderung der Klausel zu erreichen. Damit gibt er zu erkennen, daß die Klausel eben doch für seine Abschlußentscheidung von Bedeutung ist. Auf die Änderungsbereitschaft des Verwenders kommt es hingegen nicht an[205]. Die von der h.M. vertretene gegenteilige Position beruht auf einer einseitigen Betrachtung aus der Perspektive des Verwenders: Sie kann deshalb ein die Inhaltskontrolle ausschließendes „Aushandeln" der Klausel (vormals § 1 Abs. 2 AGBG, jetzt § 305 Abs. 1 Satz 2 BGB n.F) nur annehmen, wenn der *Verwender* vom einseitigen „Stellen" seiner Bedingungen abläßt, also Änderungsbereitschaft signalisiert. Jedenfalls aus verfassungsrechtlicher Perspektive ist diese Interpretation keineswegs zwingend. Denn wendet man sich, wie hier vertreten, der für den privatautonomen Charakter der Regelung vor allem entscheidenden Perspektive des Gestaltungsgegners zu, wird unmittelbar deutlich, daß bereits der Aushandlungsversuch, sofern es schließlich zum Vertragsschluß kommt, auf eine Willensdisposition des Kunden schließen läßt. Erfolg muß ihm nicht beschieden sein.

c) Fazit

In Fällen einer Regelungsunterwerfung müssen zur Feststellung eines Eingriffs die – selbst gesetzten – Grenzen der vom Gestaltungsgegner eingegangenen Selbstbindung ermittelt werden. Die Begrenzung der Ermächtigung markiert zugleich die – fremd, weil ihm vom Gestaltungsgegner gesetzten – Schranken der privatautonomen Gestaltungsmacht des Gestaltungsmachtinhabers.

---

vatautonomie, daß jemand die Bedingungen unabänderlich vorformulieren darf, zu denen er zu kontrahieren bereit ist"; siehe auch *ders.*, AcP 176 (1976), 221, 239 f. sowie *Canaris*, AcP 200 (2000), 273, 323: „Demgemäß stellt das Fehlen der Chance, auf den Inhalt des Vertrages Einfluß zu nehmen, für sich allein noch keine relevante Beeinträchtigung der materialen Vertragsfreiheit (oder der Vertragsgerechtigkeit) dar."

[205] Wie hier *Wackerbarth*, AcP 200 (2000), 45, 82 f.

2. Rechtfertigung (bei sicherem Überschießen der gesetzlichen Ermächtigungsnorm)

Stellt sich heraus, daß die Gestaltung nicht von der vertraglichen Ermächtigung gedeckt ist, steht ein Eingriff fest. Wirksam kann diese – privatheteronome – Gestaltung somit nur noch dann sein, wenn sich der Eingriff rechtfertigen läßt. Die gesetzliche Ermächtigung, aufgrund deren Auslegung der Gestaltung trotz fehlender privatautonomer Legitimation Wirksamkeit zugemessen wird, muß dann den Anforderungen genügen, die generell an die Rechtfertigung eines Eingriffs in den grundrechtlich geschützten Freiheitsbereich gestellt werden.

a) Schranke

aa) Gesetzesvorbehalt

Sowohl Art. 2 Abs. 1[206] als auch Art. 14 Abs. 1 GG stehen unter einem Gesetzesvorbehalt[207]. Der eingreifende Akt muß deshalb zunächst grundsätzlich seinen Anforderungen genügen. Ob hierin eine Eingriffs-

---

[206] Die sog. Schrankentrias des Art. 2 Abs. 1 GG wird heute allgemein als Gesetzesvorbehalt verstanden; dazu *Erichsen*, in: HStR VI, § 152 Rn. 35 f.; Maunz-Dürig-*Di Fabio*, GG, Art. 2 Abs. 1 Rz. 40; Sachs-*Murswiek*, GG, Art. 2 Rn. 90; *Pieroth/Schlink*, Grundrechte, Rn. 383.

[207] Gleiches gilt für Art. 12 Abs. 1 GG, sofern man im Rahmen der Berufsausübung, etwa im Arbeitsverhältnis, den Schutz der negativen Vertragsfreiheit durch dieses Grundrecht gegenüber dem Schutz durch die allgemeine Handlungsfreiheit als spezieller erachtet; dazu schon oben in Fn. 29. Für Prüfungsablauf und -intensität ist diese Unterscheidung aber letztlich ohne Belang und wird deshalb im Text nicht vertieft. Dazu überzeugend *Manssen*, Privatrechtsgestaltung, S. 134 f., der „eine ähnliche spezifische Vertypung des grundrechtlichen Schutzes der Vertragsfreiheit im Rahmen des Art. 2 Abs. 1 GG" neben die „Spezialgewährleistungen von Art. 12 Abs. 1 oder Art. 14 GG" stellt. „Auf diese Weise werden zivilrechtliche Vorgaben verfassungsrechtlich sinnvoll umgesetzt. Denn im Rahmen des BGB ist die Vertragsfreiheit ein allgemeiner Ordnungstatbestand, der im Allgemeinen Schuldrecht bezüglich seiner allgemeinen Sekundärwirkungen und erst anschließend im Besonderen Schuldrecht hinsichtlich der Besonderheiten einzelner Vertragstypen geregelt ist. Diese Systematik würde eine grundrechtliche Betrachtung nicht sinnvoll verfassungsrechtlich erfassen und umsetzen, die die freiheitsermöglichende Funktion der allgemeinen Vertragsfreiheit nicht auch allgemein absichert und statt dessen unterscheiden würde zwischen einer Vertragsfreiheit zum Erwerb von Vermögensgegenständen, einer Vertragsfreiheit im Rahmen der Berufsausübung, einer Vertragsfreiheit zur Verwirklichung der Wissenschaftsfreiheit etc. Damit würden gemeinsame Probleme auf unterschiedliche Grundrechtsnormen verlagert und durch unterschiedliche Schranken die vielfach gebotene gleiche Behandlung gefährdet. Eine gewisse Orientierung der Verfassungsinterpretation an der zivilrechtlichen Systematik ist aber aufgrund des Ancienitätsprinzips in gewissem Maße erlaubt. Denn soweit das Grundgesetz privatrechtliche Institute in seinen Garantiebereich mit aufnimmt,

D. Die Grundrechtsprüfung

hürde liegt, ist allerdings prima facie fraglich, scheint doch der Gesetzesvorbehalt gegenüber privater Gestaltungsmacht keine freiheitsschützende Wirkung entfalten zu können. Der Eingriff erfolgt ja immer durch bzw. aufgrund Gesetzes; es ist gerade der gesetzlich begründete Rechtszwang, der den Eingriff in die Freiheitssphäre des Betroffenen überhaupt erst ermöglicht.

Wenn man davon ausgeht, daß einem Bürgen die vertraglich eingegangene Verpflichtung – aufgrund seiner „strukturell ungleichen Verhandlungsstärke", wie vom Bundesverfassungsgericht angenommen, oder, vorzugswürdig, infolge einer seine freie Willensbildung beeinträchtigenden engen Beziehung zum Hauptschuldner[208] – nicht zugerechnet werden darf, so führt etwa § 765 BGB, der einen Anspruch des Gläubigers gegen den Bürgen sanktioniert, in der Auslegung, die er bis zur Bürgschaftsentscheidung durch den 9. Senat des BGH gefunden hatte[209], zu einem Eingriff in die grundrechtlich geschützte negative Vertragsfreiheit des Bürgen.

Der Gesetzesvorbehalt ist jedoch in der verfassungsrechtlichen Dogmatik der letzten Jahrzehnte unter Konkretisierung und Erweiterung des Rechtsgedankens des Art. 80 GG zur sog. Wesentlichkeitslehre verstärkt worden. Hiernach muß der Gesetzgeber in grundlegenden normativen Bereichen die wesentlichen Entscheidungen selbst treffen und darf sie nicht an Dritte delegieren[210]. Als grundlegende Fragen gelten speziell Eingriffe in Grundrechte. Der Staat darf seine Normsetzungsbefugnis nicht in beliebigem Umfang außerstaatlichen Stellen überlassen und den Bürger nicht schrankenlos der normsetzenden Gewalt Privater ausliefern, die ihm gegenüber nicht demokratisch bzw. mitgliedschaftlich legitimiert ist[211]. Diese Grundsätze sind mit Blick auf „echte" private Normsetzung, die also wie etwa bei Betriebsvereinbarungen (§ 77 Abs. 4 Satz 1 BetrVG) oder tarifvertraglichen Betriebsnormen (§§ 3 Abs. 2, 4 Abs. 1 Satz 2 TVG) von vornherein gar keine Ermächtigung durch den Gestaltungsgegner vorsieht, entwickelt worden: Eine solche normative Kompetenz hält mithin nur dann der Wesentlichkeitslehre stand, wenn sie auf entsprechend präzise ausgewiesenen Eingriffstatbeständen und nicht

---

rezipiert es vorhandene zivilrechtliche Strukturen." Ähnlich *Söllner*, RdA 1989, 144, 148, der von einer weitgehenden Ergebnisidentität der Prüfungsmaßstäbe spricht.
[208] So BGH v. 24.2.1994, BGHZ 125, 206. Dazu schon bei Fn. 153.
[209] Insbesondere in BGH v. 16.3.1989, NJW 1989, 1605.
[210] Siehe hierzu nur *Pieroth/Schlink*, Grundrechte, Rn. 264 ff. m. zahlr. Nachw.; *Friauf*, RdA 1986, 188, 192.
[211] BVerfG v. 24.5.1977, E 44, 322, 347 f.

nur auf einer Blankettermächtigung fußt[212]. Aber auch überschießende, also (insoweit) nichtkonsentierte Gestaltungsmacht gewinnt aufgrund des Ableitungszusammenhangs aus der staatlichen Rechtsordnung faktisch eine solche normative Wirkung, positiv im Falle der Rechtsbegründung und negativ bei Rechtsänderung oder –aufhebung: Der Gestaltungsmachtinhaber kann im Zusammenwirken mit der staatlichen Rechtsordnung autoritativ bestimmen, welche Rechtslage für den anderen gilt. Aus der Perspektive des Gestaltungsgegners kann deshalb von einem Rechtserzeugungszusammenhang, an dem er selber mitgewirkt hat, keine Rede mehr sein, die Rechtswirkung basiert allein auf der gesetzlichen Geltungsanordnung.

Aufgrund der Anforderungen der Wesentlichkeitstheorie muß in einem solchen Fall die eingriffsbewirkende Gesetzesnorm kenntlich machen, daß der Private hier von einer staatlich vermittelten Eingriffskompetenz Gebrauch macht. Die staatliche Urheberschaft muß offen zutage liegen. Denn nur der Staat kann einem Privaten die Legitimation verleihen, die gegnerische Freiheit trotz fehlender Ermächtigung für eigene Zwecke zu instrumentalisieren. Und nur der Staat darf dem Gestaltungsgegner das Opfer auferlegen, einen solchen (Zwangs)Interessenausgleich zu dulden. Eine solche Freiheitsschranke muß sich deshalb in aller Regel auf eine gesetzliche Eingriffsermächtigung zurückführen lassen[213]. Eine Rechtsfortbildung praeter legem kann einen Eingriff nur legitimieren, wenn sie im allgemeinen Bewußtsein den Rang eines tatbestandlich entsprechend präzise gefaßten Rechtsinstituts erlangt hat.

Soweit das Gesetz selbst Private unmittelbar mit rechtsändernder oder -aufhebender Gestaltungsmacht ausstattet – wie etwa bei gesetzlichen Kündigungsrechten oder der gesetzlichen Anordnung von Mehrheitsentscheidungen in einem Personenverband –, dürfte diese Voraussetzung regelmäßig erfüllt sein. Verweist der Tatbestand der die Rechtswirkung begründenden Gesetzesnorm hingegen – wie es meist bei der privatautonomen Rechtsbegründung der Fall ist – allein auf einen Vertrag, der ja gerade den Konsens der Beteiligten voraussetzt, kommt eine Rechtfertigung des Eingriffs demgegenüber nicht in Betracht.

---

[212] Dazu schon *H. Hanau*, Individualautonomie und Mitbestimmung in sozialen Angelegenheiten, S. 130 f. (zur Betriebsvereinbarung) und *ders.*, RdA 1986, 158, 165 ff. (zu tarifvertraglichen Betriebsnormen).

[213] Dazu, daß die Gleichordnung der Grundrechtsträger im Privatrecht es nicht ermöglicht, Vorbehalt und Vorrang des Gesetzes außer Betracht zu lassen, *Ruffert*, Vorrang, S. 132.

Steht etwa fest, daß sich der Bürge nicht hinreichend selbst gebunden hat, darf der Bürgschaftsvertrag keine Anerkennung durch die einfache Rechtsordnung finden. Der andernfalls durch § 765 BGB bewirkte Eingriff in die negative Vertragsfreiheit des (verhinderten) Bürgen kann schon angesichts der Anforderungen der Wesentlichkeitslehre nicht gerechtfertigt werden, da § 765 BGB die Wirksamkeit der Bürgschaftsverpflichtung ausschließlich von der Ermächtigung des prospektiven Bürgen abhängig macht und den Gläubiger gerade nicht mit heteronomer Gestaltungsmacht ausstattet.

Mit dieser Feststellung ist somit für den ganz überwiegenden Teil privatheteronomer Gestaltungsmacht die Grundrechtsprüfung bereits beendet: Der bewirkte Eingriff läßt sich dann verfassungsrechtlich schon im Ansatz nicht rechtfertigen. Der Gestaltungsgegner braucht also nicht (einmal) zu gewärtigen, daß sein Bestandsinteresse mit dem privatheteronomen Gestaltungsinteresse abgewogen wird. Er wird vielmehr bereits durch den Vorbehalt einer gesetzgeberischen Eingriffsermächtigung grundlegend vor Inanspruchnahme seiner Freiheit für fremde private Zwecke in Schutz genommen.

Nur ergänzend sei darauf hingewiesen, daß Konzepte, die zur Begründung vertraglicher Verpflichtungen von vornherein an die Selbstverantwortung statt an die Selbstbindung des Betroffenen anknüpfen, denselben verfassungsrechtlichen Restriktionen unterfallen: Da diese Theorien die Rechtsbindung nicht von einer Ermächtigung des Betroffenen abhängig machen, beschneiden sie dessen negative Vertragsfreiheit und sind damit rechtfertigungspflichtig. Die von *Reuter* in diesem Kontext angeführte „Einschränkung der Irrtumsanfechtung, die Rechtsscheinvollmacht, die Nichtigkeits- und Anfechtungsbeschränkung für einzelne Vertragstypen wegen Unbilligkeit der Ergebnisse und schließlich die Vertrauenshaftung und die Selbstbindung ohne Vertrag als umfassende, die Rechtsgeschäftslehre z.T. ergänzende, z.T. korrigierende dogmatische Neuschöpfungen"[214] können – ungeachtet jüngst vorgebrachter prinzipieller Zweifel an ihrer Begründbarkeit[215] – aber dann zumindest den Anforderungen der Wesentlichkeitslehre standhalten, wenn sie als privatheteronome Rechtsbegründung erkennbar sind. Die staatliche Alleinverantwortung für die Rechtsgeltung muß also hinreichend deutlich werden und die einschlägigen Tatbestände müssen präzise abgegrenzt sein. Der Vertrag ist dann keine privatautonome Geltungserklärung, sondern lediglich Tatbestandsmerkmal einer gesetzlichen Haftung[216]. Ansätze, die den Tatbestand der Willenserklärung um heteronome Elemente anreichern, ohne im Ge-

---
[214] *Reuter*, DZWiR 1993, 45, 52.
[215] *Lobinger*, Rechtsgeschäftliche Verpflichtung, insb. S. 53 ff. m.w.N.
[216] Zur Unterscheidung eines „Grundbegriffs" des Vertrags als Akt der Selbstbestimmung von seinem technischen Begriff als „Hilfsbegriff der Rechtstechnik", der von der Wirksamkeit des rechtsgeschäftlichen Akts abstrahiert und sich auf die Regelung seines Zustandekommens beschränkt, *Thiele*, Zustimmungen, S. 6 ff., 82 ff.

genzug dem Betroffenen die Möglichkeit der Beseitigung dieser Fremdbindung etwa durch Anfechtung zu eröffnen, oder die Vertrauenshaftung als rechtsgeschäftliche deklarieren, geraten allerdings aus verfassungsrechtlicher Perspektive in große Erklärungsnot, da hier die heteronome Bindung mit autonomen Elementen verschliffen und so nicht hinreichend deutlich wird.

bb) Ausnahme: vertraglich begründete Eingriffskompetenz

Der Gesetzesvorbehalt ist allerdings dann nicht einschlägig, wenn in der vertraglichen Vereinbarung selbst bereits eine Eingriffskompetenz des Gestaltungsmachtinhabers angelegt ist. Zu einer solchen Konstellation kommt es dann, wenn die fragliche Gestaltung nicht mehr von der *vertraglichen Ermächtigung* umfaßt wird – was insbesondere dann der Fall ist, wenn sich die Gestaltungsmacht nicht mehr im Rahmen der durch die sonstigen Vertragsabreden fixierten subjektiven Äquivalenz des Austauschverhältnisses bewegt[217] bzw. sich auf sog. Strukturentscheidungen in einer Gesellschaft bezieht[218] – und deshalb nicht mehr privatautonom erfolgt, die *Vertragsabrede* aber gleichwohl einen Umgestaltungsvorbehalt hinsichtlich dieses Grundverhältnisses, etwa in Gestalt der Vereinbarung des Mehrheitsprinzips in einer Personengesellschaft, enthält. Zwischen „horizontaler" vertraglicher Willenseinigung und eigentlich auf ihr fußender „vertikaler" Ermächtigung[219] des Vertragspartners ergibt sich hier also ausnahmsweise eine Kluft. Wie in den anderen Fällen privatheteronomer Gestaltungsmacht hat der Gestaltungsgegner zwar seine Sphäre insoweit tatsächlich nicht geöffnet. Er hat aber immerhin einen Anknüpfungspunkt für das auf einen Eingriff in seine Freiheit zielende Gestaltungsbegehren seines Vertragspartners (mit)geschaffen. Insofern ist dem mit der Wesentlichkeitslehre intendierten Schutzzweck Genüge getan: Dem Gestaltungsgegner droht keine „schrankenlose" Inanspruchnahme, er wird vielmehr „beim Wort" genommen. Die Eingriffskompetenz muß also nicht strikt an den gesetzgeberischen Willen rückgebunden werden, sondern läßt sich auf eine vertraglich begründete Schranke zurückführen. Wenn zudem die – sogleich zu behandelnden – materiellen Rechtfertigungsgründe vorliegen, kann ein solchermaßen begründeter Eingriff gerechtfertigt sein. Darauf ist zurückzukommen[220].

---

[217] Zu dieser Fallgruppe oben § 3.D.II.1.a)bb), S. 79.
[218] Dazu oben bei Fn. 162.
[219] Zur Unterscheidung oben § 2.B.III.2.c), S. 17.
[220] Zu dieser Fallgruppe am Beispiel eines arbeitsvertraglichen Umgestaltungsvorbehalts sowie einer Abstimmung über Strukturänderungen in einer Personenhandelsge-

b) Schranken-Schranke

Selbst die Erfüllung der Voraussetzungen der Wesentlichkeitslehre ist für die Rechtfertigung des Grundrechtseingriffs noch nicht hinreichend. Der Schranke steht vielmehr wiederum eine sog. „Schranken-Schranke"[221] gegenüber: Neben die formelle muß auch eine materielle Rechtfertigung treten. Für den seltenen Ausnahmefall, daß private Gestaltungsmacht überhaupt den Filter der Wesentlichkeitslehre passieren kann bzw. nicht zu passieren braucht, sind also weitere Wirksamkeitsvoraussetzungen zu erfüllen.

aa) Eingriffsinteresse

(1) Verfassungslegitime Ziele

Der Eingriff in den Schutzbereich eines Grundrechts kann materiell nur durch verfassungslegitime, am Gemeinwohl orientierte Ziele gerechtfertigt werden[222], da der Staat als Rechtsstaat weder willkürlich handeln, noch beliebig Partikularinteressen privilegieren darf. Solange der Staat selbst und unmittelbar gestaltet, versteht sich dieser Grundsatz gleichsam von selbst. Schwierigkeiten scheint seine Handhabung hingegen zu machen, wenn der Staat überschießende private Gestaltungsmacht autorisiert. Das gesetzliche Instrumentarium dient hier dem Ausgleich divergierender Privatinteressen. Verhilft der Staat solcher privater Gestaltungsmacht zu rechtlicher Wirksamkeit, scheint er ein Partikularinteresse zu privilegieren.

Entgegen dem ersten Anschein kann aber auch eine solche Intervention Gemeinwohlqualität haben. Daß die Bereitstellung und Ausgestaltung der Privatvertragsrechtsordnung dem Gemeinwohl dient, dürfte unstreitig sein. Durch sie wird nicht nur eine sichere und leistungsfähige Basis für die selbstbestimmte Wahrnehmung der (wirtschaftlichen) In-

---

sellschaft, für die gesellschaftsvertraglich das Mehrheitsprinzip vereinbart ist, unten unter § 4.E.I.2.c)bb), S. 126 bzw. unter § 4.E.III., S. 133 ff.

[221] Zum Begriff *Pieroth/Schlink*, Grundrechte, Rn. 274: „Die Gesetzesvorbehalte erlauben es dem Gesetzgeber, selbst in die Grundrechte einzugreifen bzw. die Verwaltung zu Eingriffen in die Grundrechte zu ermächtigen. Sie erlauben es ihm damit, dem Grundrechtsgebrauch *Schranken* zu ziehen. Der *Begriff der Schranken-Schranken* bezeichnet die Beschränkungen, die für den *Gesetzgeber* gelten, wenn er dem Grundrechtsgebrauch Schranken zieht" [Hervorhebungen im Original].

[222] *Pieroth/Schlink*, Grundrechte, Rn. 280; *Isensee*, in: HStR V, § 111 Rn. 73; *Starck*, in: v. Mangoldt/Klein/Starck, GG, Art. 2 Abs. 1 Rn. 29; Maunz-Dürig-*Di Fabio*, GG, Art. 2 Abs. 1 Rz. 41; *v. Münch*, in: v. Münch/Kunig, GG, Vorb. Art. 1–19 Rn. 55; *Kunig*, in: v. Münch/Kunig, GG, Art. 2 Rn. 24.

teressen der Privatrechtssubjekte geschaffen, sondern auch ein wesentlicher Beitrag zur Herstellung und Stabilisierung einer Friedensordnung geleistet. Das Privatvertragsrecht ist nicht nur Verfahrensordnung, sondern dient auch der Gewährleistung eines gerechten Interessenausgleichs. Die Zulassung heteronomer privater Gestaltungsmacht scheint diesen Prinzipien zu widersprechen. Läßt sich aber im Einzelfall zeigen[223], daß ihre staatliche Sanktionierung entgegen dem ersten Anschein doch nicht im Gegensatz zu den genannten Zielen steht, sondern sie im Gegenteil zu fördern geeignet ist, hätte auch solche privatheteronome Gestaltungsmacht Gemeinwohlqualität. In diesem Fall wäre eine Rechtfertigung möglich. Rechtfertigend wirkt dann nicht nur das Privatinteresse, dem dergestalt zum Durchbruch verholfen wird, sondern zugleich der das Privatrechtssystem fördernde und abrundende rechtliche Mechanismus[224].

(2) Ergänzung der Privatautonomie

Schon an dieser Einschränkung wird deutlich, daß privatheteronome Gestaltungsmacht auch materiell nur im Ausnahmefall zu rechtfertigen ist. Sie darf keine willkürliche Umverteilung unter Privaten bewirken, sondern kann nur eine das System der Privatautonomie ergänzende Funktion haben. Ein Eingriff muß insbesondere nur hingenommen werden, wenn er – ähnlich wie bei der Vertrauenshaftung[225] – aufgrund Ingerenz zumutbar ist: Nach der Rechtsprechung des Bundesverfassungsgerichts kann eine Umverteilung unmittelbar durch Privatrechtsnormen zulässig sein, wenn eine Verantwortungsbeziehung des Betroffenen zu dem Zweck der Regelung besteht[226]. Diese Voraussetzung muß erst recht gelten für eine Umverteilung *aufgrund* staatlicher Ermächtigung. Die Rechtswirkung knüpft dann statt an die Selbstbindung an die Selbstverantwortung des Betroffenen an[227]. Der Betroffene muß also beispielsweise durch eigenes Verhalten Anlaß gegeben haben, ihm eine solche Last

---

[223] Dazu unten bei § 4 Fn. 125.
[224] Zum Beitrag, den die individuellen Freiheitsrechte in ihrem Zusammenspiel und ihrer Interdependenz für eine gesamtgesellschaftliche Ordnung leisten, *Rupp*, JZ 2001, 271, 276.
[225] Dazu oben bei Fn. 214.
[226] BVerfG v. 15.12.1987, E 77, 108, 337; v. 11.2.1992, E 85, 226, 236 f. Allgemein zu der Problematik *Canaris*, Die Bedeutung der iustitia distributiva, S. 78 ff., zur „Verantwortungsbeziehung" insbesondere S. 107 ff.
[227] Besteht diese Verantwortungsbeziehung nicht, kann die Umverteilung nur noch sozialpolitisch motiviert sein. Zu den selbst durch die Tarifvertragsparteien kaum erfüll-

aufzuerlegen. Insbesondere innerhalb eines Dauerschuldverhältnisses kann das Hineinbegeben in einen fremden Rechtskreis den Betroffenen – unter eng begrenzten Voraussetzungen – seinem Vertragspartner in einer Weise verpflichten, die letztlich über das hinausgeht, was der Betroffene zu konsentieren bereit war. Eine solche Konstellation kann sich vor allem im Rahmen der Mitgliedschaft in einer Gesellschaft hinsichtlich der gesellschaftsbezogenen Interessen der Mitgesellschafter ergeben[228].

bb) Güterabwägung

Das Eingriffsinteresse muß nicht nur legitim, sondern zudem hinreichend gewichtig sein, um den Eingriff rechtfertigen zu können. Zur Ermittlung dieser Vorrangrelation[229] muß es durch Abwägung in Beziehung zum Bestandsinteresse des Gestaltungsgegners gesetzt werden.

Dieses Vorgehen steht nicht im Gegensatz zu dem Grundsatz, daß nur der Privatrechtsgesetzgeber, nicht aber der Private einer Bindung an die Grundrechte unterliegt. Denn Gestaltungsmacht begründende Privatrechtsnormen zeichnen sich dadurch aus, daß der unmittelbare Gestaltungsakt nicht vom Gesetzgeber, sondern von einem Privaten vorgenommen wird. Die gesetzlich begründete Gestaltungsmacht verleiht ihrem Inhaber zunächst nur ein rechtliches Potential, die konkret-individuelle Beschwer wird erst im Moment der Ausübung verursacht. Dann ist erkennbar, welche Verhaltensnorm (noch) gilt. Bei anderen Privatrechtsnormen hingegen, wie insbesondere dem Deliktsrecht, gestaltet der Gesetzgeber die Rechtslage selbst und abschließend: Sobald der von der Rechtswirkung Betroffene die Tatbestandsvoraussetzungen erfüllt, steht die Rechtsfolge ipso iure fest. Es liegt also allein am Verhalten des Betroffenen, ob er die Rechtsfolge auslöst. Der Normvollzug fügt der durch die gesetzliche Geltungsanordnung bereits ausgelösten Beschwer keine neue Qualität mehr hinzu. Bei überschießender Gestaltungsmacht liegt es demgegenüber genau umgekehrt: Der Betroffene hat das Auslösen der Rechtsfolge gerade nicht in der Hand, er ist insoweit dem Gestaltungsermessen des Rechtsinhabers ausgeliefert – und deshalb schutzbedürftig.

---

baren verfassungsrechtlichen Anforderungen an sozialpolitisch motivierte Umverteilung durch private Normsetzung *H. Hanau*, RdA 1996, 158, 176 f.

[228] Dazu unten im einzelnen bei § 4 Fn. 125.
[229] Zur Bildung einer Vorrangrelation durch Abwägung *H.-J. Koch,* Die normtheoretische Basis der Abwägung, S. 11. Siehe auch die Nachw. in § 4 Fn. 10.

c) Fazit

Bei der Rechtfertigung eines Eingriffs steht die Heteronomie der Gestaltung außer Frage. Die Ermächtigung des Gestaltungsgegners ist nicht mehr maßgebend für die Reichweite der Kompetenz des Rechtsinhabers. Sein Bestandsinteresse ist nurmehr Widerpart bei der Abwägung, die im Rahmen des Grundrechtsschutzes als Schranken-Schranke fungiert: Materiell gerechtfertigt ist der Eingriff erst dann, wenn er grundsätzlich nicht nur den formalen Anforderungen des schrankenerrichtenden Gesetzesvorbehalts bzw. der Wesentlichkeitslehre entspricht, sondern wenn zudem das Eingriffsinteresse dem Bestandsinteresse im Einzelfall auch im Rahmen einer Interessenabwägung standhält.

III. Ergebnis

Gestaltungsinteresse des Gestaltungsmachtinhabers und Bestandsinteresse des Gestaltungsgegners müssen also in zwei Konstellationen trotz vertraglicher Einigung miteinander abgewogen werden: Zum einen in Fällen einer nicht hinreichend konkreten Selbstbindung; die gesetzliche Geltungsanordnung ist hier *potentiell* überschießend. Zur Feststellung eines Eingriffs muß die im Moment des Vertragsschlusses nur abstrakt erteilte Ermächtigung so weit konkretisiert werden, daß die Grenzen der Unterwerfung unter die fremde Gestaltungsmacht erkennbar werden[230]. Und zum anderen im Falle des *sicheren* Überschießens der Geltungsanordnung mangels Unterwerfung. Der bereits feststehende Eingriff bedarf hier der Rechtfertigung. Es ist danach zu fragen, ob und inwieweit das ja insoweit nicht aufgrund privater, sondern allein aufgrund gesetzlicher Ermächtigung mit Rechtsmacht ausgestattete private Gestaltungsinteresse tatsächlich gegenüber dem Bestandsinteresse des Gestaltungsgegners privilegiert werden darf[231]. Beide Male gilt es zu ermitteln, welchem Interesse im Einzelfall der Vorrang gebührt.

---

[230] Siehe dazu schon oben § 3.D.II.1.a)bb), S. 79 ff.
[231] Siehe dazu eben unter § 3.D.II.2.a)bb), S. 88 ff.

§ 4. Struktur der Kontrolle –
Die Verhältnismäßigkeitsprüfung

Wie im vorstehenden Kapitel gezeigt, ist die Abwägung für die Angemessenheitskontrolle privater Gestaltungsmacht von zentraler Bedeutung. Sie muß deshalb im folgenden einer genaueren Analyse unterzogen werden. Hierzu werden zunächst Struktur und Maßstab der Abwägung aus übergeordneten Prinzipien hergeleitet (A. – D.). Das dadurch gewonnene Instrumentarium wird anschließend an Beispielen veranschaulicht (E.).

A. Einleitung

I. Charakteristika der erforderlichen Abwägung

Sofern die eigentlich für den Lebenssachverhalt einschlägige Norm die Abwägung nicht selbst vorsieht, wird diese Norm durch das Abwägungserfordernis relativiert. Indem sie Art und Umfang des Vorrangs einer der konfligierenden Interessen festlegt, soll sie ja ex ante abschließend den Interessenausgleich verkörpern. Durch die Abwägung wird jedoch der Vorgang, dessen Abschluß die Normsetzung ihrer Intention nach sein sollte, erneut aufgerollt: Statt mittels Subsumtion zu prüfen, ob die reklamierte Gestaltung mit dem – in der Norm zum Ausdruck kommenden – Interessenausgleich korrespondiert, werden die divergierenden Interessen wiederum ins Verhältnis gesetzt und individuell einem Ausgleich für den Moment der Rechtsausübung zugeführt. Das Abwägungsgebot kann also je nach der konkreten Interessenkonstellation zu je unterschiedlichen Vorrangrelationen führen. Statt eines Interessenausgleichs ex ante wird eine spezifische lex situationis[1] gebildet. Die verhaltenssteuernde Funktion der Norm ist mithin eingeschränkt: Die Norm wird in Hinblick auf den Einzelfall „weichgemacht".

---

[1] Zum Begriff *Ossenbühl*, Abwägung, S. 33, 35.

Die Abwägung knüpft unterschiedlich an: Im Falle des potentiellen Überschießens der gesetzlichen Geltungsanordnung wird die nur scheinbar eindeutige vertragliche Ermächtigung, beim sicheren Überschießen hingegen die gesetzliche Ermächtigung relativiert. Damit läßt sich die eingangs[2] gemachte Bemerkung zur hinfälligen Unterscheidung von Inhalts- und Ausübungskontrolle präzisieren. Die Ausübungskontrolle der Gestaltungsmacht ist immer zugleich Inhaltskontrolle der ihr zugrundeliegenden Ermächtigung: Beim potentiellen Überschießen die des Ermächtigungsgeschäfts und beim sicheren Überschießen die der gesetzlichen Ermächtigungsnorm.

II. Strukturierung der Abwägung durch das Verhältnismäßigkeitsprinzip

Inhaltliche Kontur gewinnt die Abwägung, wie auch sonst bei der Grundrechtsprüfung im Rahmen der Abwehrfunktion, durch das Verhältnismäßigkeitsprinzip. Seine zentrale Rolle für die Grundrechtsprüfung im status negativus ist zwar im Ergebnis unstreitig, seine Herleitung jedoch unklar. In der Diskussion befinden sich eine Vielzahl von Ansätzen: So wird das Verhältnismäßigkeitsprinzip etwa mit dem „Wesen" der Grundrechte, der Wesensgehaltstheorie des Art. 19 Abs. 2 GG, der grundgesetzlichen Menschenwürdegarantie, dem Gleichheitssatz oder dem Rechtsstaatsgebot begründet[3]. Alle diese Lehren berühren einen einschlägigen Aspekt, ohne zum Kern vorzustoßen: Wie oben gezeigt werden konnte[4], ergibt sich die Notwendigkeit, die konfligierenden Interessen zueinander in Beziehung zu setzen und in eine Vorrangrelation zu bringen, schlicht aus der Schutzbedürftigkeit der von Gestaltungsmacht unmittelbar betroffenen Freiheit[5]. In Anlehnung an die bisher ver-

---

[2] Bei § 1 Fn. 18.
[3] Instruktiver Überblick bei *Dechsling*, Verhältnismäßigkeitsgebot, S. 83 ff.; *Merten*, FS Schambeck, S. 349, 357 ff.; *Stern*, FS 50 Jahre Bundesverfassungsgericht, 2. Bd., S. 1, 31. Zur historischen Entwicklung hin zu einem Verhältnismäßigkeitsprinzip im heutigen Verständnis *Remmert*, Verfassungs- und verwaltungsrechtsgeschichtliche Grundlagen des Übermaßverbotes, 1995; dazu auch *Merten*, FS Schambeck, S. 349, 352 ff.
[4] Siehe dazu die Zusammenfassung unter § 3.D.III., S. 92 mit Verweis auf die im einzelnen einschlägigen Stellen.
[5] Zum Ursprung des Verhältnismäßigkeitsprinzips in der Notwendigkeit, die Grenzen zu bestimmen, die die Freiheit des einen im Konflikt mit der Freiheit des anderen findet, siehe auch *Schlink*, FS 50 Jahre Bundesverfassungsgericht, 2. Bd., S. 445, 448. Zur Ableitung des Verhältnismäßigkeitsprinzips aus dem „Prinzip ,Freiheit'" *Merten*, FS Schambeck, S. 349, 374 ff. m.w.N. in Fn. 249.

A. Einleitung

tretenen Lehren ließe sich so gesehen am treffendsten von einer Ableitung aus dem „Wesen" der Freiheit, des Freiheitsschutzes sprechen.

Der Begriff der „Verhältnismäßigkeit" selbst gibt zwar keinen Aufschluß darüber, welchem Interesse im Einzelfall der Vorrang gebührt, da er nur auf das „rechte" Maß verweist, ohne selbst inhaltliche Kriterien zu enthalten. Insofern ist das Verhältnismäßigkeitsprinzip zunächst synonym mit dem Abwägungserfordernis, und umgekehrt[6]. Mit dem Rekurs auf das Verhältnismäßigkeitsprinzip scheint daher noch nichts gewonnen. Die Dogmatik des Verhältnismäßigkeitsprinzips ist aber nicht bei jener Feststellung stehengeblieben, sondern hat den Abwägungsvorgang rationalisiert und inhaltlich konkretisiert. Auf diese Erkenntnisse kann und soll im folgenden zurückgegriffen werden. Nicht zuletzt hierin liegt ein wesentlicher Vorteil der in dieser Arbeit entwickelten Konzeption der Grundrechtswirkung im Privatvertragsrecht gegenüber den Lehren von der sog. mittelbaren Drittwirkung, in denen das Verhältnismäßigkeitsprinzip keinen Platz hat.

Mit dieser Feststellung schließt sich der Bogen zu der am Beginn der Arbeit gestellten Frage. Der grundrechtliche Ansatz hat sich als fruchtbar für die Herleitung der Abwägungserfordernisse und damit des Verhältnismäßigkeitsprinzips erwiesen. Die Abwägungserfordernisse sind nunmehr klar bezeichnet, auf die Besonderheiten der privatautonomen Rechtserzeugung abgestimmt und damit begrenzt. Insoweit ist für eine Präzisierung von Stellenwert und Anwendungsfeld des Verhältnismäßigkeitsprinzips bei der Angemessenheitskontrolle privater Gestaltungsmacht gesorgt.

Das Verhältnismäßigkeitsprinzip ist Konsequenz des Freiheitsschutzes, aber kein originär verfassungsrechtliches Prinzip. Es spielt zwar im Rahmen der Grundrechtsprüfung eine besonders prominente Rolle, kann jedoch prinzipiell auch beim, sofern mit Abwägungsnotwendigkeiten einhergehend, unterverfassungsrechtlichen Freiheitsschutz Anwendung finden. Dies entspricht dem Stand der Zivilrechtsdogmatik, in der das Verhältnismäßigkeitsprinzip einen festen, wenn auch bislang konturenschwachen, Platz gefunden hat[7]. Ein als kategorial eigenständig verstandenes privatrechtliches Verhältnismäßigkeitsprinzip hat sich damit

---

[6] Vgl. *Stern*, Staatsrecht, § 84 IV 3, S. 818: „Abwägung heißt, verhältnismäßig (proportional) gewichten; im letzten Grunde bedeutet es nichts anderes als die Anwendung des Verhältnismäßigkeitsgrundsatzes."; siehe auch § 84 IV 6, S. 833. Ebenso *Alexy*, VVDStRL 61 (2002), 7, 18.
[7] Siehe dazu oben bei § 1 Fn. 4 f. sowie *Hirschberg*, Verhältnismäßigkeit, S. 30 ff.

erledigt. Zudem sei an die schon eingangs gemachte Feststellung erinnert[8], daß für einen unterverfassungsrechtlichen Freiheitsschutz nur jenseits der grundrechtlichen Anforderungen Raum bleibt, er also nur (noch) engmaschiger ausfallen kann.

III. Weiteres Vorgehen

Die wesentliche Leistung der bislang zum Verhältnismäßigkeitsprinzip entwickelten Dogmatik besteht in der Herausbildung von sog. Unter- bzw. Teilgrundsätzen: Nach nahezu einhelliger Auffassung umfaßt das Verhältnismäßigkeitsprinzip i.w.S. drei Elemente: Eignung, Erforderlichkeit und Verhältnismäßigkeit i.e.S.[9]. Da sie insbesondere in Hinblick auf den Grundrechtsschutz gegenüber unmittelbarem staatlichen Handeln entwickelt wurden, ist zu fragen, inwieweit sie auch auf die staatliche Sanktionierung privater Gestaltungsmacht Anwendung finden können oder ob sie hierfür modifiziert werden müssen. Hierfür soll im folgenden zum einen der Beitrag, den die Teilgrundsätze zur Rationalisierung des Abwägungsvorgangs leisten, und zum anderen ihr Verhältnis zueinander untersucht werden. Zwei Fragen werden dabei im Vordergrund stehen[10]: In welcher Relation muß das Interesse des Gestaltenden zu dem des Gestaltungsgegners stehen, auf welche Interessenproportion kommt es an, um den Anforderungen an den verfassungsrechtlichen Freiheitsschutz zu genügen? Und: Zu wessen Lasten gehen Zweifel bei der Feststellung dieser Proportion, kurz: wer trägt jeweils die Argumentationslast?

B. Die Verhältnismäßigkeit i.e.S.

Die drei Elemente des Verhältnismäßigkeitsprinzips i.w.S. unterscheiden sich, wie noch im einzelnen zu zeigen sein wird, in der Art der Zuordnung der konfligierenden Interessen. Da es keineswegs selbstverständlich ist, daß sie – wie bei der Beschränkung originärer staatlicher Gestaltungsmacht – auch bei der uns gestellten Kontrollaufgabe durchweg sämtlich relevant sind, soll mit dem Teilgrundsatz begonnen werden, der jedenfalls einschlägig ist: Sowohl bei Ermittlung der Schranken privatautonomer Gestaltungsmacht – durch Feststellung der Grenzen der Selbst-

---

[8] Oben vor § 1 Fn. 16.
[9] Siehe dazu nur *Hirschberg*, Verhältnismäßigkeit, S. 2 mit Bezug zur Rechtsprechung des Bundesverfassungsgerichts (Nachw. in Fn. 9).

bindung des Gestaltungsgegners – als auch bei der Bestimmung der Schranken privatheteronomer Gestaltungsmacht steht eine Abwägung im Sinne einer Interessengewichtung im Mittelpunkt der Prüfung; Struktur erhält diese Form der Interessenzuordnung durch das Verhältnismäßigkeitsprinzip i.e.S.

I. Maßstab

Die Verhältnismäßigkeitsprüfung wird herkömmlich als Bewertung einer Zweck/Mittel-Relation beschrieben: Aus einer Eingriffsperspektive wird die Grundrechtsbeschränkung als Mittel betrachtet, um einen bestimmten Zweck zu erreichen. Die gegnerische Freiheit wird also durch Eingriff für eigene Zwecke instrumentalisiert. Das Verhältnismäßigkeitsprinzip soll dafür sorgen, daß Mittel und Zweck in einem angemessenen Verhältnis zueinander stehen[11]. Daneben hat sich für andere Formen von Freiheitskollisionen eine zweite Sichtweise etabliert, die nicht auf die mit der Eingriffsperspektive verbundene strikte Zweckbindung abstellt. In solchen Fällen gehe es um eine „Angemessenheits-Verhältnismäßigkeit" der auszugleichenden Interessen[12]. Fraglich ist, ob mit diesen Umschreibungen tatsächlich unterschiedliche Arten der Interessenzuordnung bezeichnet sind oder ob hier lediglich dasselbe Phänomen aus verschiedenen Perspektiven wahrgenommen wird.

Eine Antwort setzt Klarheit über den Maßstab voraus, anhand dessen die Abwägung vorgenommen wird. Will man die Abwägung nicht der Willkür der abwägenden Instanz überlassen, muß man nach einer materiellen Kategorie suchen, an der die Abwägung ausgerichtet werden kann. Dieser Maßstab ist bereits im Begriff der „Verhältnismäßigkeit"

---

[10] Den Versuch einer rein rechtstheoretischen Analyse dieser Teilgrundsätze unternimmt *Clérico*, Die Struktur der Verhältnismäßigkeit, S. 26 ff., 74 ff., 140 ff. Zur rechtstheoretischen Präzisierung der Abwägung *Hubmann*, Wertung und Abwägung im Recht, in: *ders.*, Wertung und Abwägung im Recht, S. 145 ff.; *Sieckmann*, Rechtstheorie 26 (1995), 45; *Jansen*, ARSP Beiheft Nr. 66 (1977), 152, insb. S. 159 ff.; *ders.*, Der Staat 36 (1997), 27; *Alexy*, GS Sonnenschein, S. 771 ff.

[11] Dazu *Huster*, Rechte und Ziele, S. 129 ff. m.w.N. in Fn. 295; *Lerche*, Übermaß, S. 22;

[12] *Böckenförde*, Zur Lage der Grundrechtsdogmatik, S. 53 f.; *Ossenbühl*, Abwägung, S. 25, 29 f. Dazu auch *Lerche*, Übermaß, S. 151 f.; *J. Hager*, AcP 196 (1996), 168, 181 f. Zur Erweiterung der Angemessenheitsprüfung über die Zweck-Mittel-Perspektive hinaus ebenfalls *Jakobs*, Der Grundsatz der Verhältnismäßigkeit, S. 17 ff.; *Albrecht*, Zumutbarkeit als Verfassungsmaßstab, S. 74 ff.

angelegt. Denn der darin zum Ausdruck kommende Gedanke des rechten Maßes ist nichts anderes als die Umschreibung einer gerechten Zuordnung. Das Verhältnismäßigkeitsprinzip verweist also unmittelbar auf die Gerechtigkeit, die Rechtsidee[13]. Diese oft nicht gesehene oder in ihrer Bedeutung verkannte[14] Verbindung erweist sich bei genauerer Betrachtung als außerordentlich fruchtbar für die Bestimmung des Abwägungsmaßstabs.

II. Verhältnismäßigkeitsprinzip als Element der Rechtsidee

1. Iustitia distributiva als Urform der Gerechtigkeit – Verteilungsgerechtigkeit

Urform der Gerechtigkeit ist die auf Aristoteles zurückgehende, später von den Kommentatoren so genannte iustitia distributiva[15]. Ziel der austeilenden Gerechtigkeit ist die relative, verhältnismäßige Gleichheit in der Behandlung verschiedener Personen gemäß einem vorgegebenen Differenzierungskriterium. Der auf die einzelne Person entfallende Anteil entspricht dem Grad der Erfüllung des Differenzierungskriteriums, bezogen auf die Vergleichsgruppe. Mit diesem Grundsatz ist die Proportion für sämtliche Arten von Interessenausgleich festgelegt. Die iustitia

---

[13] So auch *Wieacker*, FS Fischer, S. 867, 876 f.; *Stern*, FS Lerche, S. 165, 167, 169, 173 f.; *Larenz*, Richtiges Recht, S. 131: „Das Prinzip der Verhältnismäßigkeit im Sinne eines Übermaßverbotes ergibt sich als ein Prinzip richtigen Rechts unmittelbar aus der Idee der Gerechtigkeit. Denn unzweifelhaft verbinden wir mit ihr den Gedanken des ‚Maßvollen', des ‚rechten Maßes' im Sinne des Ausgewogenen."; *Lerche*, Übermaß, S. 26: „Allerdings ist seit Solon bis heute dem allgemeinen Gedanken des Maßes und Übermaßes als eines Rechtsbegriffs oder rechtlich erheblichen Begriffs Beachtung geschenkt worden. In seiner allgemeinsten Bedeutung verknüpft er sich unmittelbar mit der Gerechtigkeitsvorstellung"; *Singer*, Selbstbestimmung, S. 92 spricht von einer „rechtstheoretischen Begründung in der Rechtsidee". Siehe auch *Stern*, FS Lerche, S. 165, 173: „Wenn der vom Grundgesetz konstituierte Staat Rechtsstaat sein soll – und daran besteht nach den verfassungstextlichen Aussagen der Art. 1, 20 und 28 Abs. 1 GG kein Zweifel –, so ist dieser Staat mit der Gerechtigkeit im engsten Maße verbunden. Aus ihr ergeben sich Maßstäbe, die auch ohne ausdrückliche Normierung gelten."

[14] Etwa *Lerche*, a.a.O. (Fn. 13): „Ist diese allgemeinste Schicht auch Quelle der Grundsätze vom Übermaß, so ist sie doch nicht Objekt der gegenwärtigen Beobachtung. Denn die typische Problematik jener konkreten Gestalt, die dem überlieferten Bilde des Übermaßverbots im Verwaltungsrecht eigen ist und deren grundsätzliche Verwertbarkeit hier allen vor Augen steht, wird durch jene allgemeinen Hervorhebungen noch nicht getroffen."

[15] *Radbruch*, Rechtsphilosophie, S. 122; *Bydlinski*, Methodenlehre, S. 339; *Engisch*, Auf der Suche nach Gerechtigkeit, S. 162.

distributiva tritt in verschiedenen Erscheinungsformen auf, die alle auf den Grundsatz rückführbar sind.

Paradefall der iustitia distributiva ist die Beurteilung des Handelns einer Verteilungsinstanz, die über eine Zuwendung an Dritte entscheidet. In diesem (mindestens) Dreipersonenverhältnis ist also die Verteilungsinstanz den Empfängern übergeordnet. Gerecht gemäß den Anforderungen der iustitia distributiva erfolgt die Verteilung nur dann, wenn sich die (mindestens vier) bei der Verteilung zu berücksichtigenden Elemente (Person A wird Leistung C und Person B Leistung D zugewandt) in eine bestimmte – von Aristoteles geometrisch[16] – genannte Proportion bringen lassen: Wenn beispielsweise Geld nach der unterschiedlichen Bedürftigkeit der Adressaten verteilt werden soll, muß der unterschiedliche Grad der Bedürftigkeit von A und B der unterschiedlichen Höhe der zugewandten Beträge entsprechen (die ausgeschütteten Beträge C und D müssen sich zueinander verhalten wie der Grad der Bedürftigkeit von A zu der von B; $A : B = C : D$)[17].

2. Iustitia commutativa als bekannter Spezialfall – Austauschgerechtigkeit

Die gleichfalls auf Aristoteles zurückgehende ausgleichende Gerechtigkeit, später iustitia commutativa genannt, abstrahiert hingegen von der natürlichen Ungleichheit der betroffenen Personen. Die iustitia commutativa ist die Gerechtigkeit im Verhältnis zweier Personen (A und B), die als gleichgeordnet vorausgesetzt werden; ihr Anwendungsfeld liegt im Bereich vertraglicher Beziehungen. Die von ihr geforderte Proportion knüpft deshalb nicht an Eigenschaften der Kontrahenten an, sondern konzentriert sich auf den zwischen ihnen erfolgenden Leistungsaustausch. Ihre Aufgabe ist die Schaffung von Austauschgerechtigkeit durch die Gewährleistung absoluter Gleichheit der ausgetauschten Güter (C und D)[18]. Die iustitia commutativa verkörpert das Prinzip der Äquivalenz. Aristoteles nennt diese Proportion eine arithmetische[19].

---

[16] *Aristoteles*, Nikomachische Ethik, V 7, S. 1131b.
[17] Es handelt sich also um eine Proportion nach dem Strahlensatz. Zur Veranschaulichung siehe die Zeichnung in Fn. 24 der von *Ernst A. Schmidt* besorgten Anmerkungen zu Buch V in der Reclam-Ausgabe der Nikomachischen Ethik.
[18] *Radbruch*, Rechtsphilosophie, S. 121. *Honsell*, FS Mayer-Maly, S. 187, 289 ff. schlägt vor, statt von der iustitia commutativa besser von einer iustitia correctiva zu sprechen; kritisch dazu *Canaris*, FS Ulmer, S. 1073, 1082 Fn. 30.
[19] *Aristoteles*, Nikomachische Ethik, V 7, S. 1131b.

Die iustitia commutativa läßt sich aus der iustitia distributiva ableiten[20]. Die arithmetische Proportion wird zum Spezialfall der geometrischen: Aus der Gleichordnung der beiden Personen (A = B), aus der gedanklichen Fixierung ihres Verhältnisses, folgt im Modell unmittelbar, daß sich auch die zu beurteilenden Leistungen entsprechen müssen (C = D), die Betrachtung kann sich also fürderhin auf sie beschränken. Das Verhältnis der Personen zueinander wird quasi aus der Betrachtung herausgekürzt. Auch die Rolle der Verteilungsinstanz hat sich damit erledigt. Für die Beurteilung bleibt deshalb nur der Güteraustausch im Zweipersonenverhältnis.

Dieser Zusammenhang läßt sich nicht nur als Folge der Gleichordnung der Vertragsparteien beschreiben, sondern auch dadurch, daß im Rahmen der iustitia distributiva als Verteilungskriterium auf die Freiheit der Vertragsparteien abgestellt wird[21]. Um an die Vertragsfreiheit als Selbstregulierungsmechanismus anknüpfen zu können, muß sie rechtlich notwendig beiden Parteien gleichermaßen zukommen. Die Gleichheit der Parteien ist also insoweit vorausgesetzt[22]. Die Gerechtigkeit als Korrektiv kann sich dann nur noch auf die Gleichheit der ausgetauschten Güter beziehen. *Küster*[23] hat diesen Aspekt besonders prägnant heraus-

---

[20] *Radbruch*, Rechtsphilosophie, S. 122; *Engisch*, Auf der Suche nach Gerechtigkeit, S. 162: […] die ausgleichende Gerechtigkeit eine eigenständige Unterart der austeilenden Gerechtigkeit ist […].

[21] Vgl. dazu *Aristoteles*, Nikomachische Ethik, V 6, S. 1131a: „Denn das Gerechte bei den Verteilungen muß nach einer bestimmten Angemessenheit in Erscheinung treten; darin stimmen alle überein. Aber gerade unter dieser Angemessenheit verstehen nicht alle dasselbe: die Vertreter des demokratischen Prinzips meinen die Freiheit, die des oligarchischen den Reichtum oder den Geburtsadel und die Aristokraten den hohen Manneswert."

[22] *Küster*, FS Raiser, S. 541, 547: „Über die Freiheit, erst über sie, kann die Gleichheit zum Prinzip gerechten Zuteilens werden. Denn die Bürger, die ungleich sind, wenn Besitz und Abkunft und persönliche Vorzüge entscheiden, werden zu Gleichen, wenn die Freiheit das entscheidende Merkmal ist." *Canaris*, Die Bedeutung der iustitia distributiva, S. 27 ff. kann deshalb nicht gefolgt werden, wenn er die Ableitbarkeit der iustitia commutativa aus der iustitia distributiva bestreitet und gar als Ausdruck einer „geringere(n) Dignität" der iustitia commutativa empfindet. Denn der Ableitungszusammenhang ist ein logischer, nicht aber Ausdruck einer inhaltlichen Bewertung. *Canaris* ist allerdings einzuräumen, daß die von ihm insbesondere kritisierte Formulierung *Radbruchs*, die ausgleichende Gerechtigkeit setze einen Akt der austeilenden Gerechtigkeit voraus, der den Berechtigten die Gleichberechtigung *verleihe* (Rechtsphilosophie, S. 122), die Rolle des Staates überzeichnet. Der Staat kann jedoch umgekehrt im Rahmen der iustitia distributiva dem Betroffenen die Gleichberechtigung für den Einzelfall *entziehen*; dazu unten bei Fn. 59.

[23] *Küster*, FS Raiser, S. 541, 550 f.

gearbeitet. Ihm zufolge wird Aristoteles zu Unrecht zugeschrieben, er habe mit dem Abheben auf die Austauschgerechtigkeit eine Lehre vom gerechten Preis geschaffen. Die Aristotelische Lehre greife vielmehr nur dann korrigierend ein, wenn die Preisvereinbarung nicht auf freiem Willen beruht[24]. Auch der Käufer, der ein schlechtes Geschäft gemacht hat, erhalte, was ihm zustehe („hat doch ‚das Seine'"), „wenn nur die Ware redlich gewogen und ordentlich beschaffen ist". Die Austauschgerechtigkeit wäre dann der Freiheit nachgeordnet und käme nur noch zum Ausgleich von Freiheitsdefiziten ins Spiel, ein geradezu modernes Verständnis! Das der Vertragsgerechtigkeit unterstellte Spannungsverhältnis zur Vertragsfreiheit[25] erwiese sich damit zumindest für die Aristotelische Konzeption als Mißverständnis.

3. Offener Fall: Einseitige Gestaltungsmacht im Zweipersonenverhältnis ohne vertragliche Unterwerfung

Neben den beiden „klassischen" Aristotelischen Gerechtigkeitsformen bleibt noch eine dritte, von ihnen nicht unmittelbar erfaßte Konstellation: die der Kontrolle der einseitigen Gestaltungsmacht im Zweipersonenverhältnis ohne vorgängige Unterwerfung.

a) Charakteristikum, Interessenkonstellation

Im Unterschied zu der der iustitia commutativa zugrundeliegenden Konstellation geht es hier nicht um Austausch, um die Beurteilung der Angemessenheit einer Gegenleistung, sondern um den Schutz vor der Durchsetzung des einen Interesses auf Kosten des anderen; in diesen Fällen wird die fremde Freiheit zum Mittel der eigenen Zweckverwirklichung. Im Unterschied zum Regelfall der iustitia distributiva scheint hier keine umverteilende Instanz aufzutreten und sich das Geschehen auf ein Zweipersonenverhältnis zu beschränken.

---

[24] *Küster*, FS Raiser, S. 541, 551 übersetzt die einschlägige Passage (Nikomachische Ethik, V 7, S. 1132b) folgendermaßen: „So ist das Gerechte das Mittlere zwischen Vorteil und Nachteil, *sofern diese nicht auf freiem Willen beruhen*" [Hervorhebung im Original]. In der gebräuchlichen Übersetzung von *Dirlmeier* liest sich die Passage weniger eindeutig: „So ist denn das Gerechte die Mitte zwischen Gewinn und Verlust – wenn man diese beiden Begriffe so gebrauchen will –, *und zwar in der Sphäre des Unwillentlichen*" [Hervorhebung von mir]. Die Übersetzung von *Gigon* stützt hingegen *Küsters* Interpretation: „Also ist dieses das Gerechte eine Mitte zwischen Gewinn und Schaden *in den unfreiwilligen Verhältnissen*" [Hervorhebung von mir].
[25] Siehe nur *Flume*, Rechtsgeschäft, § 1/6a, S. 8; *Roscher*, Vertragsfreiheit, S. 34 ff.

b) Gesuchte Gerechtigkeitsform: Iustitia protectiva

Die gesuchte Gerechtigkeitsform finden wir in der sog. iustitia protectiva. Der Begriff geht soweit ersichtlich auf *Coing* zurück[26]. Die Coingsche Vorstellung soll hier aber erweitert und der Anschluß an das Aristotelische System gesucht werden. Die iustitia protectiva verkörpert das Prinzip der Machtbegrenzung, sie ist das Schutzprinzip. Der Betroffene soll der Eingriffskompetenz des Rechtsinhabers nicht schrankenlos ausgeliefert sein, der Eingriff bedarf der Rechtfertigung. Schon *Coing* betont Willkürverbot und Zweckbindung der Macht und sieht diese Gerechtigkeitsform mit dem Gedanken der Verhältnismäßigkeit verbunden[27].

Da sich die iustitia protectiva wie die iustitia commutativa auf ein Zweipersonenverhältnis bezieht, kommt als Gerechtigkeitsproportion wiederum nur eine einfache mathematische Proportion in Betracht: ein absolutes, arithmetisches Verhältnis, das aber, da anders gelagert, nicht mit dem von der iustitia commutativa geforderten absoluten Gleichmaß übereinstimmen kann. Mithin bleibt nur eine Zuordnung, die dem Eingriffsinteresse ein anderes Gewicht abverlangt als dem Bestandsinteresse – angesichts des Schutzzwecks der Gerechtigkeitsmaxime naheliegenderweise ein größeres. Das Eingriffsinteresse darf sich also nur durchsetzen, wenn es gegenüber dem Bestandsinteresse überwiegt. Die iustitia protectiva verkörpert mithin das Prinzip des überwiegenden Interesses[28].

---

[26] Die obersten Grundsätze des Rechts, S. 48; *ders.*, Grundzüge der Rechtsphilosophie, 4. Aufl., S. 220 ff., 5. Aufl., S. 197.

[27] Die obersten Grundsätze des Rechts, S. 48; *ders.*, Grundzüge der Rechtsphilosophie, 4. Aufl., S. 221.

[28] Das Prinzip des überwiegenden Interesses wird von *Hirschberg*, Verhältnismäßigkeit, S. 86 m. Fn. 203 f. erwähnt. Sinngemäß gebraucht von *Huster*, Rechte, S. 112: „Die Abwägungsregel, dem jeweils gewichtigeren Rechtsgut den Vorzug zu geben"; *Lenckner*, Notstand, S. 84: „Vorzuziehen aber ist – wie könnte es auch anders sein – der höhere Wert dem geringeren, ein elementarer, aus sich selbst gerechtfertigter Grundsatz, ohne den das Recht bei der Entscheidung von Konfliktsfällen ebensowenig auskommen kann wie die Ethik. Auf diese Weise wird deshalb die Frage der Angemessenheit des Mittels zu einer Frage nach dem Rangverhältnis der auf dem Spiele stehenden Werte."; *Zippelius*, Rechtsphilosophie, S. 145: Das Übermaßverbot „verlangt, daß Eingriff und Nutzen in einem angemessenen Verhältnis zueinander stehen; das ist nur dann der Fall, wenn der Nutzen den Nachteil überwiegt."; *H. J. Wolff*, FS Sauer, S. 112: „Es ist die Norm, daß dem jeweils objektiv wertvolleren menschlichen Interesse der Vorzug zu geben ist", von *ihm* in Gedächtnisschrift W. Jellinek, S. 37 als „ethische[s] ‚Rechtsgesetz'" bezeichnet; *Kriele*, Kriterien, S. 70 ff.: „das fundamentalere Interesse". Zur Bedeutung des Prinzips des überwiegenden Interesses für die Entwicklung der strafrechtlichen Notstandsdogmatik *Renzikowski*, Notstand, S. 33 m.w.N. in Fn. 1.

c) Iustitia protectiva als Unterfall der iustitia distributiva

Bei genauerer Betrachtung erweist sich auch die iustitia protectiva als ein Unterfall der iustitia distributiva[29]. Sie impliziert zwar weder Gleichsetzung der Personen, noch scheint sie sich auf die Verteilung durch einen Dritten je nach Grad der Erfüllung des gemeinsamen Differenzierungskriteriums zu beziehen, sondern die Verteilung auf einen der Beteiligten selbst zu verlagern, der dafür mit Zugriffskompetenz ausgestattet wird. Gleichwohl läßt sich zeigen, daß die von der iustitia protectiva geforderte arithmetische Proportion – wie auch schon bei der iustitia commutativa – als Spezialfall einer geometrischen beschrieben werden kann: Wenn, gemessen an einem Differenzierungskriterium, das Interesse des A das des B überwiegt (A > B), muß dem auch das Verhältnis der zu verteilenden Güter entsprechen. Im Unterschied zum Fall der Verteilung eines bislang der Verteilungsinstanz gehörenden Gutes geht es hier aber um den Zugriff des A auf ein Gut, das zur Sphäre des B gehört. Ziel ist also eine Umverteilung. Die Sphären werden hier nicht mehr als gleichberechtigt gedacht (C = D), sondern die eine wird, der Interessenproportion folgend, auf Kosten der anderen erweitert (C > D). Der bei der Interessenabwägung Unterlegene muß mithin das Gut, das Gegenstand des Interessenkonflikts ist, auf den anderen übertragen bzw. die entsprechende „Enteignung" dulden.

Das Prinzip des überwiegenden Interesses ist die arithmetische Kurzform für diese geometrische Beziehung. Die Kurzform beschränkt sich auf die Proportion der beteiligten Interessen und setzt – aufgrund einer vorausliegenden Verteilungsentscheidung – für den Fall des Überwiegens schon das Erfordernis des Gütertransfers voraus. Die zweite Proportion, das Maß der Güterzuteilung ist deshalb aus der Betrachtung „herausgekürzt"; auch die das Differenzierungskriterium festlegende Verteilungsinstanz tritt nicht mehr in Erscheinung.

III. Die beiden zu unterscheidenden Maximen

Die eingangs des Abschnitts gestellte Frage nach der vom Verhältnismäßigkeitsprinzip geforderten Art der Interessenzuordnung läßt sich nunmehr beantworten. Da das Verhältnismäßigkeitsprinzip auf die Rechtsidee und damit auf die wichtigsten Maximen privatrechtlicher Gerechtigkeit verweist, hat das Verhältnismäßigkeitsprinzip i.e.S. tat-

---

[29] So auch *Henkel*, Rechtsphilosophie, S. 408

sächlich zweierlei Inhalt. Die Scheidelinie folgt aber nicht der bisher diskutierten Unterscheidung von Zweck-Mittel-Relation und „Angemessenheits-Verhältnismäßigkeit". Das Verhältnismäßigkeitsprinzip i.e.S. umfaßt vielmehr zwei grundverschiedene Gerechtigkeitsmaximen, die sich auch hinsichtlich der jeweils geforderten Interessenproportionen unterscheiden.

1. Erste Maxime: Das Äquivalenzprinzip

Die von der iustitia commutativa für das Verhältnis gleichrangiger und gleichberechtigter Partner geforderte Proportion der Güterzuordnung ist das Äquivalenzprinzip. Die Aufgabe des Verhältnismäßigkeitsprinzips liegt hier nun nicht in der umfassenden Gewährleistung von „Vertragsgerechtigkeit". Sein Anwendungsfeld ist, wie oben herausgearbeitet, für vertragliche Beziehungen vielmehr auf den Fall beschränkt, daß unter den Vertragsparteien selbst kein vollständiger Interessenausgleich stattgefunden hat. Diese die Privatautonomie lediglich ergänzende Funktion scheint, wie eben gesehen, bereits bei *Aristoteles* angelegt. Insbesondere läßt sich mit Hilfe des Äquivalenzprinzips die Schranke der privatautonomen Gestaltungsmacht des Gestaltungsmachtinhabers bestimmen, sofern der Gestaltungsgegner über seine Sphäre nur abstrakt disponiert oder über nur beschränkt disponible Güter verfügt hat. Für den Moment der Rechtsausübung muß ermittelt werden, ob sich der „ausgedünnte" Ermächtigungswille noch auf den Gestaltungsakt erstreckt; andernfalls hat die gesetzliche Geltungsanordnung überschießenden Charakter und bewirkt einen Eingriff in das Freiheitsrecht des Gestaltungsgegners. Diese Form der Verhältnismäßigkeitsprüfung ist also bei der Beurteilung von Vertragsverhältnissen nicht, wie ihre andere sogleich zu behandelnde Spielart, auf der Rechtfertigungsebene angesiedelt, sondern muß bereits im Rahmen der Prüfung eines Eingriffs in den grundrechtlichen Schutzbereich vorgenommen werden.

a) Subjektives Äquivalenzverhältnis als Maßstab

Die erforderliche Willenskonkretisierung läßt sich nicht durch einen von außen an den Vertrag angelegten, objektiven Gerechtigkeitsmaßstab erreichen, sondern, wie oben schon gezeigt, allein durch eine Interessenabwägung anhand einer internen[30], im Vertrag selbst zum Ausdruck gekommenen Richtschnur: der subjektiven Äquivalenz. Dieser

---
[30] Dazu *Huster*, JZ 1994, 541, 544.

Gerechtigkeitsmaßstab ist also nicht nur Zeichen der Verlegenheit angesichts der Unbestimmbarkeit des iustum pretium[31], sondern vielmehr Konsequenz der Freiheit der Beteiligten: Die von den Parteien selbst im Vertragsschluß vorgenommene Zuordnung und Vermittlung der Interessen bietet die beste „Richtigkeitschance"[32] im Sinne ausgleichender Gerechtigkeit. Da, wie oben schon ausgeführt, die Unterwerfung unter den gegnerischen Willen zwecks Konkretisierung des sonstigen Vertragsprogramms erfolgt ist, kann also das weitergedacht werden, was die Parteien im Vertrag selbst an Anhaltspunkten zu erkennen gegeben haben[33].

Im Fall der Verfügung über nur beschränkt disponible Rechtsgüter ist der Schutzzweck der Dispositionsbeschränkung Richtschnur der Abwägung, also etwa der Schutz der Persönlichkeit des Arbeitnehmers oder des Mieters.

b) Geforderte Interessenproportion

Um den Anforderungen des Äquivalenzprinzips zu genügen, muß das Interesse des Gestaltungsmachtinhabers dem des Gestaltungsgegners entsprechen; es darf dem anderen also nicht unterliegen, muß aber auch nicht überwiegen. Letzteres ist Folge der (abstrakten) Selbstbindung des Gestaltungsgegners, der die eigene Sphäre im Umfang der formalen Unterwerfung immerhin prinzipiell preisgegeben hat.

2. Zweite Maxime: Das Prinzip des überwiegenden Interesses

Als zweite Maxime umfaßt das Verhältnismäßigkeitsprinzip i.e.S. das Prinzip des überwiegenden Interesses. Es ist Konsequenz der iustitia protectiva und dient dem Schutz vor Eingriffen. Es bildet somit die Schranke des Eingriffs in den Schutzbereich eines Grundrechts. In unserem Zusammenhang ist es für die Kontrolle überschießender, weil nicht durch Selbstbindung des Gestaltungsgegners legimierte, privatheteronome Gestaltungsmacht einschlägig. Geforderte Interessenproportion ist das Überwiegen des Eingriffsinteresses gegenüber dem Bestandsinteresse, Äquivalenz reicht nicht aus. Der vom Gestaltungsmachtinhaber in-

---

[31] Siehe dazu nur *Canaris*, AcP 200 (2000), 273, 286 m.w.N.
[32] *Wolf*, Rechtsgeschäftliche Entscheidungsfreiheit, S. 74 in Abgrenzung zur *Schmidt-Rimpler*schen materiellen Richtigkeitsgewähr (AcP 147 [1941], 130, 149 ff.).
[33] Zum prozeduralen Grundcharakter der Vertragsgerechtigkeit und ihrem Zusammenhang mit der Vertragsfreiheit *Canaris*, AcP 200 (2000), 273, 283 ff.

tendierte Zweck muß also schwerer wiegen als das Mittel, der Freiheitsverlust des Gestaltungsgegners[34].

Das Überwiegenserfordernis ist Folge der durch die Grundrechte garantierten prinzipiellen Präponderanz der Freiheit[35], die im Einzelfall erst einmal überwunden werden muß: Die individuellen Rechte sind von der Verfassung mit einer Sperrwirkung gegenüber Eingriffen ausgestattet, sie haben ein bestimmtes Schwellengewicht[36].

IV. Zur Argumentationslast

Nach der Ermittlung der vom Verhältnismäßigkeitsprinzip geforderten maßgeblichen materiellen Interessenproportionen können wir uns einem für die Praxis womöglich noch bedeutsameren Problem zuwenden: Was gilt, wenn Äquivalenz oder Überwiegen nicht positiv festgestellt werden kann, wenn ein argumentatives Patt, ein non-liquet vorliegt? Damit ist die Frage nach der Argumentationslast bzw. Begründungslast gestellt. Die Argumentationslast ist kategorial vom inhaltlichen Prinzip zu unterscheiden. Im Unterschied zur Beweislast, die sich auf die *Feststellung* von Tatsachen bezieht, geht es hier um die *Bewertung* von Tatsachen[37]. Die Argumentationslast bestimmt, wer und in welchem Umfang das Vorliegen der Proportion darzulegen hat und zu wessen Lasten die Unsicherheit über das Erreichen der erforderlichen Schwelle geht.

1. Unterscheidung von Gebot der Verhältnismäßigkeit und Verbot der Unverhältnismäßigkeit

Für unseren Zusammenhang sind zwei Arten der Argumentationslast zu unterscheiden. Zum einen das *Gebot der Verhältnismäßigkeit:* Es bestimmt, daß das Erreichen des einschlägigen Maßes positiv darzulegen ist. Ein non-liquet geht damit zu Lasten des Gestaltungsmachtinhabers,

---

[34] Die Beschreibung des Verhältnisses von Eingriffs- und Bestandsinteresse als Zweck/Mittel-Relation führt also nicht an der Abwägungsnotwendigkeit vorbei; dazu *Lenckner*, Notstand, S. 84.
[35] Der Ausdruck stammt von *Dürig*, in: Maunz-Dürig, GG, Art. 3 Abs. 1 Rz. 135. Vgl auch *Huster*, Rechte und Ziele, S. 125.
[36] *Huster*, Rechte und Ziele, S. 125. Vgl. auch *v. Arnauld*, JZ 2000, 276, 279: „Das Übermaßverbot ist damit Garant dafür, daß die Kompetenz zur Schrankensetzung nicht zu einer übermäßigen Verdrängung des Regelgebots führt".
[37] *Krebs*, AcP 195 (1995), 171; *Alexy*, Theorie der Grundrechte, S. 143; *Dechsling*, Verhältnismäßigkeitsgebot, S. 26 ff. Siehe auch *Clérico*, Die Struktur der Verhältnismäßigkeit, S. 331 ff.

B. Die Verhältnismäßigkeit i.e.S. 107

die Gestaltung ist im Zweifel rechtswidrig. Zum anderen das *Verbot der Unverhältnismäßigkeit*[38]: Hier ist lediglich darzulegen, daß das einschlägige Maß nicht verfehlt wird. Läßt sich die Angemessenheit nicht feststellen, läßt sich gleichermaßen auch ihr Gegenteil, die Unangemessenheit, nicht konstatieren; das Verbot der Unverhältnismäßigkeit ist dann nicht verletzt. Ein non-liquet geht also zu Lasten des Gestaltungsgegners, die Maßnahme ist im Zweifel rechtmäßig.

2. *Einschlägigkeit je nach Abweichen von der vertraglichen Vereinbarung*

Welche Art der Argumentationslast einschlägig ist, richtet sich hier nach dem Abweichen von der vertraglichen Vereinbarung[39]: Denjenigen, der abweichen möchte, trifft die Argumentationslast für die Angemessenheit des angestrebten Interessenausgleichs.

a) Abweichen nach oben – Gebot des Überwiegens des Gestaltungsinteresses

Beansprucht ein Vertragspartner Gestaltungsmacht, die über das vertraglich Konsentierte hinausgeht, möchte er also, wie etwa bei der Inanspruchnahme von Stimmrechtsmacht hinsichtlich sog. Strukturmaßnahmen[40], „nach oben" von der vertraglichen Ermächtigung des anderen abweichen, gilt für ihn – immer vorausgesetzt, daß er die vorstehend dargelegten formalen Rechtfertigungsgründe erfüllt – das Gebot der Verhältnismäßigkeit. Er muß den Eingriff materiell rechtfertigen und Gründe für seine Angemessenheit darlegen. Bei einem non-liquet bleibt es bei der vertraglichen Interessenabgrenzung, der Eingriff muß unterbleiben. Das

---

[38] Daß sich Gebot der Verhältnismäßigkeit und Verbot der Unverhältnismäßigkeit hinsichtlich der Darlegungslast unterscheiden, wird nur selten erkannt. Der, soweit ersichtlich weitestgehende Ansatz stammt von *Seiter*, Streikrecht, S. 150 ff., der zutreffend zwischen den beiden Arten von Verhältnismäßigkeit differenziert und aus dem Verbot der Unverhältnismäßigkeit sogar ein „privatrechtliches Übermaßverbot" ableitet, dieses Prinzip aber, wie im Text sogleich gezeigt wird, unzutreffend mit einer Eingriffssituation verknüpft. *Metzner*, Das Verbot der Unverhältnismäßigkeit im Privatrecht, nimmt – wie schon aus dem Titel seiner Arbeit ersichtlich – zwar die Verschiedenheit wahr, nähert sich der Problematik aber rein begrifflich, indem er Vorschriften des BGB auf Formulierungsunterschiede durchmustert. *Hirschberg*, Verhältnismäßigkeit, S. 92 ff. beschäftigt sich zwar mit der Unterschiedlichkeit in der Formulierung, mißt ihr aber letztlich keine Relevanz bei.
[39] Dazu *Krebs*, AcP 195 (1995), 171, 180 f., 209.
[40] Dazu oben bei § 3 Fn. 162 und im weiteren unten bei Fn. 119.

Gebot der Verhältnismäßigkeit korreliert hier[41] also mit dem Prinzip des überwiegenden Interesses und verbindet sich mit ihm zu einem *„Gebot des Überwiegens des Gestaltungsinteresses"*.

Dieser Schluß findet seine Bestätigung durch den Grundsatz *in dubio pro libertate*[42], der wiederum mit der Präponderanz der Freiheit korrespondiert. Dem Grundgesetz läßt sich eine allgemeine Freiheitsvermutung zugunsten der Bürger entnehmen[43], *Masing* spricht von dem „rechtsstaatliche(n) Verteilungsprinzip: Im Zweifel für die Freiheit"[44]. Dieser Grundsatz ist erstaunlicherweise nicht unbestritten. Die Kritik beruht aber wohl auf dem Mißverständnis, dieser Grundsatz lasse keine ergebnisoffene Abwägung mehr zu. Tatsächlich stellt er lediglich eine Regel dar, um ein argumentatives Patt zu beseitigen[45]: Die „Präponderanz" der Freiheit ist nur eine relative, sie läßt sich durch hinreichend begründete Eingriffsinteressen überwinden. Der Grundsatz *in dubio pro libertate* bezeichnet somit geradezu eine rechtsstaatliche Selbstverständlichkeit[46].

b) Abweichen nach unten – Verbot des Unterliegens des Gestaltungsinteresses

Auch wenn der Gestaltungsmachtinhaber sich innerhalb des Vertragswortlauts bewegt, kann seine Gestaltungsmacht durch das Verhältnismäßigkeitsprinzip inhaltlich begrenzt sein.

---

[41] Das Verhältnismäßigkeitsgebot korreliert aber nicht generell notwendig mit dem Überwiegensprinzip. Wenn der Eingriff nicht wie im Vertragsrecht der Umverteilung, sondern – wie im Deliktsrecht – der Schadenskompensation durch den Schädiger dient, liegt die Argumentationslast zwar gleichfalls beim Kompensation Fordernden. Die maßgebende Proportion ist dann aber das Äquivalenzprinzip, das Gleichmaß von Entschädigung und Schaden. Das Eingriffsinteresse braucht hier also nicht zu überwiegen, sondern muß lediglich dem Bestandsinteresse entsprechen. Unter Berücksichtigung der Argumentationslast formuliert, folgt hier für das Eingriffsinteresse aus der geforderten Proportion kein Überwiegens-, sondern lediglich ein Äquivalenzgebot.
[42] Vgl. dazu v.a. *P. Schneider*, In dubio pro libertate, in: FS zum 100jährigen Bestehen des DJT, Bd. II, 1960, S. 263 ff.; *Denninger* in: AK-GG, Vor Art. 1 Rz. 13; *Hochhuth*, JZ 2002, 743, 745 ff.
[43] Dazu *Denninger* in: AK-GG, Vor Art. 1 Rz. 12.
[44] *Masing*, NJW 2001, 2353, 2357; hierzu auch *Bethge*, VVDStRL 57 (1998), 7, 11. Den Begriff „Verteilungsprinzip" hat *C. Schmitt*, Verfassungslehre, S. 126 unter Bezug auf die „Grundidee der bürgerlichen Freiheit" geprägt: „die Freiheitssphäre des Einzelnen wird als etwas vor dem Staat Gegebenes vorausgesetzt, und zwar ist die Freiheit des Einzelnen prinzipiell unbegrenzt, während die Befugnis des Staates zu Eingriffen in diese Sphäre prinzipiell begrenzt ist."
[45] Zu Kritik und Widerlegung ausführlich *Alexy*, Theorie der Grundrechte, S. 517 f.; *Dechsling*, Das Verhältnismäßigkeitsgebot, S. 26 ff.
[46] In diesem Sinne etwa *Hochhuth*, Relativitätstheorie, S. 187 ff., 192 ff., insb. S. 189:

Rekurriert der Gestaltungsgegner auf eine solche Begrenzung, möchte er also vom Vertragswortlaut „nach unten" abweichen, muß er die Unangemessenheit der konkreten Gestaltung darlegen, mithin das Überwiegen des eigenen bzw. das Unterliegen des gegnerischen Interesses dartun. Die vertragliche Vereinbarung hat, da prima facie selbstbestimmt zustandegekommen, die Vermutung der Angemessenheit für sich; bei einem non-liquet setzt sich der Vertragswortlaut durch, die Gestaltung ist also wirksam. Der Grundsatz in dubio pro libertate gilt hier nicht oder gar zu Lasten des Gestaltungsgegners, da der Gestaltungsgegner die fremde Gestaltungsmacht immerhin grundsätzlich konsentiert hat.

Für den Gestaltungsmachtinhaber gilt somit ein Verbot der Unverhältnismäßigkeit; es korreliert mit dem Äquivalenzprinzip, mit dem es sich hier zu einem *„Verbot des Unterliegens des Gestaltungsinteresses"* verbindet. Das ist unten noch näher darzulegen[47].

V. Einordnen des „Übermaßverbots" in der Rechtsprechung des Bundesverfassungsgerichts

Das Bundesverfassungsgericht gebraucht überwiegend negative Formulierungen: es spricht nicht vom Gebot der Verhältnismäßigkeit, sondern vom Übermaßverbot, eine Maßnahme muß nicht im Verhältnis stehen, sondern darf nicht außer Verhältnis stehen, eine Gestaltung muß nicht angemessen, sondern darf lediglich nicht unangemessen sein[48].

1. Übermaßverbot lediglich als Äquivalenzprinzip?

Die Formulierungen könnten zum einen den Schluß nahelegen, das Bundesverfassungsgericht verlange *auch im Eingriffsfall* nur die Äquivalenz von Eingriffs- und Bestandsinteresse. Dann wäre ein Eingriff bereits gerechtfertigt, wenn das Eingriffsinteresse zumindest nicht geringer wiegt als das Bestandsinteresse des Betroffenen. Die Interessen müßten also

---

Der Grundsatz in dubio pro libertate (individui) „ist eine besonders allgemeine und daher zugleich besonders subsidiäre Beweislast-Regel, wie sie die Rechtsordnung zu Tausenden stillschweigend (aber nichtsdestoweniger eindeutig) vorgibt; wie sie z.B. in jeder gesetzlichen Anordnung einer Rechtsfolge schon einfach dadurch steckt, daß, wenn das Erfülltsein des Tatbestands nicht bewiesen ist, die Rechtsfolge nicht eintritt."

[47] Beispiele zu dieser Fallgruppe unter § 4.E.I., S. 122 ff.
[48] Vgl. BVerfGE 9, 338, 345; 65, 1, 54; 80, 290, 312; 97, 271, 287; 100, 1, 40. Dazu etwa *Stern*, FS 50 Jahre Bundesverfassungsgericht, 2. Bd., S. 1, 34 m.w.N. Ausführliche Nachweise schon bei *Gentz*, NJW 1968, 1600, 1604 Fn. 36, 37.

nur gleichwertig sein, die Freiheit wäre nicht grundsätzlich vorrangig. Das „Übermaßverbot" wird tatsächlich oft in diesem Sinn verstanden[49].

Dieses Verständnis ist schon terminologisch nicht zwingend. Denn das „Verhältnis" bezeichnet keine bestimmte Proportion, sondern ist selbst inhaltsleer. Das „Übermaßverbot" meint also nur das Verbot, das – anderweitig zu bestimmende und mit Inhalt zu füllende – „rechte" Maß zu überschreiten. Das „Übermaß" ist die Einordnung und Bewertung des Abwägungsergebnisses. So verstanden, ist das Übermaßverbot mit dem Prinzip des überwiegenden Interesses durchaus in Einklang zu bringen: Wenn das Eingriffsinteresse nicht überwiegt, ist das rechte Maß nicht erreicht; der Eingriff ist dann übermäßig, nicht auf das rechte Maß beschränkt.

Tatsächlich ist die negative Fomulierung wohl Ausdruck der Berücksichtigung des gesetzgeberischen Ermessens durch das Bundesverfassungsgericht. Die Angemessenheitsprüfung soll dem Gesetzgeber einen gewissen Spielraum lassen. Das letztlich erforderliche Verhältnis zum Bestandsinteresse des Bürgers bleibt hingegen meist unklar und hinter diesen vorsichtigen Formulierungen verborgen. Der Zurückhaltung gegenüber dem Gesetzgeber ist dann nicht zu widersprechen, sollte mit ihr lediglich in Rechnung gestellt werden, daß das Verfassungsrecht keine Optimalitätskontrolle gewährleistet. Die Grundrechte sind vielmehr nur Elemente einer ausgrenzenden Ordnung[50]. Überdies bereitet die Vergleichbarkeit der kollidierenden Güter Schwierigkeiten, da die Rechtsgüter nicht „metrisierbar" sind[51]. Eine gewisse Unschärfe ist daher schon im System angelegt. Weiter ist das „rechte" Maß ohnehin nicht eindeutig bestimmbar, wenn mehrere Lösungen vertretbar erscheinen. Dann hat der Gesetzgeber – und in seinem Gefolge das von ihm autorisierte Privatrechtssubjekt – tatsächlich auch beim Eingriff in eine grundrechtlich geschützte Freiheit ein Gestaltungsermessen[52]. Diese Eigenheiten scheinen das Bundesverfassungsgericht, durchaus zu Recht, zur Zurückhaltung neigen zu lassen. Das „Übermaßverbot" bezeichnet deshalb anscheinend das Verbot des Überschreitens dieses Spielraums.

---

[49] *Gentz*, NJW 1968, 1600, 1604 ff.; *Grabitz*, AöR 98 (1973), 568, 576; *Wendt*, AöR 104 (1979), 414, 457 f.; Nachw. bei *Dechsling*, Das Verhältnismäßigkeitsgebot, S. 34 ff. und *Huster*, Rechte und Ziele, S. 113.
[50] *Huster*, Rechte und Ziele, S. 107 f.
[51] *Huster*, Rechte und Ziele, S. 111.
[52] Dazu *Lerche*, Übermaß, S. 21 f. mit Fn. 8; *Gentz*, NJW 1968, 1600, 1606; *Grabitz*, AöR 98 (1973), 568, 577; *Wendt*, AöR 104 (1979), 414, 457.

Diese Erklärung sieht sich allerdings sogleich der Frage ausgesetzt, wie sich der reklamierte Spielraum mit dem Gebot der Erforderlichkeit vereinbaren läßt: Wie gleich gezeigt wird, ist der Verhältnismäßigkeitsprüfung i.e.S. im Rahmen der Eingriffsrechtfertigung eine Erforderlichkeitsprüfung vorgeschaltet, die der Idee nach nur ein einziges – das am wenigsten belastende – Eingriffsmittel übrigläßt[53]. Der Spielraum auf der Angemessenheitsebene wäre dann mangels Auswahl beseitigt. Das mit dem „Übermaßverbot" bezeichnete Beurteilungsermessen läßt sich also für die Verhältnismäßigkeitsprüfung i.e.S. nur aufrechterhalten, wenn es auch auf die Erforderlichkeitsprüfung erstreckt wird. Genau das scheint der Fall zu sein; das Bundesverfassungsgericht nimmt soweit ersichtlich nur eine Evidenzkontrolle der Erforderlichkeit vor[54].

Diese Reserve des Bundesverfassungsgerichts mag insbesondere in Hinblick auf das Gestaltungsermessen von Privatrechtssubjekten hinnehmbar sein. Gleichwohl darf darüber nicht aus dem Blick geraten, welche Proportion im Rahmen der Eingriffsrechtfertigung stets am Ende des Abwägungsvorgangs zu stehen hat: Das Eingriffsinteresse muß ungeachtet aller Beurteilungsunschärfen letztlich überwiegen[55].

2. Übermaßverbot als Argumentationslastregel?

Sollte mit dem Begriff „Übermaßverbot" allerdings, was die Formulierung zum anderen nahelegt, eine Argumentationslast im Sinne nur eines Verbots der Unverhältnismäßigkeit gemeint sein, ist dem entgegenzutreten. Der Grundsatz in dubio pro libertate macht es unabweisbar, daß das Bundesverfassungsgericht den Eingriff in einem Zweifelsfall für verfassungswidrig erklärt.

---

[53] *Lerche*, Übermaß, S. 21. Dazu näher S. 118 bei Fn. 72.
[54] *Stern*, Staatsrecht III/2, § 84 II 3 b, S. 782. Dazu auch *Hirschberg*, Verhältnismäßigkeit, S. 62 ff., 75.
[55] Entschieden zu widersprechen ist deshalb einer Entscheidung der 1. Kammer des Ersten Senats des Bundesverfassungsgerichts, die – im Anschluß an den BGH (v. 21.2.1995, BGHZ 129, 53, 61) – einen Eingriff durch Kontrahierungszwang erst dann für unzumutbar hält, wenn das Interesse des Kontrahierungsverpflichteten das des Anbieters überwiegt (Beschl. v. 9.10.2000–1 BVR 1627/95, GRUR 2001, 266, 270 unter II 2 b aa [3] [c]). Siehe dazu die Besprechung von *Cornils*, NJW 2001, 3758, 3759, der das Genügenlassen eines Interessengleichstands zu Recht als Verletzung der negativen Vertragsabschlußfreiheit rügt.

3. Fazit

Der Begriff „Übermaßverbot" weckt zumindest mißverständliche Assoziationen. Man sollte von ihm Abstand nehmen und die geforderten Gerechtigkeitsproportionen klar benennen.

VI. Bilanz: Zur Rolle des Verhältnismäßigkeitsprinzips im Spannungsfeld von Willkürfreiheit und Gleichheitsbindung

1. Verhältnismäßigkeitsprinzip als Willkürbegrenzung und Willkürverbot

a) Vertrag als Gleichordnung der Interessen

Der Vertragswortlaut fixiert einen Interessenausgleich und schafft damit eine bestimmte Ordnung unter den Parteien[56]. Die beiderseitige Willkür hat sich bis zu einer Willenseinigung abgeschliffen und sich insoweit bis zur Erfüllung an das gemeinsame (Austausch)Programm gebunden. Die gegenseitigen Berechtigungen und Verpflichtungen befinden sich prinzipiell in einem Zustand subjektiver Äquivalenz.

Dieses Ordnungsgefüge kann, wie gesehen, durch Parteiinitiative in zwei Richtungen in Bewegung geraten. Eine Partei kann zum einen reklamieren, der eigene Bindungswille sei hinsichtlich der dem Vertragspartner eingeräumten Gestaltungsmacht im Vertragstext nur abstrakt zum Ausdruck gekommen; ein konkreter Einzelfall sei von ihm nicht mehr erfaßt. Die Partei möchte also hinter dem Vertragswortlaut zurückbleiben. Zum anderen kann eine Partei aber auch Gestaltungsmacht beanspruchen, die vom gegnerischen Bindungswillen nicht einmal mehr abstrakt umfaßt ist; die Partei möchte dann über den Vertragsinhalt hinausgehen.

Im ersten Fall verlangt die Partei also eine Fein-, im zweiten Fall eine Neujustierung der alten Ordnung. Beide Arten der Justierung können nur durch Abwägen der jeweiligen Parteiinteressen erfolgen. Sofern sich die andere Partei dazu nicht bereit findet, bedarf die abweichungswillige Partei eines von der Rechtsordnung bereitgestellten Instruments, das eine solche Abwägung veranlaßt.

b) Durchgriff auf Gerechtigkeitsmaximen

In beiden Fällen berufen sich die Parteien auf eine Gerechtigkeitsmaxime.

---

[56] Zur Ordnungsfunktion der Privatautonomie *Fastrich*, Richterliche Inhaltskontrolle, S. 53.

aa) auf die Iustitia commutativa

Reklamiert der Gestaltungsgegner einen den Vertragswortlaut zu seinen Gunsten korrigierenden Interessenausgleich, verlangt er den Durchgriff auf die iustitia commutativa.

Durchdringen kann er damit nur, wenn es ihm zu zeigen gelingt, daß seine Interessen, gemessen am Vertragsprogramm, – das mangels objektiver Kriterien allein als Gerechtigkeitsmaßstab dienen kann –, die des Gestaltungsmachtinhabers im Einzelfall ausnahmsweise überwiegen. Für den Rechtsinhaber bedeutet das umgekehrt eine relativ weite Bindung: Solange er die Reichweite der Ermächtigung des Gestaltungsgegners beachtet und er sich damit innerhalb des Vertragsprogramms bewegt, ist seine Willkürfreiheit insoweit lediglich begrenzt, bleibt aber im übrigen erhalten. Im Rahmen der vertraglichen Sphärenabgrenzung stellt die Verhältnismäßigkeit der Maßnahme also keine Voraussetzung, sondern nur eine äußere Schranke der Rechtsausübung dar.

bb) auf die Iustitia distributiva

Wer eine von der gegnerischen Ermächtigung nicht mehr umfaßte Gestaltung verlangt, rekurriert hingegen auf die iustitia distributiva.

(1) Mit dem Gestaltungsbegehren kann er deshalb nur Beachtung finden, wenn zum einen eine – staatliche – Verteilungsinstanz eine entsprechende Gestaltungsbefugnis autorisiert hat. Nur dann kann er die gegnerische Freiheit für eigene Zwecke instrumentalisieren. Liegt diese Voraussetzung vor, unterliegt der Gestaltungsgegner einer Solidarbindung: Grundsätzlich muß er die Umverteilung dulden oder sogar an ihr mitwirken, er hat zugunsten des anderen ein Opfer zu bringen. Die iustitia distributiva wird dadurch für den Gestaltungsgegner zum Solidaritätsprinzip[57]: Sie steuert hier nicht – wie im gängigen Musterfall – die Neuverteilung eines Guts unter mehreren Interessenten, sondern bewirkt seinen Transfer vom Inhaber zu einem Interessenten; der bisherige Inhaber wird demgemäß in die Pflicht genommen.

Der oben[58] beschriebene Gesetzesvorbehalt in Gestalt der Wesentlichkeitslehre erweist sich damit auch als Folge der Rechtsidee: Sofern von den Beteiligten nicht im Konsens selbst vorgenommen, darf eine Güterverteilung nur durch oder aufgrund staatlicher Zuordnung erfolgen. Allein der Staat als über den Vertragsparteien stehende Verteilungs-

---

[57] Zum Solidaritätsprinzip *H. Hanau*, Individualautonomie, S. 108 m.w.N.
[58] § 3.D.II.2.a), S. 84 ff.

instanz darf eine Neujustierung ihres Verhältnisses bewirken, indem er ihnen den Interessenausgleich nicht mehr auf einer Gleichordnungsebene überläßt, sondern die Interessen des Gestaltungsmachtinhabers denen des Gestaltungsgegners für den Einzelfall prinzipiell überordnet[59]. Der Gesetzgeber konstituiert auf diese Weise für den Gestaltungsgegner eine Freiheitsschranke und schafft zwischen den Parteien prinzipiell eine neue Ordnung.

Nur ausnahmsweise kann sich die Umverteilungskompetenz schon aus dem Kontext einer bereits bestehenden vertraglichen Beziehung ergeben und eine Unterordnung der eigenen Interessen über die eigene Selbstbindung hinaus legitimieren[60].

(2) Der Gestaltungsgegner ist damit zwar grundsätzlich in die staatlich oktroyierte Ordnung eingebunden. Ihm kommt nun aber die Schutzwirkung der iustitia protectiva als Schranken-Schranke zur Hilfe: Durchbrechen kann der Gestaltungsmachtinhaber den gegnerischen Willen letztlich nur, wenn sein Interesse das des Gestaltungsgegners überwiegt. Er unterliegt somit einem Willkürverbot. Seine Willkürfreiheit ist dann nicht nur beschränkt, sondern vollständig beseitigt: die Verhältnismäßigkeit der Gestaltung ist nicht nur – wie beim Rekurs auf die iustitia commutativa – Schranke, sondern Voraussetzung seines Handelns. Die iustitia protectiva bewirkt also als Unterfall der iustitia distributiva gegenüber dem rigiden staatlichen Ordnungskonzept einen gewissen Ausgleich, indem sie wiederum für eine Feinjustierung der neuen Ordnung sorgt: Als Schutzprinzip verlangt sie über die prinzipielle Überordnung des Eingriffsinteresses hinaus, daß es auch im konkreten Eingriffsfall das Bestandsinteresse materiell überwiegt.

c) Argumentationslast

Führt die Abwägung zu keinem eindeutigen Ergebnis, ist für die Angemessenheit der erstrebten Ordnung – schon nach allgemeinen Regeln – jeweils derjenige darlegungspflichtig, der sie anstrebt und sich von ihr einen Vorteil verspricht; für den Gestaltungsmachtinhaber gilt also bei der Ermittlung der Grenzen des vertraglichen Interessenausgleichs das Ver-

---

[59] Dazu schon oben in Fn. 22. Zum Vorbehalt des Gesetzgebers festzulegen, inwieweit dabei sozialen Gesichtspunkten Rechnung zu tragen ist, *Pawlowski*, JZ 2002, 627, 632.

[60] Dazu bereits oben unter § 3.D.II.2.a)bb), S. 88 mit Verweis auf unten folgende Beispiele.

bot der Unverhältnismäßigkeit, bei der Eingriffsrechtfertigung hingegen das Gebot der Verhältnismäßigkeit.

2. Mißachtung des Verhältnismäßigkeitsprinzips als Gleichheitsverletzung

a) Gleichheitssatz als Willkürverbot

Auch der allgemeine Gleichheitssatz enthält ein Willkürverbot. Ihm wohnt ein allgemeines Gerechtigkeitsgebot inne[61]. Gerechtigkeit zielt, wie oben gezeigt, immer auf bestimmte Proportionen unter den Beteiligten. Sie mißt deren Interessen – je nach einschlägiger Maxime in unterschiedlicher Weise – an einem Maßstab und weist ihnen entsprechend die streitigen Ressourcen zu. „Das Postulat der Verhältnismäßigkeit [...] erweist sich als unmittelbarer Ausdruck des Gleichheitsgrundsatzes, ja der notwendigen Bestimmung jeder *Norm*, allgemein zu gelten"[62]. Gerechtigkeit bedeutet also Gleichheit[63], präziser: „verhältnismäßige" Gleichheit.

Zwischen Verhältnismäßigkeitsprinzip und Gleichheitssatz besteht mithin eine strukturelle Verwandtschaft[64]: Die Verhältnismäßigkeit ist, wie oben gesehen, eine Gerechtigkeitsmaxime zur Begrenzung bzw. Rechtfertigung des Zugriffs auf eine fremde Freiheitssphäre. Indem sie die beteiligten Interessen „ins Verhältnis setzt" und dadurch die Gestaltungsmacht an ein Ordnungsschema bindet, bewirkt sie unter den Parteien eine Gleichheitsbindung.

---

[61] *P. Kirchhof*, in: HStR V, § 124 Rn. 250 m.w.N.
[62] *Wieacker*, FS Fischer, S. 867, 877 [Hervorhebung im Original]. Dieser Ursprung findet übrigens seinen Niederschlag in der sog. „Willkür"-Rechtsprechung des Bundesverfassungsgerichts, das gravierende Verstöße bei der richterlichen Gesetzesanwendung als Verletzung von Art. 3 Abs. 1 GG ansieht.
[63] *Aristoteles*, Nikomachische Ethik, Buch V.6., S. 1131 a.
[64] *P. Kirchhof*, HStR V, § 124 Rn. 250: „Als elementares Gerechtigkeitspostulat nimmt das Willkürverbot die Kriterien von Gleichmaß und Übermaß in sich auf; der Gleichheitssatz und das Verhältnismäßigkeitsprinzip, traditionell unterschiedliche Maßstäbe der gleichstellenden und der mäßigenden Gerechtigkeit (Lerche, S. 30), gewinnen einen gemeinsamen Geltungsgrund und infolgedessen auch einen zusammengehörigen Inhalt." Dazu auch *Larenz*, Richtiges Recht, S. 124 ff.; *Wieacker*, FS Fischer, S. 867, 877.

b) Verstoß gegen Verhältnismäßigkeitsprinzip als Verletzung des Gleichheitssatzes

Das Verhältnismäßigkeitsprinzip ist aber mit dem Gleichheitssatz nicht nur verwandt, sondern sogar Teil von ihm[65], es geht letztlich in ihm auf. Jeder Verstoß gegen das Verhältnismäßigkeitsprinzip ist zugleich eine Verletzung des Gleichheitssatzes.

Diese Feststellung ist allerdings nicht unbestritten. *Lerche*[66] und *P. Kirchhof*[67] halten dem entgegen, der Gleichheitssatz führe nur zur Forderung nach verhältnismäßiger Gleichbehandlung in horizontalen Konstellationen, während sich das Verhältnismäßigkeitsprinzip auf eine Zweck/Mittel-Abwägung in vertikalen Beziehungen erstrecke. *Lerche* illustriert diesen Unterschied durch das viel zitierte Beispiel, ein Robinson Crusoe könnte – ohne Freitag – durch eine gedachte Staatsgewalt weder gleich noch ungleich behandelt werden, wohl aber unverhältnismäßig[68]. Das Beispiel ist jedoch ebenso griffig wie vordergründig. Ein Eingriff der Staatsgewalt setzt, soll er nicht vollständig willkürlich oder selbstzweckhaft sein, immer an einem Interessenkonflikt an. Meist dient er, im engeren oder weiteren Sinn, der Umverteilung – von Ressourcen, Chancen etc. Ein Eingriff hat also, auch wenn er unmittelbar nur eine Person betreffen mag, a priori eine kollektive Dimension. Das gilt auch, wenn unmittelbarer Nutznießer der Staat und nicht ein Mitbürger ist. Der Staat ist nach modernem Verständnis immer nur Sachwalter, Treuhänder für das Gemeinwohl. Das Ergebnis eines Eingriffs ist deshalb materiell immer für die Gemeinschaft oder bestimmte Teile von ihr bestimmt. Der Staat ist „Dienstleister" für kollektive Interessen, auf und durch diese Rolle aber auch begrenzt.

Da Robinson im Beispiel ja mangels Konterpart zu niemandes Schaden oder Nutzen sein kann[69], ist ein sinnhafter Eingriff der „gedachten Staatsgewalt" gar nicht denkbar. Und weiter: Mit welchem Eingriffsinteresse sollte denn das Bestandsinteresse des Robinson im Rahmen der

---

[65] *Wieacker*, FS Fischer, S. 867, 877 Fn. 18 stellte noch im Jahr 1979 fest, „die Zuordnung des Verhältnismäßigkeitsprinzips zum Gleichheitsgebot wurde bis vor kurzem auch im heutigen Schrifttum und der Judikatur vor allem des BVerwG (vgl. statt aller E 5, S. 50 u.ö.) hervorgehoben."
[66] Übermaß, S. 30.
[67] In: HStR V, § 124 Rn. 163 f..
[68] Übermaß, S. 30 Fn. 6. Das Beispiel wird auch von *P. Kirchhof*, in: HStR V, § 124 Rn. 163 angeführt.
[69] Vgl. dazu das oben (§ 3 Fn. 7) schon erwähnte Zitat von *Stern*, demzufolge ein Interessenausgleich die Überwindung des Robinson-Status voraussetzt.

Verhältnismäßigkeitsprüfung abgewogen werden, welchem Gemeinwohlzweck sollte der einsame Robinson verpflichtet sein, daß ihm ein Eingriff zugemutet werden könnte? Die Unterscheidung zwischen horizontaler und vertikaler Perspektive ist mithin so zu schlicht: Wie eben gezeigt, hat der „vertikale" Eingriff eine horizontale Dimension; außerdem ist die Anwendung des Verhältnismäßigkeitsprinzips gar nicht auf Eingriffssituationen beschränkt, sondern erstreckt sich, wie oben gezeigt, gleichermaßen auf Interessenkonflikte in der horizontalen Ebene[70]. Und die „horizontale" Gleichbehandlung bedarf vice versa einer vertikalen Instanz, die das tertium comparationis bestimmt und die Verteilung vornimmt. Gleichheits- wie Verhältnismäßigkeitsprüfung spielen sich also immer in einer Dreieckskonstellation ab: An der Spitze steht der Staat, der zwischen Bürgern verteilt bzw. einen gleichgeordneten Güteraustausch durch die Bürger selbst gewährleistet. Er ist die zentrale Verteilungsinstanz: Er gibt die Maßstäbe vor und setzt sie durch, unmittelbar durch eigenes Handeln oder durch rechtliche Steuerung rsp. Flankierung des Handelns der Bürger.

C. Der Grundsatz der Erforderlichkeit

I. Immanente Begrenzung des Eingriffsinteresses

Die Verhältnismäßigkeit i.e.S. setzt an der externen Beschränkung der Gestaltungsmacht durch das entgegenstehende Freiheitsrecht des Gestaltungsgegners an. Der Grundsatz der Erforderlichkeit hingegen erlegt dem Gestaltungsmachtinhaber eine immanente Begrenzung auf: Auch hier werden die beteiligten Interessen zueinander in Beziehung gesetzt. Die Maßnahme darf jedoch, ohne daß es auf eine Abwägung mit den gegnerischen Interessen im Sinne einer Interessengewichtung ankommt, bereits aus sich heraus den anderen nicht weiter beeinträchtigen, als es ihr Zweck erfordert. Im Unterschied zum Verhältnismäßigkeitsprinzip i.e.S. gibt der Grundsatz also selbst die Kriterien an, nach denen der Fall zu beurteilen ist[71]. Der Grundsatz der Erforderlichkeit beseitigt die Will-

---

[70] Die horizontale Dimension der Verhältnismäßigkeit hat im übrigen längst ihren Niederschlag in der Diskussion der sog. Angemessenheits-Verhältnismäßigkeit gefunden, die sich von der Eingriffsperspektive gelöst hat. Dazu bereits S. 97 bei Fn. 12 und S. 114.
[71] *Hirschberg*, Verhältnismäßigkeit, S. 149.

kürfreiheit des Gestaltungsmachtinhabers und engt die Mittelauswahl erheblich ein.

Die Bindung der Gestaltungsmacht an einen Zweck ist zwar notwendig, aber nicht hinreichend für die Einschlägigkeit des Erforderlichkeitsgrundsatzes. Die Zweckbindung läßt, je nach Anwendungsfeld, noch Wahlmöglichkeiten zwischen mehr oder minder belastenden Maßnahmen. Der Zweck ist nur Schranke, kann also kein Willkürverbot, sondern lediglich eine Willkürbeschränkung begründen. Der Erforderlichkeitsgrundsatz kommt hingegen nur zur Anwendung, wenn die Schutzwürdigkeit des Gegeninteresses dessen geringstmögliche Beeinträchtigung gebietet. Das ist nur bei einem Eingriff der Fall: Da der Gestaltungsgegner insoweit nicht über seine Sphäre disponiert hat, bedarf sein geschütztes Gegeninteresse, wenn er es schon preisgeben muß, jedenfalls weitestgehender Schonung. Selbst wenn der Gestaltungsmachtinhaber die Interessen des anderen Teils bereits bei seiner Zwecksetzung berücksichtigt haben sollte – was etwa im Gesellschaftsrecht bei Maßnahmen im Gesellschaftsinteresse der Fall sein mag –, darf er, wenn verschiedene Mittel zur Zweckverwirklichung zur Auswahl stehen, nur das mildeste Mittel verwenden.

Allein die Verhältnismäßigkeit i.e.S. kann dazu zwingen, von der Zweckverfolgung ganz abzusehen, wenn nämlich selbst das mildeste Mittel noch ein zu hohes Opfer verlangt. Der Grundsatz der Erforderlichkeit bleibt hingegen im Bereich der Mittelauswahl, ein zulässiges Mittel bleibt dem Handelnden nach diesem Grundsatz immer[72].

II. Erforderlichkeit setzt Eignung voraus

Die Zweckbindung zieht wiederum das Erfordernis der Eignung des Mittels nach sich. Fehlt es bereits an der Eignung, kann der Zweck nicht realisiert werden. Die Frage nach der Erforderlichkeit stellt sich dann gar nicht mehr: Was schon nicht geeignet ist, kann erst recht nicht erforderlich sein. Der Grundsatz der Geeignetheit ist also Bestandteil des Grundsatzes der Erforderlichkeit[73].

---

[72] *Hirschberg*, Verhältnismäßigkeit, S. 148
[73] *Lerche*, Übermaß, S. 346 mit Fn. 101; *Hirschberg*, Verhältnismäßigkeit, S. 59 ff.

III. Gebot der Iustitia protectiva

Der Grundsatz der Erforderlichkeit ist ein Gebot der iustitia protectiva[74]. Als Bestandteil des Schutzprinzips dient er im vertikalen Verhältnis der Machtbegrenzung. Da er auf einen Eingriff gemünzt ist, gilt auch hier die oben für Fälle der Freiheitsverkürzung entwickelte Argumentationslast: Der Eingreifende muß die Erforderlichkeit seiner Gestaltung darlegen, für ihn gilt also ein *„Gebot der Erforderlichkeit"*.

D. Die Beziehung des Grundsatzes der Verhältnismäßigkeit i.e.S. zum Grundsatz der Erforderlichkeit

Hinsichtlich der Beziehung der Verhältnismäßigkeit i.e.S. zum Erforderlichkeitsgrundsatz ist auf seiten der Verhältnismäßigkeit i.e.S. zu unterscheiden zwischen dem Prinzip des überwiegenden Interesses und dem Äquivalenzprinzip.

I. Zusammenhang zwischen Prinzip des überwiegenden Interesses und Grundsatz der Erforderlichkeit

1. „Natürliche" Affinität

Zwischen dem Prinzip des überwiegenden Interesses und dem Grundsatz der Erforderlichkeit besteht eine geradezu „natürliche" Affinität. Beide setzen einen Eingriff voraus[75], beide beseitigen die Willkürfreiheit[76] und beschränken sie nicht nur, beide wurzeln in der iustitia protectiva[77]. Sie gewährleisten in ihrer Kombination den weitestgehenden Schutz vor fremder Gestaltungsmacht.

2. Erforderlichkeitsprüfung ohne anschließende Prüfung der Verhältnismäßigkeit i.e.S.?

Eine isolierte Erforderlichkeitsprüfung ohne anschließende Angemessenheitsprüfung ist nur vorstellbar, wenn das Eingriffsziel bereits als prinzipiell vorrangig feststeht. Die Präponderanz der Freiheit wäre dann

---

[74] Vgl. *Coing*, Rechtsphilosophie, 4. Aufl., S. 221 f.
[75] Dazu oben § 4.B.III.2., S. 105.
[76] Dazu oben nach Fn. 60.
[77] Dazu oben bei Fn. 28.

beseitigt[78]. Von Verfassungs wegen besteht kein solches Rangverhältnis, die Verfassung gibt das Ergebnis einer Rechtsgüterkollision gerade nicht vor, sondern versieht im Gegenteil die geschützte Freiheit mit einem Schwellengewicht. Eine solche Rangfolge käme also allenfalls aufgrund einer gesetzgeberischen Festlegung in Betracht, – die allerdings die Grundrechtsprüfung nicht präjudizieren könnte[79]. Jedenfalls für die Frage nach den Schranken privater Gestaltungsmacht ist diese Konstellation somit irrelevant.

Der gegenteiligen, namentlich von *Schlink*[80] vertretenen Position, kann deshalb nicht gefolgt werden. Sein Einwand, das bei der Prüfung der Verhältnismäßigkeit i.e.S. vorzunehmende Gewichten und Abwägen entbehre der rationalen und verbindlichen Maßstäbe[81], kann kein Grund sein, das gesamte Institut aufzugeben, sondern im Gegenteil nur Ansporn, solche Maßstäbe – wie es auch in dieser Untersuchung versucht wird – zu entwickeln. *Hirschberg* weist im übrigen darauf hin, daß *Schlink* seinem Ansatz auch nicht treu bleibe und das Abwägungserfordernis bei ihm wieder durchbreche[82], und hält ihm deshalb die „drohen-

---

[78] Dazu *Huster*, Rechte und Ziele, S. 112 f. m.w.N.
[79] Aber selbst beim Notwehrtatbestand, der einem in diesem Zusammenhang in den Sinn kommt, wird in Gestalt der „Gebotenheit" eine Proportionalitätsprüfung nachgeschaltet; dazu Tröndle/*Fischer*, StGB, 50. Aufl. 2001, § 32 Rn. 12, der ausdrücklich darauf hinweist, daß hier das Merkmal der Gebotenheit von dem der Erforderlichkeit unterschieden werden muß.
[80] *Schlink*, Abwägung im Verfassungsrecht, 1976, etwa S. 152 f.
[81] *Pieroth/Schlink*, Grundrechte, Rn. 293. Siehe auch *Schlink*, FS 50 Jahre Bundesverfassungsgericht, 2. Bd., S. 445, 458 ff., wenngleich er seine Kritik nunmehr vor allem auf die Bindung des Gesetzgebers an die Verhältnismäßigkeit i.e.S. beschränkt. Die Kontrolle von Verwaltung und Rechtsprechung anhand dieses Maßstabs sei zwar letztlich auch subjektiv und dezisionistisch, aber letztlich „kein Problem", da hierdurch „Common Sense, glückliche(r) Intuition und Sensibilität für gesellschaftliche und politische Zustimmung und Ablehnung" in Verwaltung und Rechtsprechung mobilisiert werde.
[82] *Hirschberg*, Verhältnismäßigkeit, S. 174 f. anhand des von *Schlink* herangezogenen strafprozessualen Beispiels, daß ein Mittel, das der Staat zur Ermittlung der Täterschaft einsetze, dann nicht erforderlich sei, wenn das Leid, das dem vermeintlichen Täter mit seinem Einsatz zugefügt werde, größer sei als die denkbare strafrechtliche Sanktion. *Hirschberg* zeigt, daß sich *Schlink* damit vom bisherigen Verständnis des Grundsatzes der Erforderlichkeit löst, der ja definitionsgemäß immer ein geeignetes Mittel offenhält. Die Unzulässigkeit des Eingriffs ergibt sich somit für *Schlink* nicht bereits daraus, daß das Ziel mit einer geringeren Belastung hätte gleichermaßen erreicht werden können, sondern erst dadurch, daß er die Schwere des Eingriffs in Relation zum angestrebten Zweck setzt, also zwischen ihnen eine Abwägung vornimmt – wie es sonst erst auf der Stufe der Prüfung der Verhältnismäßigkeit i.e.S. geschieht.

de [...] Scheinrationalität einer Anwendung des Grundsatzes der Erforderlichkeit" vor[83].

II. Unverträglichkeit von Äquivalenzprinzip und Grundsatz der Erforderlichkeit hinsichtlich der Schranken der Gestaltungsmacht

Das Äquivalenzprinzip ist hingegen für unseren Zusammenhang[84] mit dem Grundsatz der Erforderlichkeit unverträglich. Bezogen auf die Schranken privatautonomer Gestaltungsmacht bleibt die Willkürfreiheit des Gestaltungsmachtinhabers im Rahmen des Äquivalenzprinzips grundsätzlich erhalten, sie ist lediglich durch die Grenzen der gegnerischen Ermächtigung beschränkt. Die Schutzbedürftigkeit des Gestaltungsgegners ist keine unbedingte, da er die Gestaltungsmacht zumindest grundsätzlich mitbegründet hat. Dort geht es nicht um Eingriffsrechtfertigung. Damit ist keine der Anwendungsvoraussetzungen des Grundsatzes der Erforderlichkeit erfüllt.

III. Fazit

Die Verhältnismäßigkeit i.e.S. muß also nicht notwendig zusammen mit dem Grundsatz der Erforderlichkeit auftreten, sondern hat sich partiell verselbständigt[85]. Bei der Eingriffsrechtfertigung bleiben die Maximen aber inhaltlich fest verbunden.

E. Resultat: Zur Feststellung von Grenzen und Schranken – Die beiden zu unterscheidenden Verhältnismäßigkeiten i.w.S.

Zusammenfassend läßt sich also festhalten, daß das Verhältnismäßigkeitsprinzip i.w.S. im Rahmen der Angemessenheitskontrolle privater Gestaltungsmacht in zwei zu unterscheidenden Versionen auftritt: Es umfaßt zum einen das Verbot des Unterliegens des Gestaltungsinteres-

---

[83] *Hirschberg*, Verhältnismäßigkeit, S. 175.
[84] Ist das Äquivalenzprinzip allerdings, anders als hinsichtlich heteronomer Gestaltungsmacht, die einschlägige Gerechtigkeitsmaxime für die Rechtfertigung eines Eingriffs (dazu oben Fn. 41), schließt es die Anwendbarkeit des Grundsatzes der Erforderlichkeit nicht aus.
[85] Zur Emanzipation des Verhältnismäßigkeitsprinzip i.e.S. vom Grundsatz der Erforderlichkeit *Hirschberg*, Verhältnismäßigkeit, S. 47.

ses, – das sich, wie oben gezeigt[86], aus der Kombination von Äquivalenzprinzip (Gerechtigkeitsmaxime) und Verbot der Unverhältnismäßigkeit (Argumentationslastregel) ergibt –, und zum anderen das Gebot des Überwiegens des Gestaltungsinteresses[87], – der Verknüpfung von Prinzip des überwiegenden Interesses und Gebot der Verhältnismäßigkeit –, in Verbindung mit dem Gebot der Erforderlichkeit[88].

I. Das Verbot des Unterliegens des Gestaltungsinteresses

1. Inhalt

Das Verbot des Unterliegens des Gestaltungsinteresses markiert die Schranke privatautomer Gestaltungsmacht im Falle einer normativ beschränkten oder einer abstrakten Ermächtigung, einer Regelungsunterwerfung durch den Gestaltungsgegner. Der Gestaltungsgegner hat zwar dem Gestaltungsmachtinhaber seine Sphäre prinzipiell geöffnet. Fraglich ist aber, ob die Disposition auch die konkrete Rechtsausübung umfaßt. Durch eine Güterabwägung am Maßstab der im übrigen Vertragswerk zum Ausdruck kommenden subjektiven Äquivalenz (dazu sogleich ein Beispiel unter 2 a) bzw. des Schutzzwecks der normativen Dispositionsbeschränkung (dazu sogleich Beispiele unter 2 b u. c) lassen sich die Grenzen der Ermächtigung ermitteln. Unverhältnismäßig ist die Gestaltung nur dann, wenn das Interesse des Gestaltungsgegners, an diesem Maßstab gemessen, das des Gestaltungmachtinhabers überwiegt. Anders formuliert: Das Gestaltungsinteresse darf nicht unterliegen. Der Gestaltungsgegner trägt die Argumentationslast; es ist an ihm, die Überschreitung der dem anderen gesetzten Schranke darzulegen.

2. Beispiele

In Fällen des Rechtsmißbrauchs liegt die Einschlägigkeit des Verbots des Unterliegens des Gestaltungsinteresses geradezu auf der Hand: Wie schon die Bezeichnung dieser Fallgruppe deutlich macht, wird hier die Gestaltung für Zwecke eingesetzt, die nicht mehr durch die vertragliche Ermächtigung gedeckt sind. Mangels Schutzwürdigkeit muß das Gestaltungsinteresse also bei der Abwägung unterliegen. Aber auch bei weniger offensichtlichen Konstellationen findet das Verbot ein weites Anwendungsfeld. Zur weiteren Veranschaulichung seien die Grundsätze

---

[86] Unter § 4.B.IV.2.b), S. 108.
[87] Oben unter § 4.B.IV.2.a), S. 107.
[88] Eben unter § 4 D.I., S. 119 f.

am Beispiel[89] der Inhaltskontrolle allgemeiner Geschäftsbedingungen und der Inhaltskontrolle von Klauseln in Wohnraummietverträgen sowie der Schranken des arbeitgeberseitigen Leistungsbestimmungsrechts demonstriert.

a) Inhaltskontrolle von allgemeinen Geschäftsbedingungen

Der Verwender allgemeiner Geschäftsbedingungen hat, da der Kunde sich seiner Gestaltungsmacht nur begrenzt unterworfen hat[90], die Grenzen der ihm erteilten Ermächtigung zu beachten. Der Gestaltungsmachtinhaber unterliegt somit, wie oben gezeigt[91], im Falle einer Regelungsunterwerfung einer Bindung an das Gebot von Treu und Glauben als Regulativ zur im Vertrag nur unvollständig ausgeglichenen Antinomie der Interessen der Vertragsparteien. Dieser die privatautonome Gestaltungsmacht beschränkende Grundsatz hat demgemäß auch in der Generalklausel der gesetzlichen Regelung zur Kontrolle allgemeiner Geschäftsbedingungen seinen Niederschlag gefunden (§ 307 Abs. 1 Satz 1 BGB). Der Kunde wird deshalb mit der Einrede gehört, eine Klausel sei unzumutbar, weil sie Sekundärpflichten des Verwenders in einer Weise beschneide, daß im Falle des „pathologischen", gestörten Leistungsaustauschs die subjektive Äquivalenz im Austauschverhältnis nicht mehr gewährleistet sei[92]. Da er den Verwender immerhin zu einer Gestaltung ermächtigt hat, obliegt es allerdings dem Kunden, die Unangemessenheit der Klausel zu belegen. Dem entspricht die gesetzliche Regelung, die nicht etwa dem Verwender den Nachweis der Angemessenheit seiner Klauseln auferlegt, sondern in § 307 Abs. 2 Nr. 2 BGB n.F. im Gegenteil eine unangemessene Benachteiligung „im Zweifel" erst annimmt, wenn die Bestimmung „wesentliche Rechte oder Pflichten, die sich aus der Natur des Vertrages ergeben, so einschränkt, daß die Erreichung des Ver-

---

[89] Sofern man ihr entgegen der hier vertretenen Ansicht folgt, wäre an dieser Stelle auch die oben [§ 3.D.I.2.b)bb)], S. 74] angesprochene Fallgruppe der gestörten Vertragsparität zu behandeln. Nach der Konzeption des Bundesverfassungsgerichts wäre zu fragen, ob der Vertrag „für eine Seite ungewöhnlich belastend und als Interessenausgleich offensichtlich unangemessen" ist. Insofern dem in dieser Arbeit entwickelten System durchaus konform, trüge hiernach also der durch die Vertragsgestaltung „Belastete" die Argumentationslast für ihre Unangemessenheit, der ja der vertraglichen Regelung zugestimmt und sich damit im Grundsatz – wenn auch nach Ansicht des Bundesverfassungsgerichts aufgrund seiner „Imparität" nur defizitär – grundsätzlich selbst gebunden hat.
[90] Dazu oben § 3.D.II.1.b), S. 81.
[91] § 3.D.II.1.a)bb)(1), S. 79.
[92] Dazu schon oben bei § 3 Fn. 198.

tragszwecks gefährdet ist"[93]. Das Gesetz hilft dann zwar dem Kunden mit einer Vermutung der Unangemessenheit, für deren Voraussetzungen dieser aber voll beweispflichtig bleibt.

Mit dem Abstellen auf die Realisierbarkeit des Vertragszwecks sind regelmäßig zugleich etwaige durch die vorformulierten Vertragsbedingungen abbedungene gesetzliche Regelungen in Bezug genommen, da gerade sie typischerweise die subjektive Äquivalenz der Hauptleistungspflichten gewährleisten sollen. Jedenfalls lassen sich weite Teile des (in alter Nomenklatur) Leistungsstörungs- und Gewährleistungsrechts so verstehen[94]. Damit ist eine unangemessene Benachteiligung insbesondere dann indiziert, wenn das Klauselwerk „mit wesentlichen Grundgedanken der gesetzlichen Regelung, von der abgewichen wird, nicht zu vereinbaren ist" (§ 307 Abs. 2 Nr. 1 BGB)[95].

Das gesetzliche Konzept entspricht also den Anforderungen, die von Verfassungs wegen an die Kontrolle allgemeiner Geschäftsbedingungen zu richten sind. In diesen Grundzügen steht es somit nicht (mehr) zur Disposition des Gesetzgebers.

b) Inhaltskontrolle von Klauseln in Mietverträgen über Wohnraum

Die Wohnungsmiete hat einen „existenziell zentrale[n] Bezug zu Leben und Persönlichkeit des Betroffenen"[96]. „Die Wohnung ist für jedermann Mittelpunkt seiner privaten Existenz. Der Einzelne ist auf ihren Gebrauch zur Befriedigung elementarer Lebensbedürfnisse sowie zur Freiheitssicherung und Entfaltung seiner Persönlichkeit angewiesen"[97]. Das Interesse des Mieters, vor Vertragsklauseln verschont zu bleiben, die ihn an der Persönlichkeitsentfaltung im „Mittelpunkt der menschlichen Exi-

---

[93] Siehe hierzu nur Staudinger-*Coester*, Neubearb. 1998, § 9 AGBG Rn. 77, 167.
[94] *Canaris*, AcP 200 (2000), 273, 285 zufolge stellt das dispositive Vertragsrecht „in weitem Umfang nichts anderes dar als die gesetzliche Typisierung des mutmaßlichen Willens redlicher und vernünftiger Parteien". *Oechsler*, Gerechtigkeit, S. 291 ff. stellt demgegenüber „zur Vermeidung von Mißverständnissen" nicht auf den Parteiwillen ab, auf den es für die Geltung des dispositiven Rechts ja gerade nicht ankomme, sondern rekurriert auf den Schutz des Gläubigervertrauens durch das dispositive Recht; ähnlich *Graf*, Vertrag und Vernunft, S. 334 ff., der durch das dispositive Recht die Erwartungen typischer Vertragsparteien geschützt sieht.
[95] Zur Indizwirkung des § 307 Abs. 2 Nr. 1 BGB auch *Canaris*, FS Ulmer, S. 1073, 1078.
[96] *Zöllner*, JuS 1988, 329, 333. Ähnlich *Fastrich*, Richterliche Inhaltskontrolle, S. 116 m.w.N.
[97] BVerfG v. 26.5.1993, E 89, 1, 6.

stenz"⁹⁸ hindern, ist deshalb in besonderer Weise verfassungsrechtlich geschützt. Es geht hier somit nicht um eine, in der Formulierung *Paschkes*, „sozialstaatliche Privilegierung des Vertragsinteresses Wohnen zur Miete"⁹⁹, – ein Prädikat, mit dem sich insbesondere die gesetzlichen Regelungen über Kündigungsschutz und Miethöhe charakterisieren lassen, die keinen Bezug zur konkreten Schutzbedürftigkeit des Mieters aufweisen¹⁰⁰ – , sondern um den Schutz elementarer Lebensäußerungen, die sich notwendig nur oder vor allem in der eigenen Wohnung verwirklichen lassen. Dieser Schutz geht über die eben skizzierte Kontrolle allgemeiner Geschäftsbedingungen, die sich ja auch auf Formularmietverträge erstreckt, hinaus und erfaßt zudem individuell vereinbarte Vertragsklauseln¹⁰¹. Er weist ein paternalistisches Element auf und relativiert die Bindungswirkung der vertraglichen Ermächtigung¹⁰²: Je stärker eine Vertragsklausel den Persönlichkeitskern des Mieters berührt, desto weniger ist sie einer den Mieter verpflichtenden Regelung zugänglich. Insoweit kann sich der Mieter deshalb auf die Unzumutbarkeit einer Vertragsabrede berufen. Da er den Vermieter zur Gestaltung ermächtigt hat, trägt der Mieter die Argumentationslast für ihre Unangemessenheit.

Unzulässig ist hiernach etwa eine Zölibatsklausel¹⁰³, das Verbot der Aufnahme des Ehegatten – sofern die räumlichen Verhältnisse dem nicht offensichtlich entgegenstehen –¹⁰⁴, das Verbot nächtlichen Damen- oder Herrenbesuchs¹⁰⁵ sowie die Verpflichtung zur Kinderlosigkeit im Mietvertrag¹⁰⁶. Weiter muß der Vermieter die mit Kindern einhergehenden Beeinträchtigungen hinnehmen, also insbesondere altersbedingten Lärm¹⁰⁷. Das Spielen eines Musikinstruments darf, wenn es Zimmerlautstärke nicht überschreitet, gar nicht¹⁰⁸ und bei größerer Geräuschentwicklung, solange es nicht beruflich betrieben und die übliche Ruhezeit eingehalten wird, auch nur bei triftigen Gründen des Vermieters, wie etwa krankheitsbedingter besonderer Geräuschempfindlichkeit, untersagt werden.

---

⁹⁸ BVerfG v. 1.7.1964, E 18, 121, 131 f.
⁹⁹ *Paschke*, Dauerschuldverhältnis, S. 159.
¹⁰⁰ Hierzu insbesondere *v. Stebut*, Der soziale Schutz, S. 153 ff.; *Honsell*, AcP 186 (1986), 115, 133 ff., 166 ff.
¹⁰¹ So auch *Zöllner*, AcP 196 (1996), 1, 34.
¹⁰² Dazu schon oben bei § 3 Fn. 166.
¹⁰³ *Sternel*, Mietrecht, Teil I Rn. 292; *Köhler/Kossmann*, Handbuch, § 55 Rn. 1, jeweils m.w.N.
¹⁰⁴ *Köhler/Kossmann*, Handbuch, § 55 Rn. 1 ff.
¹⁰⁵ *Sternel*, Mietrecht, Teil I Rn. 292 m.w.N.
¹⁰⁶ *Sternel*, Mietrecht, Teil I Rn. 292; *Köhler/Kossmann*, Handbuch, § 61 Rn. 1; MünchKomm-*Mayer-Maly*, § 138 Rn. 81.
¹⁰⁷ *Köhler/Kossmann*, Handbuch, § 60 Rn. 3, § 61 Rn. 1 m.w.N.
¹⁰⁸ So im Ergebnis auch *Gramlich*, NJW 1985, 2131 f.

c) Leistungsbestimmungsrecht des Arbeitgebers

Das Leistungsbestimmungsrecht des Arbeitgebers im Arbeitsverhältnis wird allgemein an § 315 BGB gemessen[109]. Nach h.M. liegt bei § 315 BGB die „Beweislast", besser Argumentationslast, für die Billigkeit der getroffenen Bestimmung bei demjenigen, der das Leistungsbestimmungsrecht in Anspruch nimmt[110]. Für das Arbeitsrecht ist dieser Grundsatz allerdings zu pauschal. Es muß vielmehr nach Umfang und Gegenstand des Leistungsbestimmungsrechts differenziert werden.

aa) Weisungsrecht – Konkretisierung der vertraglich abstrakt umrissenen Arbeitspflicht

Wenn sich das Leistungsbestimmungsrecht als Weisungsrecht auf die Konkretisierung der im Arbeitsvertrag notwendig nur abstrakt umrissenen Arbeitspflicht – beispielsweise zur Reihenfolge der zu erledigenden Arbeit[111] – bezieht, unterliegt der Arbeitgeber lediglich dem Verbot des Unterliegens seines Gestaltungsinteresses. Er muß also weder notwendig die den Arbeitnehmer geringstmöglich belastende Gestaltung wählen, noch muß sein Gestaltungsinteresse im Einzelfall entgegenstehende Interessen des Arbeitnehmers überwiegen. Die Argumentationslast für das Überschreiten der vertraglich gesetzten Ausübungsschranke liegt beim Arbeitnehmer, der sich ja grundsätzlich dem Direktionsrecht unterworfen hat. Er muß darlegen, daß ihm die konkrete Weisung nicht zumutbar ist. Insofern muß der herrschenden Ansicht zur Argumentationslast bei § 315 BGB widersprochen werden. Sie ist jedenfalls nicht verfassungsrechtlich gefordert. Besser noch sollte diese Form des Weisungsrechts von vornherein an einem anderen Maßstab, nämlich wie die anderen Fälle der Regelungsunterwerfung auch lediglich an Treu und Glauben gem. § 242 BGB gemessen werden.

bb) Umgestaltung des Arbeitsverhältnisses

Anders verhält es sich hingegen, wenn der Arbeitgeber von einem arbeitsvertraglich vereinbarten Umgestaltungsvorbehalt Gebrauch macht. „Zwar ist das einseitige Leistungsbestimmungsrecht vorweg im Vertrag

---

[109] Siehe nur MünchArbR-*Blomeyer*, § 48 Rn. 40 ff.; *Hromadka/Maschmann*, Arbeitsrecht, § 6 Rn. 18; *Boemke/Gründel*, ZfA 2001, 245, 259 m.w.N. in Fn. 76.
[110] Etwa BGH v. 2.4.1964, BGHZ 41, 271, 279; v. 30.6.1969, LM § 315 BGB Nr. 9; v. 4.12.1986, NJW 1987, 1828, 1829; MünchKomm-*Gottwald*, § 315 Rn. 53; Staudinger-*Mader*, Bearb. 1995, § 315 Rn. 87; zweifelnd Palandt-*Heinrichs*, § 315 BGB Rn. 19.
[111] Beispiel von *Hromadka*, FS Dieterich, S. 251, 275.

konsentiert. Aber seine Ausübung ist nach Voraussetzungen und Umfang in aller Regel nicht genau bestimmt, und auch das Ob der der Ausübung ist unsicher, weshalb der Konsens des anderen Teils oft in der Hoffnung gegeben wird, es werde nicht zur Ausübung kommen."[112] Der Konsenswille ist hier bereits stark „ausgedünnt". Bei der Beurteilung des Bindungsumfangs ist zudem ein verfassungsrechtlich begründetes paternalistisches Element zu berücksichtigen, das angesichts des personenrechtlichen Einschlags des Arbeitsverhältnisses[113] die Reichweite der Selbstbindung weiter relativiert. Je stärker schutzwerte Interessen des Arbeitnehmers betroffen sind, je stärker die vereinbarte Arbeitsbedingung den Arbeitnehmer in seinem Persönlichkeitskern betrifft, desto weniger ist sie einer wirksamen Vereinbarung zugänglich bzw. desto höher sind die Anforderungen an die inhaltliche Ausgewogenheit[114]. Da die Umgestaltung aus Arbeitnehmersicht, inbesondere wenn sich der Vorbehalt auf Entlohnung oder Arbeitszeitdauer erstreckt, das ursprüngliche Äquivalenzverhältnis sprengt, kann vor diesem Hintergrund insoweit nicht mehr von einer wirksamen vertraglichen Ermächtigung ausgegangen werden. Die Ausübung des Umgestaltungsvorbehalts bewirkt somit einen Eingriff. Das Leistungsbestimmungsrecht des Arbeitgebers ist mithin nicht nur durch das Verbot des Unterliegens des Eingriffsinteresses beschränkt, sondern bedarf der Rechtfertigung. Damit ist auf die andere Fallgruppe des Verhältnismäßigkeitsprinzips i.w.S. verwiesen, dazu sogleich.

II. Das Gebot des Überwiegens des Gestaltungsinteresses i.V.m. dem Gebot der Erforderlichkeit

1. Inhalt

Die zweite für die Angemessenheitskontrolle privater Gestaltungsmacht einschlägige Art des Verhältnismäßigkeitsprinzips i.w.S., das Gebot des Überwiegens des Gestaltungsinteresses in Verbindung mit dem Gebot der Erforderlichkeit, bildet die Schranke eines durch privatheteronome Gestaltungsmacht bewirkten Eingriffs in ein grundrechtlich geschütztes Freiheitsrecht. Das Gebot der Erforderlichkeit reduziert den Eingriff auf

---

[112] *Zöllner*, NZA 1997, 121, 125.
[113] „Personenrechtlich hier verstanden als eines die Persönlichkeit des Arbeitnehmers unmittelbar einbeziehenden Rechtsverhältnisses" (*Zöllner*, NZA 1997, 121, 125).
[114] Dazu *Hromadka*, DB 1995, 1609, 1612 f. Siehe auch schon oben bei § 3 Fn. 165.

das unerläßliche Maß, und das Gebot des Überwiegens des Gestaltungsinteresses gewährleistet, daß sich nur das gegenüber dem Bestandsinteresse gewichtigere Gestaltungsinteresse durchsetzen kann. Die Argumentationslast liegt für beide Erfordernisse beim Eingreifenden.

2. Beispiele

a) Umgestaltungsvorbehalt im Arbeitsverhältnis

Wie eben gesehen, bewirkt die Ausübung eines das Äquivalenzverhältnis verändernden Umgestaltungsvorbehalts einen rechtfertigungspflichtigen Eingriff in die arbeitnehmerische Freiheit. Solche, die Äquivalenz erst ex post fixierende Leistungsbestimmungsrechte sind der eigentliche Gegenstand der Schutzfunktion des § 315 BGB. Seine Auslegung muß somit den vorstehend formulierten verfassungsrechtlichen Anforderungen genügen. Der Arbeitgeber unterliegt mithin dem Gebot des Überwiegens des Gestaltungsinteresses in Verbindung mit dem Erforderlichkeitsgebot. Für beide Erfordernisse trägt er die Argumentationslast. Insofern ist der h.M. in ihrer Sicht der Argumentationslast bei § 315 BGB zu folgen. Hierin liegt zumindest eine Annäherung an die rigiden Voraussetzungen der Änderungskündigung[115]. Der heranzuziehende Kontrollmaßstab ist also unabhängig vom formalen Umgestaltungsinstrument zu bestimmen. Entscheidend ist allein die materielle Beeinträchtigung des Arbeitnehmers.

Abwägungsmaßstab ist hier nicht mehr das ursprüngliche Äquivalenzverhältnis – daß das Arbeitgeberinteresse hieran gemessen unterliegt, wurde bereits festgestellt[116]. Vielmehr ist zu fragen, ob das Umgestaltungsinteresse des Arbeitgebers das Interesse des Arbeitnehmers am Erhalt des status quo überwiegt.

---

[115] Zur hochgradigen Ähnlichkeit des im Rahmen des § 315 BGB heranzuziehenden Prüfungsmaßstabs zu den Voraussetzungen der Änderungskündigung *Zöllner*, NZA 1997, 121, 124; *Söllner*, Änderung, S. 22; *Hromadka*, DB 1995, 1609, 1613: „Die Anforderungen sind um so höher, je stärker in schutzwerte Positionen des Arbeitnehmers eingegriffen wird. Obergrenzen sind die Voraussetzungen für eine Änderungskündigung." *Fastrich*, FS Wiedemann, S. 251, 266 f. versucht, notwendige Anpassungen im Arbeitsverhältnis über Zustimmungspflichten der Arbeitnehmer zu entsprechenden Änderungen des Arbeitsvertrages zu begründen. Diese Parallele zu den für das Gesellschaftsrecht entwickelten Zustimmungspflichten (dazu sogleich im Text) kann aber letztlich nicht greifen, weil Arbeitnehmer gegenüber dem Arbeitgeber in Hinblick auf die wirtschaftliche Lage des Unternehmens im Unterschied zu den Gesellschaftern untereinander gerade nicht einem gemeinsamen Zweck verpflichtet sind; dazu inbs. *Zöllner*, AG 2002, 2, 9 m.w.N.

[116] Oben nach Fn. 114.

Der Gesetzesvorbehalt in Gestalt der Wesentlichkeitslehre muß in diesem Fall nicht beachtet werden, da der vereinbarte Umgestaltungsvorbehalt trotz Fehlens einer hinreichenden vertraglichen Ermächtigung eine Schranke der grundrechtlich geschützten Freiheit bildet[117].

b) Sanierung einer Kapitalgesellschaft durch Kapitalherabsetzung (BGHZ 129, 136 – „Girmes")

Als weiteres Beispiel sei die Sanierung einer Kapitalgesellschaft durch einen sog. Kapitalschnitt genannt. Im vom BGH entschiedenen „Girmes"-Fall sollte die drohende Insolvenz der namensgebenden AG durch eine Kapitalherabsetzung, verbunden mit einer anschließenden Kapitalerhöhung abgewendet werden. Der Umfang der Kapitalherabsetzung war allerdings unter den Aktionären umstritten. Das Konzept der Mehrheit sah eine Reduzierung in Höhe von 5:2 vor, während die Minderheit eine weniger belastende Herabsetzung im Verhältnis 5:3 für ausreichend hielt.

aa) Eingriff durch Mehrheitskonzept

Hätte sich das Mehrheitskonzept in der Hauptversammlung durchgesetzt, hätte dies für die Minderheit – nicht für die Mehrheit, da sie das Konzept ja konsentiert hat – einen Eingriff in ihre durch Art. 14 GG geschützten Mitgliedschaftsrechte[118] bedeutet[119]. Der Kapitalschnitt hätte bei den Ak-

---

[117] Dazu oben § 3.D.II.2.a)bb), S. 88.

[118] BVerfGE 14, 263, 276 f.; 50, 290, 341 f.; 100, 289, 301. Zum verfassungsrechtlichen Schutz des Aktionärseigentums s. auch *H. Hanau*, NZG 2002, 1040; *Zöllner/H. Hanau*, AG 1997, 206.

[119] Diese Einschätzung steht nicht im Widerspruch zur Rechtsprechung des BGH, der bei einer isolierten Kapitalherabsetzung durch Nennbetragsherabsetzung einen Eingriff mit der Begründung verneint, hierdurch werde weder die mitgliedschaftliche noch die vermögensrechtliche Stellung der Aktionäre beeinträchtigt, da ihre Beteiligungsquoten und das Verhältnis ihrer Mitgliedschaftsrechte untereinander erhalten blieben (Entsch. v. 9.2.1998, BGHZ 138, 71 [„Sachsenmilch"]). Bei einem Kapitalschnitt ist demgegenüber, selbst wenn das Eigenkapital in entsprechender Höhe schon aufgezehrt war (wie es bei „Girmes" der Fall war, dazu *Lutter*, JZ 1995, 1053, 1054; *Hennrichs*, AcP 195 [1995], 221, 257), der Umfang der Kapitalherabsetzung keineswegs gleichgültig, da er im Zusammenhang mit der gleichzeitig vorgesehenen effektiven Kapitalerhöhung gesehen werden muß: Je stärker das Kapital herabgesetzt wird, desto höher ist der Anteil, den die Alt-Aktionäre im Vergleich zu den Neuaktionären am Verlust tragen müssen, und um so höher fällt der Verwässerungseffekt aus, den die Alt-Anteile im Verhältnis zu den Neu-Anteilen erleiden. Anders gewendet: Je umfangreicher der Alt-Anteil abgesenkt wird, desto größer wird der Druck auf die Alt-Aktionäre, ihr Bezugsrecht auszuüben, um ihre Beteiligungsquote zu halten (dazu, daß die Kapitalerhöhung im „Sanierungspaket" realiter zu einer zusätzlichen „Leistung" der Alt-Aktionäre wird, *Hennrichs*, a.a.O., S. 258) bzw. desto größer ist die relative Stimmrechtsmacht, die ein

tionären zu einem Rechtsverlust geführt, der weder ex ante konsentiert noch durch die Unterwerfung unter das Gesellschaftsstatut legitimiert war: Trotz im Gesellschaftsbeitritt liegender prinzipieller Ermächtigung der Mitgesellschafter, die eigenen gesellschaftsbezogenen Interessen durch Mehrheitsbeschluß mitzugestalten, ist eine Beschlußfassung, die eine Strukturmaßnahme, also Veränderungen des Grundverhältnisses betrifft, nicht mehr umfaßt. Der Beitritt richtet sich regelmäßig allein auf die gemeinsame Zweckverfolgung mittels geleisteter Einlagen, nimmt also zur Zweckverfolgung nicht jedes Mittel, insbesondere nicht die Schmälerung der Beteiligung bzw. des Einflusses durch Mehrheitsbeschluß in Kauf. Die gesetzliche Autorisierung eines solchen überschießenden Rechtsgeschäfts gem. §§ 119 Abs. 1 Nr. 6, 222 Abs. 1 AktG hätte deshalb einen rechtfertigungspflichtigen Eingriff bewirkt.

Diese Einschätzung wird bestätigt durch die für das Personengesellschaftsrecht entwickelte sog. Kernbereichslehre. Da im Personengesellschaftsrecht das Mehrheitsprinzip ausdrücklich vereinbart werden muß, darf der Unterwerfung unter die Mehrheitsmacht prima facie sogar besonderes Gewicht zugemessen werden. Gleichwohl gelten dort die wesentlichen Mitverwaltungs- und Vermögenswerte des Gesellschafters aufgrund der besonderen Problematik von Vorabverfügungen über das Grundverhältnis, das ja das Gesellschaftsverhältnis überhaupt erst konstituiert, als grundsätzlich mehrheitsfest[120].

Neu-Aktionär mit Zeichnung der jungen Aktien erwirbt. Zur Illustration folgender Beispielsfall: Eine AG hat ein Grundkapital von 100.000 EUR, das zunächst herabgesetzt und danach wieder um 40.000 EUR erhöht werden soll. Hält ein Aktionär 20% des Grundkapitals und wird eine Kapitalherabsetzung im Verhältnis 5:3 auf 60.000 EUR durchgeführt, beträgt sein Anteil noch 12.000 EUR. Wird danach das Grundkapital wieder auf 100.000 EUR erhöht, ohne daß der Aktionär von seinem Bezugsrecht Gebrauch macht, reduziert sich sein Anteil auf 12%. Wird das Kapital hingegen im Verhältnis von 5:2 auf 40.000 EUR herabgesetzt, von denen dann auf den Aktionär noch 8.000 EUR entfallen, und danach wiederum um 40.000 EUR auf 80.000 EUR erhöht, beträgt der Anteil des Aktionärs nurmehr 10%. Der Aktionär hat zwar über das Bezugsrecht hinaus keinen Anspruch auf Erhalt seiner Beteiligungsquote (dazu *Natterer*, AG 2001, 629, 634 m. Fn. 61). Im Unterschied zu einer isolierten effektiven Kapitalerhöhung gerät die Beteiligungsquote beim Kapitalschnitt aber gleich von zwei, wie kommunizierende Röhren miteinander verbundenen Seiten unter Druck: Der Alt-Bestand erleidet einen zusätzlichen Wertverlust. An der Beeinträchtigung der mitgliedschaftlichen Position ändert sich auch dann nichts, wenn die Alt-Aktionäre wie im „Girmes"-Fall der Kapitalerhöhung isoliert zustimmen, da dadurch die Koppelung mit der – nicht konsentierten – Kapitalherabsetzung nicht gelöst wird. Die Aktionäre hatten also im „Girmes"-Fall doch mehr zu verlieren als die bloße Hoffnung auf eine künftige Wertsteigerung ihrer Anteile (so aber etwa *Hennrichs*, a.a.O., S. 259).

[120] Dazu oben schon bei § 3 Fn. 162. Siehe auch *Hermanns*, ZGR 1996, 103, 111.

bb) Eingriffsrechtfertigung

Die Anforderungen des Gesetzesvorbehalts wären aufgrund der gesetzlich begründeten Mehrheitsmacht erfüllt gewesen. Das Interesse der Gesellschaftermehrheit hätte weiter mit dem der Minderheit abgewogen werden müssen. Als Abwägungsmaßstab hätte der Gesellschaftszweck gedient. Trotz fehlenden Konsenses über die Mittel der Zweckverfolgung befindet sich der Minderheitsgesellschafter insofern in einer Gemeinschaft mit den anderen Aktionären, als deren gesellschaftsbezogene Interessen nur im Zusammenwirken mit den Mitgesellschaftern verfolgt werden können. Hinsichtlich Strukturmaßnahmen bzw. Sanierungsentscheidungen divergierende Interessen können bei der Aktiengesellschaft nur in der Hauptversammlung durch Beschluß ausgeglichen werden. Im Hinblick auf gesellschaftsbezogene Interessen befinden sich die Aktionäre quasi in einer Schicksalsgemeinschaft. Der Eintritt in die Gesellschaft begründet angesichts dieser besonderen Interessenverknüpfung bei den Mitgesellschaftern das Vertrauen, daß sich der Gesellschafter auf den Gesellschaftszweck bezogenen Erfordernissen nicht verweigern wird[121]. Die gegenseitige Bindung der Gesellschafter erschöpft sich somit nicht in der Leistung von Beiträgen. Die Gesellschafter schulden einander vielmehr die generelle Förderung des vereinbarten Gesellschaftszwecks und Rücksicht auf die mit ihm zusammenhängenden individuellen Belange[122]. Im Gegensatz zum den üblichen Austauschvertrag kennzeichnenden Interessengegensatz herrscht also unter den Gesellschaftern in Hinblick auf den Gesellschaftszweck ein gewisses Maß an prinzipieller Interessengleichrichtung[123]. Der Aktienerwerb begründet deshalb partiell eine treuhandähnliche Beziehung[124] und schafft grundsätzlich eine Loyalitätspflicht gegenüber dem Gesellschaftszweck. Wenn die Eingriffsvoraussetzungen erfüllt sind, kann also prinzipiell ein Opfer im Gesellschaftsinteresse zumutbar sein.

Der Eingriffsgrund entspricht damit den oben[125] genannten Anforderungen an die Legitimierbarkeit privatheteronomer Gestaltungsmacht.

---

[121] Dazu *Zöllner*, Schranken mitgliedschaftlicher Stimmrechtsmacht, S. 342.
[122] *Kübler*, Gesellschaftsrecht, S. 46.
[123] Zur „Vergemeinschaftung" des Gesellschaftszwecks *Lettl*, AcP 202 (2002), 3, 15 m.w.N.
[124] Vgl. *Lutter*, AcP 180 (1980), 84, 121. Hierzu im einzelnen *Grundmann*, Treuhandvertrag, S. 269 ff. mit einer Beschränkung auf „all diejenigen Einfluß– und Entscheidungspositionen, welche de iure oder de facto zur Veränderung der (Verteilungs-) Quote, die zwischen den Gesellschaftern gilt, eingesetzt werden können".
[125] Im Text nach § 3 Fn. 223.

Diese Eingriffskompetenz dient hier der Ergänzung des Systems der Privatautonomie. Insbesondere das Sichhineinbegeben in einen fremden Rechtskreis und der damit verbundene Einfluß auf die fremde Freiheitsbetätigung können eine Sozialpflichtigkeit der eigenen Freiheit aufgrund Ingerenz begründen. Der Aktionär befindet sich, wie vom Bundesverfassungsgericht als Voraussetzung für eine Umverteilung durch Privatrechtsnormen verlangt, gegenüber den gesellschaftsbezogenen Interessen seiner Mitgesellschafter in einer „Verantwortungsbeziehung"[126]. Die durch Selbstbindung abgesteckte Sphäre wird dann durch eine Sphäre der Selbstverantwortung ergänzt.

Das durch den Gesellschaftsbeitritt nicht bereits ex ante preisgegebene Mittel zur Zweckverwirklichung muß also ggf. doch zur Verfügung gestellt werden. Der Zugriff auf die Freiheitssphäre des Minderheitsaktionärs kann dann allerdings im Vergleich zu einer vorgängigen Unterwerfung, die den Mehrheitswillen lediglich an das Verbot des Unterliegens des Gestaltungsinteresses gebunden hätte, nur unter verschärften Voraussetzungen erfolgen: Der durch das Mehrheitskonzept bewirkte Eingriff hätte für den Fortbestand der Gesellschaft geeignet und erforderlich sein müssen. Vor allem hätte das Mehrheitsinteresse, am Gesellschaftszweck gemessen, das Bestandsinteresse der Minderheit überwiegen müssen[127]. Nach Auffassung namhafter Kommentatoren[128] war das bei der Girmes AG der Fall.

---

[126] Dazu bereits oben bei § 3 Fn. 226.
[127] Die Bindung der Mehrheitsmacht an Erforderlichkeits- und Verhältnismäßigkeitsprinzip wird vom BGH in der Girmes-Entscheidung unter A II 2b ausdrücklich bestätigt. Anders *Lettl*, AcP 202 (2002), 3, 16, der eine Zumutbarkeitsprüfung ablehnt, da „die individuellen Interessen der Gesellschafter (..) wegen der durch den Gesellschaftszweck beschränkten Selbstbestimmung des einzelnen Gesellschafters grundsätzlich ohne Bedeutung" seien; dazu, daß im Gesellschaftsbeitritt jedoch gerade keine vollständige Unterordnung der Individual- unter die Gemeinschaftsinteressen gesehen werden kann, bereits eben bei Fn. 119.
[128] Insbesondere *Lutter*, JZ 1995, 1053, 1055.

III. Sonderfall bei Interessengleichrichtung: Komplementarität der beiden Verhältnismäßigkeiten

1. Zustimmungspflicht der Minderheit

Tatsächlich hat das von der Mehrheit favorisierte Sanierungskonzept im „Girmes"-Fall jedoch die gem. § 222 AktG erforderliche Dreiviertelmehrheit nicht erreicht. War es als überzeugend anzusehen[129], hatte der BGH deshalb allein zu prüfen, ob die Minderheitsgesellschafter einer Zustimmungspflicht unterlagen.

Gegenüber der *Gesellschaft* bestand sie nicht, da sie keinen allgemeinen Bestandsschutz gegenüber Maßnahmen ihrer Gesellschafter genießt[130], selbst die vollständige Beseitigung bzw. Auflösung ist jederzeit möglich. Die Förderpflicht ist gem. § 54 Abs. 1 AktG auf die Einlageleistung begrenzt.

Aber gegenüber den *Mitgesellschaftern* stellte sich die Frage mit Nachdruck. Denn solange die Gesellschaft nicht beendet ist, muß jeder Aktionär auf den Sanierungsfall reagieren. Im „Girmes"-Fall hielten die Minderheitsaktionäre sogar eine Sperrminorität. Wenn die Mehrheit das Quorum verfehlt, ist sie für eine Beschlußfassung dem Willen der Minderheit unterworfen. Insofern stellt sich auch in dieser Hinsicht – wie sonst bei der Unterwerfung unter die Mehrheitsmacht – die Frage nach den Grenzen der Unterwerfung bzw., anders gewendet, die nach den Schranken der Stimmrechtsmacht des Minderheitsgesellschafters. Werden sie überschritten, kommt es zum Eingriff in die Mitgliedschaftsrechte der anderen Aktionäre. Wie in den sonstigen Fällen der Regelungsunterwerfung auch geht es also um die Konkretisierung der vertraglichen, hier der im Verbandsbeitritt liegenden, Sphärenabgrenzung: Das Gestaltungsinteresse des Minderheitsaktionärs darf demgemäß bei der Abwägung nicht hinter dem Mehrheitsinteresse zurückbleiben.

a) Abwägungsmaßstab

Die oben dargelegte Loyalitätspflicht der Minderheitsgesellschafter gegenüber dem Gesellschaftszweck gilt auch für die Ausübung des eigenen Stimmrechts. Der Gesellschaftszweck ist deshalb auch in dieser Hinsicht das Kriterium, an dem die Abwägung auszurichten ist. Auch Minder-

---

[129] So *Lutter*, JZ 1995, 1053, 1055.
[130] BGH a.a.O. unter A II 2a; so auch *Hennrichs*, AcP 195 (1995), 221, 260 f.; *Lutter*, ZHR 153 (1989), 446, 449.

heitsaktionäre haben insoweit die Pflicht zur Rücksichtnahme auf die Interessen der Mitgesellschafter. In diesem Kontext ist die Rücksichtnahme allerdings nicht Voraussetzung der Stimmrechtsausübung, sondern Schranke der Willkür, der Ermessensbetätigung. Das Eigeninteresse darf gegenüber dem Mehrheitsinteresse – gemessen am Gesellschaftszweck – nicht unterliegen. Zur Zustimmung verpflichtet ist der Minderheitsgesellschafter nur, wenn sein Ermessen insofern auf Null reduziert, also jeder andere Abstimmungsinhalt gegenüber dem Mehrheitsinteresse disproportional ist. Der Zustimmungszwang ergibt sich dann aufgrund des Ausschlusses sämtlicher Alternativen.

b) Treupflicht

Die eben beschriebene Loyalitätspflicht läßt sich auch als Ausfluß einer sog. Treupflicht unter den Gesellschaftern beschreiben. Eine solche Pflicht wurde zunächst für das Verhältnis der Gesellschafter einer Kapitalgesellschaft untereinander bestritten, ist aber mittlerweile ganz überwiegend anerkannt. Teilweise wird sie aber immer noch als Leerformel betrachtet[131]. Letzteres ist insofern richtig, als ihr Inhalt vollständig durch die eben dargestellten verfassungsrechtlichen Anforderungen vorgezeichnet ist. Für die Treupflicht werden einfachrechtlich verschiedene Herleitungen diskutiert (§ 242 BGB, Förderpflicht gem. § 705 BGB, richterliche Rechtsfortbildung)[132]. Aus Sicht des grundrechtlich verbürgten Freiheitsschutzes ist die mit dem Begriff „Treupflicht" umschriebene Pflicht zur Rücksichtnahme eine ganz selbstverständliche Folge der Einwirkungsmacht durch Stimmrecht[133]. Gleichwohl bietet die „Treupflicht" eine griffige Umschreibung für die Beschränkung der privatautonomen Gestaltungsmacht infolge der spezifischen Interessenverquickung, die vertraglich ex ante nur unzureichend ausgeglichen werden kann und deshalb während des Vollzugs des Schuldverhältnisses der Aktualisierung bedarf[134].

---

[131] *Flume*, ZIP 1996, 161, 165. In direkter Erwiderung *Marsch-Barner*, ZIP 1996, 853.
[132] Dazu *Bungert*, DB 1995, 1749; *Häsemeyer*, ZHR 160 (1996), 109, 113.
[133] Zu diesem Zusammenhang für das einfache Recht grundlegend *Zöllner*, Schranken mitgliedschaftlicher Stimmrechtsmacht, S. 335 ff.
[134] Vgl. *Lutter*, ZHR 162 (1998), 164, 184: Die Treupflicht wurde entwickelt, um einen „gerechten Ausgleich zwischen divergenten und konfligierenden Interessen unter den Mitgliedern privater Verbände möglich zu machen."

2. Komplementarität der Gerechtigkeitsmaximen

Die im Verhältnismäßigkeitsprinzip i.w.S. enthaltenen Gerechtigkeitsmaximen sind also in Fällen gegenseitig aufeinander einwirkender und prinzipiell an einem gemeinsamen Zweck ausgerichteter Gestaltungsmacht grundsätzlich beide einschlägig. Das Gebot des Überwiegens (in Verbindung mit dem Erforderlichkeitsgrundsatz) auf seiten des einen Eingriff betreibenden Gestaltungsinteresses und das Verbot des Unterliegens auf seiten des Bestandsinteresses sind hier überdies komplementär. Welche von beiden Maximen zur Anwendung kommt, hängt allein vom Erreichen des Quorums für die Umsetzung des Änderungskonzepts ab. Es kommt somit darauf an, ob die Mehrheit zugunsten ihres für das Gesellschaftsinteresse existenziellen Konzepts den entgegenstehenden Minderheitswillen aus eigener Kraft überwinden kann oder auf die Mitwirkung der Minderheit angewiesen ist. Die Rechtfertigungspflicht korrespondiert insofern mit der Zustimmungspflicht, als bei Feststellung der Proportionalität des Mehrheitsinteresses zugleich die Disproportionalität des Minderheitsinteresses feststeht. Wichtig ist die Erkenntnis, daß die Argumentationslast in beiden Fällen gleich verteilt ist: Die eingreifende Mehrheit muß entweder darlegen, daß ihr Interesse überwiegt (Gebot des Überwiegens) oder zeigen, daß das Interesse des vermeintlich zustimmungspflichtigen Gesellschafters unterliegt (Verbot des Unterliegens).

a) Parallele im Recht der Personenhandelsgesellschaften

Für das Recht der Personenhandelsgesellschaft gelten die gleichen Zusammenhänge.

Die Rechtsprechung hat die Begrenzung der Mehrheitsmacht, soweit das Mehrheitsprinzip in Abkehr vom gesetzlich vorgesehenen Einstimmigkeitsprinzip vereinbart ist, zunächst durch das Gebot der Beachtung des sog. Bestimmtheitsgrundsatzes versucht. Diese Lehre wird anfangs als formales Auslegungsinstrument verstanden: Vertragsänderungen durch Mehrheitsbeschluß sind zulässig, wenn ein Mehrheitsbeschluß für den Beschlußgegenstand kautelarjuristisch im Gesellschaftsvertrag vorgesehen ist. Später bekommt sie einen materiellen Gehalt: Die abstrakte Unterwerfung soll nicht mehr ausreichen, sondern der Eingriff in die Stellung des Gesellschafters muß im Vertrag konkret geregelt sein[135]. Der Eingriff ist also nur noch zulässig, wenn in der Ermächtigung eine

---
[135] BGH v. 15.11.1982, BGHZ 85, 350, 356.

antizipierte konkrete Zustimmung zu einer späteren Vertragsänderung gesehen werden kann[136].

Die Lehre vom Bestimmtheitsgrundsatz ist mittlerweile durch einen anderen materiellen Ansatz, die oben[137] schon erwähnte sog. Kernbereichslehre, zumindest ergänzt, wenn nicht abgelöst worden. Hiernach wird ein sog. Kernbereich der Mitgliedschaft[138] als mehrheitsfest angesehen. Eingriffe in diesen Bereich sind deshalb grundsätzlich unzulässig, es sei denn, daß als Folge der mitgliedschaftlichen Treupflicht eine Verpflichtung zur Zustimmung zur entsprechenden Änderung des Gesellschaftsvertrags besteht[139].

Im Ergebnis ist damit nichts anderes als ein Rechtfertigungserfordernis für einen Eingriff formuliert. Dieser Zusammenhang entspricht genau dem eben aufgezeigten komplementären Verhältnis von Eingriffsrechtfertigung und Zustimmungspflicht. Statt den Weg über ein Zustimmungserfordernis zu beschreiben, hätte man also ebensogut die Ausübung der Mehrheitsmacht an das Gebot des Überwiegens des Eingriffsinteresses binden können. Diese Herleitung muß auch nicht an den Anforderungen von Gesetzesvorbehalt bzw. Wesentlichkeitslehre scheitern, die hier – wie oben gezeigt[140] – schon aufgrund des im vereinbarten Mehrheitsprinzip liegenden Umgestaltungsvorbehalts nicht einschlägig sind. Im übrigen ist das Solidaropfer ja zudem durch die Treupflicht begründet: Es ist durch den Gesellschaftsbeitritt zwar nicht konsentiert, aber doch – aufgrund der prinzipiellen Interessengleichrichtung auf den Gesellschaftszweck – in ihm schon angelegt.

---

[136] Zu diesem Verständnis *Ulmer*, ZHR 161 (1997), 102, 122. Vgl. Schlegelberger-*Martens*, HGB, § 119 Rn. 18: „Je stärker die Gesellschafter in ihrer Rechtsstellung durch den konkreten Mehrheitsbeschluß berührt werden, um so größer muß das Gewicht des anläßlich der Vereinbarung der Mehrheitskompetenz erklärten Einverständnisses sein"; der Bestimmtheitsgrundsatz sei „Ausdruck des allgemeinen Konsensprinzips und dient somit dem Selbstschutz vor undifferenzierter Preisgabe umfassender und in ihren Wirkungen nicht überschaubarer Regelungsbefugnisse."

[137] Bei § 3 Fn. 162 und § 4 Fn. 120.

[138] Zur Kernbereichslehre ausführlich *Röttger*, Kernbereichslehre; Schlegelberger-*Martens*, HGB, § 119 Rn. 24 ff.

[139] BGH v. 10.10.1994, NJW 1995, 194 m. Anm. *K. Schmidt*, JuS 1995, 267 Nr. 7. Zur Anpassung von Personengesellschaftsverträgen aufgrund Treupflicht *Zöllner*, Anpassung, S. 32 ff.; *H. P. Westermann*, FS Hefermehl, S. 225, 228 ff. Zur Entwicklung vom Bestimmtheitsgrundsatz zu einer durch Treupflichten relativierten Kernbereichslehre *Hermanns*, ZGR 1996, 103; *Ulmer*, ZHR 161 (1997), 102, 120 ff.; *H. P. Westermann*, FS 50 Jahre BGH, S. 245, 262 ff.

[140] Unter § 3.D.II.2.a)bb), S. 88.

b) Fazit: Vom Mehrheits- zum Gerechtigkeitsprinzip

Der Hauptgehalt der Lehre von den Treupflichten gegenüber Mitgesellschaftern läßt sich also folgendermaßen zusammenfassen: Aufgrund durch den Gesellschaftsvertrag begründeter gemeinsamer Zweckbindung müssen alle Beteiligte dann, wenn das darauf bezogene jeweilige Gegeninteresse das eigene Interesse überwiegt, jedenfalls hinsichtlich existenzieller Strukturmaßnahmen Opfer im Gesellschaftsinteresse bringen – und zwar unabhängig von einer vorgängigen Unterwerfung. Die Konstruktion als Zustimmungspflicht oder Eingriffsrechtfertigung ist letztlich einerlei. Das Mehrheitsprinzip ist damit hinsichtlich solcher Strukturmaßnahmen in jeder Hinsicht stark relativiert, wenn nicht sogar materiell beseitigt. An seine Stelle tritt ein normativ geprägtes, am Gesellschaftszweck ausgerichtetes Konsensprinzip, noch genauer formuliert: ein Vernunfts- oder Gerechtigkeitsprinzip. Ein vernünftiges, am Gesellschaftszweck gemessen allen anderen Vorhaben überlegenes Konzept setzt sich immer durch: Wird es von der Mehrheit betrieben, wird entweder ohnehin das Quorum erreicht oder die Minderheit muß – wie gesehen – zustimmen. Will es hingegen die Minderheit realisieren, sind voraussetzungsgemäß sämtliche entgegenstehenden Mehrheitskonzepte disproportional. Da die Mehrheit der Minderheit gegenüber insofern gleichermaßen zur Loyalität verpflichtet ist wie umgekehrt die Mehrheit der Minderheit, bleibt ihr ebenfalls nur die Zustimmung. Beide Male kommt es allein auf die inhaltliche Angemessenheit des Beschlußantrags an, die konkreten Mehrheitsverhältnisse sind letztlich unerheblich.

§ 5. Ergebnis der Untersuchung

1. Private Gestaltungsmacht bedarf, um Rechtsqualität zu erlangen, der Anerkennung und Ausgestaltung durch die staatliche Rechtsordnung. *Privatautonom* ist die Gestaltungsmacht dann, wenn zu dieser staatlichen Ermächtigung „von oben" die Ermächtigung des Gestaltungsgegners „von unten" hinzutritt.

2. Die Frage nach der „Drittwirkung" der Grundrechte geht am Kern der Problematik vorbei. Die Grundrechte gelten nicht zwischen Gestaltungsgegner und Inhaber der Gestaltungsmacht, sondern allein gegenüber der staatlichen Rechtserzeugung.

Ermächtigt ein Privater einen anderen zu einer rechtlichen Gestaltung, disponiert er über seine grundrechtlich geschützte negative Vertragsfreiheit. Die vertragliche Selbstbindung der Privatrechtssubjekte beschränkt sich dann nicht auf ihr Verhältnis untereinander, sondern bezieht sowohl die staatliche Ausstattung mit Rechtsqualität als auch die staatliche Exekution der vertraglichen Bindung mit ein. Mangels staatlichen Eingriffs in den Schutzbereich bleibt in diesem Fall das Grundrecht ohne (Abwehr-)Wirkung. Bei der Disposition über die grundrechtlich geschützte Freiheit handelt es sich nicht um einen Grundrechtsverzicht: Der Wegfall des Abwehrrechts ist allein Folge der Disposition, nicht ihr Gegenstand.

Fehlt hingegen der Rechtserzeugungszusammenhang, findet die Gestaltung also ohne hinreichende Legitimation durch den Betroffenen statt, erfolgt sie *privatheteronom*. Ihre staatliche Sanktionierung führt zu einem rechtfertigungspflichtigen Eingriff in den grundrechtlichen Schutzbereich.

Kurz: Die Grundrechte gelten gegenüber der staatlichen Autorisierung privater Gestaltungsmacht. Wirkung entfalten sie jedoch nur, wenn die Gestaltung privatheteronom, nicht aber wenn sie privatautonom erfolgt.

3. Im Rahmen der Angemessenheitskontrolle privater Gestaltungsmacht ist also zwischen *Festellung* und *Rechtfertigung* eines Eingriffs zu unterscheiden. Hinsichtlich der ersten Fallgruppe treten dann Probleme auf, wenn die Heteronomie der Gestaltung nicht aufgrund völligen Fehlens der Selbstbindung auf der Hand liegt, sondern fraglich ist, ob eine erfolgte Disposition auch den zu beurteilenden Einzelfall umfaßt. Hier gilt es, die Grenzen der Selbstbindung durch Konkretisierung des im Vertrag verkörperten Interessenausgleichs auszuloten. Damit sind zugleich vice versa die *Schranken der privatautonomen Gestaltungsmacht* abgesteckt. Die zweite Fallgruppe hat hingegen die Bestimmung der *Schranken privatheteronomer Gestaltungsmacht* zum Ziel. Dort ist zu bestimmen, ob und inwieweit sich das Gestaltungsinteresse auf Kosten des Bestandsinteresses durchsetzen darf.

4. Hinsichtlich der Schranken privatheteronomer Gestaltungsmacht ist zunächst der grundrechtliche Gesetzesvorbehalt im Verbindung mit der sog. Wesentlichkeitslehre zu beachten. Privatheteronome Gestaltungsmacht ist also verfassungsrechtlich überhaupt nur zu rechtfertigen, wenn sich der hierdurch bewirkte Eingriff auf eine gesetzliche Ermächtigung stützen läßt, die eine hinreichend bestimmte Eingriffskompetenz vermittelt. Die Anforderungen der Wesentlichkeitslehre müssen nur dann nicht beachtet werden, wenn die Eingriffskompetenz ausnahmsweise bereits im Vertrag angelegt ist.

5. Im übrigen müssen bei der Ermittlung sowohl der Grenzen der Selbstbindung als auch der Schranken der Eingriffskompetenz die konfligierenden Interessen zueinander in Beziehung gesetzt und in eine Vorrangrelation gebracht werden. Inhaltliche Kontur gewinnt die Abwägung, wie auch sonst bei der Grundrechtsprüfung im Rahmen der Abwehrfunktion, durch das Verhältnismäßigkeitsprinzip. Das Verhältnismäßigkeitsprinzip i.w.S. umfaßt zwei verschiedene Gerechtigkeitsmaximen, die sich sowohl hinsichtlich der geforderten Interessenproportion als auch hinsichtlich der Argumentationslast unterscheiden. Als *Schranke der Eingriffskompetenz* erlegen die Anforderungen der *iustitia protectiva* dem Gestaltungsmachtinhaber die Argumentationslast dafür auf, daß sich zum einen der Eingriff auf das erforderliche Maß beschränkt und daß zum anderen sein Gestaltungsinteresse das Bestandsinteresse des Gestaltungsgegners überwiegt. Nur dann darf der Gestaltungsmachtinhaber die gegnerische Freiheit für eigene Zwecke instrumentalisieren.

§ 5. Ergebnis der Untersuchung 141

Die bei der *Feststellung der Grenzen der Selbstbindung* zu beachtende *iustitia commutativa* führt hingegen zur genau gegenteiligen Folge: Hier muß der Gestaltungsgegner, der ja durch den Vertragsschluß die fremde Gestaltungsmacht immerhin grundsätzlich konsentiert hat, zum Nachweis eines Eingriffs darlegen, daß sein Bestandsinteresse das Gestaltungsinteresse überwiegt. Andernfalls ist davon auszugehen, daß die Gestaltung nicht die im sonstigen Vertragswerk zum Ausdruck kommende subjektive Äquivalenz der einander eingeräumten Befugnisse verletzt.

6. Die Untersuchung hat damit ergeben, daß die zunächst für das öffentliche Recht entwickelte grundrechtliche Schutzdogmatik – mit dem Verhältnismäßigkeitsprinzip als zentralem Element – im Grundsatz gleichermaßen für das Privatrecht gilt. Bislang kategorial getrennte Bereiche entpuppen sich mithin als Teil eines zusammenhängenden Kontrollspektrums mit abgestufter Kontrollintensität. Ob und Umfang der Kontrolle unterscheiden sich allein durch Ob und Umfang des Beitrags, den der Betroffene selbst zur Erzeugung der Rechtswirkung geleistet hat, der er nunmehr ausgesetzt ist.

Literaturverzeichnis

Adomeit, Klaus, Gestaltungsrechte, Rechtsgeschäfte, Ansprüche, Berlin 1969
- Rechtsquellenfragen im Arbeitsrecht, München 1969
- Heteronome Gestaltungen im Zivilrecht? (Stellvertretung, Weisungsbefugnis, Verbandsgewalt), in: Festschrift für Hans Kelsen zum 90. Geburtstag, Wien 1971, S. 9–21

Albrecht, Rüdiger Konradin, Zumutbarkeit als Verfassungsmaßstab – Der eigenständige Gehalt des Zumutbarkeitsgedankens in Abrenzung zum Grundsatz der Verhältnismäßigkeit, Berlin 1995

Alexy, Robert, Theorie der Grundrechte, 3. Aufl., Frankfurt a.M. 1996
- Verfassungsrecht und einfaches Recht – Verfassungsgerichtsbarkeit und Fachgerichtsbarkeit, VVDStRL 61 (2002), 7–30
- Die Gewichtsformel, in: Gedächtnisschrift für Jürgen Sonnenschein, Berlin 2003, S. 771–792

Alternativkommentar zum Grundgesetz für die Bundesrepublik Deutschland, 3. Aufl., Neuwied 2001 [zit. AK-GG]

Amelung, Knut, Die Einwilligung in die Beeinträchtigung eines Grundrechtsgutes – eine Untersuchung im Grenzbereich von Grundrechts- und Strafrechtsdogmatik, Berlin 1981

Aristoteles, Nikomachische Ethik, Ausgabe des Akademieverlags (übersetzt von Franz Dirlmeier), Berlin 1956, zit. nach der Lizenzausgabe 1969 Philipp Reclam jun., Stuttgart
- Nikomachische Ethik, Ausgabe aus der „Bibliothek der alten Welt" des Artemis Verlags" (übersetzt von Olof Gigon), 2. Aufl., Zürich 1967

von Arnauld, Andreas, Die normtheoretische Begründung des Verhältnismäßigkeitsgrundsatzes, JZ 2000, 276–280

Bäuerle, Michael, Vertragsfreiheit und Grundgesetz – Normativität und Faktizität individueller Vertragsfreiheit in verfassungsrechtlicher Perspektive, Baden-Baden 2001

Bartholomeyczik, Horst, Äquivalenzprinzip, Waffengleichheit und Gegengewichtsprinzip in der modernen Rechtsentwicklung, AcP 166 (1966), 30–75

Belser, Eva Maria, Freiheit und Gerechtigkeit im Vertragsrecht, Freiburg Schweiz 2000

Bethge, Herbert, Der Grundrechtseingriff, VVDStRL 57 (1998), 7–58

Bleckmann, Albert, Probleme des Grundrechtsverzichts, JZ 1988, 57–62

Böckenförde, Ernst-Wolfgang, Zur Lage der Grundrechtsdogmatik nach 40 Jahren Grundgesetz, München 1990

Boemke, Burkhard/Gründel, Mirko, Grundrechte im Arbeitsverhältnis, ZfA 2001, 245–280

Bötticher, Eduard, Gestaltungsrecht und Unterwerfung im Privatrecht, Berlin 1964

Braczyk, Boris Alexander, Rechtsgrund und Grundrecht – Grundlegung einer systematischen Grundrechtstheorie, Berlin 1996

Bucher, Eugen, Das subjektive Recht als Normsetzungsbefugnis, Tübingen 1965

Bungert, Hartwin, Die Treupflicht des Minderheitsaktionärs – Besprechung des BGH-Urteils vom 20.3.1995, DB 1994, S. 1064 –, DB 1995, 1749–1756

Busche, Jan, Privatautonomie und Kontrahierungszwang, Tübingen 1999

Bydlinski, Franz, Privatautonomie und objektive Grundlagen des verpflichtenden Rechtsgeschäft, Wien, New York 1967

– Zu den dogmatischen Grundfragen des Kontrahierungszwanges, AcP 180 (1980), 1–46

– Juristische Methodenlehre und Rechtsbegriff, 2. Aufl., Wien u.a. 1991

Canaris, Claus-Wilhelm, Die Vertrauenshaftung im deutschen Privatrecht, München 1971

– Grundrechte und Privatrecht, AcP 184 (1984), 201–246

– Die Bedeutung der iustitia distributiva im deutschen Vertragsrecht, München 1997

– Das Fehlen einer Kleinbetriebsregelung für die Entgeltfortzahlung an kranke Angestellte als Verfassungsverstoß, RdA 1997, 267–277

– Die Vorfälligkeitsentschädigung zwischen Privatautonomie und richterlicher Regulierung – zugleich ein Beitrag zum Verhältnis von Abschlußzwang und Inhaltsfreiheit –, in: Festschrift für Wolfgang Zöllner zum 70. Geburtstag, Köln 1998, S. 1055–1075

– Grundrechte und Privatrecht – eine Zwischenbilanz, Berlin, New-York 1999 [zit. Zwischenbilanz]

– Wandlungen des Schuldvertragsrechts – Tendenzen zu seiner „Materialisierung", AcP 200 (2000), 273–364

– Die AGB-rechtliche Leitbildfunktion des neuen Leistungsstörungsrechts, in: Festschrift für Peter Ulmer zum 70. Geburtstag, Berlin 2003, S. 1037–1096

Classen, Claus Dieter, Die Drittwirkung in der Rechtsprechung des Bundesverfassungsgerichts, AöR 122 (1997), 65–107

Clérico, Laura, Die Struktur der Verhältnismäßigkeit, Baden-Baden 2001

Coing, Helmut, Die obersten Grundsätze des Rechts, Heidelberg 1947

– Zur Geschichte des Begriffs „subjektives Recht", in: Coing, Helmut/Lawson, Frederick H./Grönfors, Kurt, Das subjektive Recht und der Rechtsschutz der Persönlichkeit, Frankfurt u.a. 1959, S. 7–23

– Grundzüge der Rechtsphilosophie, 4. Aufl., Berlin u.a. 1985; 5. Aufl., Berlin u.a. 1993

Cornils, Matthias, Vertragsfreiheit und kartellrechtlicher Kontrahierungszwang, NJW 2001, 3758–3760

Dauner-Lieb, Barbara, Verbraucherschutz durch Ausbildung eines Sonderprivatrechts für Verbraucher – Systemkonforme Weiterentwicklung oder Schrittmacher der Systemveränderung?, Berlin 1983

Dechsling, Rainer, Das Verhältnismäßigkeitsgebot, München 1989

Diederichsen, Uwe, Die Rangverhältnisse zwischen den Grundrechten und dem Privatrecht, in: Starck, Christian (Hsg.), Rangordnung der Gesetze, Göttingen 1995, S. 39–97

– Innere Grenzen des Rechtsstaats, in: Pawlowski, Hans-Martin/Roellecke, Gerd (Hsg.), Der Universalitätsanspruch des demokratischen Rechtsstaats: die Verschiedenheit der Kulturen und die Allgemeinheit des Rechts, ARSP-Beiheft Nr. 65, 1996, S. 129–149

– Die Selbstbehauptung des Privatrechts gegenüber dem Verfassungsrecht, JbItalR 10 (1997), 3–27 [gekürzte Fassung in Jura 1997, 57–64]

– Das Bundesverfassungsgericht als oberstes Zivilgericht – ein Lehrstück der juristischen Methodenlehre, AcP 198 (1998), 171–260

Dietlein, Johannes, Die Lehre von den grundrechtlichen Schutzpflichten, Berlin 1992

Dreier, Horst (Hsg.), Grundgesetz, Tübingen 1996–2000

Drexl, Josef, Die wirtschaftliche Selbstbestimmung des Verbrauchers: eine Studie zum Privat- und Wirtschaftsrecht unter Berücksichtigung gemeinschaftsrechtlicher Bezüge, Tübingen 1998

Drygala, Tim, Schutz der Privatautonomie durch Inhaltskontrolle von Individualverträgen – Die Bürgschaftsentscheidung des Bundesverfassungsgerichts, in: Jahrbuch Junger Zivilrechtswissenschaftler 1994. Summum ius, summa iniuria – Zivilrecht zwischen Rechtssicherheit und Einzelfallgerechtigkeit, Stuttgart u.a. 1995, S. 63–75

Dürig, Günter, Grundrechte und Zivilrechtsprechung, in: Festschrift für Hans Nawiasky, München 1956, S. 157–190

von Einem, Henning, Die Rechtsnatur der Option, Berlin 1974

Enderlein, Wolfgang, Rechtspaternalismus und Vertragsrecht, München 1996

Engisch, Karl, Auf der Suche nach Gerechtigkeit – Hauptthemen der Rechtsphilosophie, München 1971

Erfurter Kommentar zum Arbeitsrecht, hrsg. v. *Thomas Dieterich /Peter Hanau,* 3. Aufl., München 2003 [zit. ErfK]

Ernst, Wolfgang, Die Gegenseitigkeit im Vertragsvollzug, AcP 199 (1999), 485–524

Eschenbach, Jürgen/Niebaum, Frank, Von der mittelbaren Drittwirkung unmittelbar zur staatlichen Bevormundung, NVwZ 1994, 1079–1082

Fastrich, Lorenz, Richterliche Inhaltskontrolle im Privatrecht, München 1992

– Bestandsschutz und Vertragsinhaltsschutz im Arbeitsrecht, in: Festschrift für Herbert Wiedemann, München 2002, S. 251–268

Fikentscher, Wolfgang, Vertrag und wirtschaftliche Macht, in: Festschrift für Wolfgang Hefermehl zum 65. Geburtstag, Heidelberg 1971, S. 41–57

– Schuldrecht, 6. Aufl., Berlin u.a. 1976; 9. Aufl., Berlin u.a. 1997

Fleischer, Holger, Konkurrenzprobleme um die culpa in contrahendo: Fahrlässige Irreführung versus arglistige Täuschung – zugleich eine Besprechung von

BGH, Urteil vom 26.9.1997–V ZR 29/96, NJW 1998, 302 –, AcP 200 (2000), 91–120
– Informationsasymmetrie im Vertragsrecht, München 2001
Floren, Dieter, Grundrechtsdogmatik im Vertragsrecht – Spezifische Mechanismen des Grundrechtsschutzes gegenüber der gerichtlichen Anwendung im Zivilvertragsrecht, Berlin 1999
Flume, Werner, Rechtsgeschäft und Privatautonomie, in: Festschrift zum hundertjährigen Bestehen des Deutschen Juristentags 1860–1960, Bd. 1, Karlsruhe 1960, S. 135–238
– Allgemeiner Teil des Bürgerlichen Rechts, Bd. II, Das Rechtsgeschäft, 4. Aufl., Berlin u.a. 1992
– Die Rechtsprechung des II. Zivilsenats des BGH zur Treupflicht des GmbH-Gesellschafters und des Aktionärs, ZIP 1996, 161–167
Friauf, Karl Heinrich, Die verfassungsrechtlichen Vorgaben einer gesetzlichen oder tarifvertraglichen Arbeitskampfordnung, RdA 1986, 188–195
Gamillscheg, Franz, Die Grundrechte im Arbeitsrecht, AcP 164 (1964), 385–445
– Die Grundrechte im Arbeitsrecht, Berlin 1989
– Kollektives Arbeitsrecht, Bd.1, München 1997
Gellermann, Martin, Grundrechte in einfachgesetzlichem Gewande – Untersuchung zur normativen Ausgestaltung der Freiheitsrechte, Tübingen 2000
Gentz, Manfred, Zur Verhältnismäßigkeit von Grundrechtseingriffen, NJW 1968, 1600–1607
Gernhuber, Joachim, Drittwirkungen und Schuldverhältnis kraft Leistungsnähe – Zur Lehre von den Verträgen mit Schutzwirkung für Dritte, in: Festschrift für Arthur Nikisch, Tübingen 1958, S. 249–274
Grabitz, Eberhard, Der Grundsatz der Verhältnismäßigkeit in der Rechtsprechung des Bundesverfassungsgerichts, AöR 98 (1973), 568–616
Graf, Georg, Vertrag und Vernunft – Eine Untersuchung zum Modellcharakter des vernünftigen Vertrages, Wien u.a. 1997
Gramlich, Bernhard, Musik im Mehrfamilienhaus, NJW 1985, 2131–2132
Grigoleit, Hans Christoph, Neuere Tendenzen zur schadensrechtlichen Vertragsaufhebung, NJW 1999, 900–904
Griller, Stefan, Der Schutz der Grundrechte vor Verletzungen durch Private, JBl 1992, 205–219, 289–302
Grundmann, Stefan, Der Treuhandvertrag – insbesondere die werbende Treuhand, München 1997
Häberle, Peter, Die Wesensgehaltsgarantie des Art. 19 Abs. 2 Grundgesetz – Zugleich ein Beitrag zum institutionellen Verständnis der Grundrechte und zur Lehre vom Gesetzesvorbehalt, 3. Aufl., Heidelberg 1983
Häsemeyer, Ludwig, Obstruktion gegen Sanierungen und gesellschaftrechtliche Treuepflichten, ZHR 160 (1996), 109–132
Hager, Johannes, Gesetzes- und sittenkonforme Auslegung und Aufrechterhaltung von Rechtsgeschäften, München 1983
– Grundrechte im Privatrecht, JZ 1994, 373–383

– Der Schutz der Ehre im Zivilrecht, AcP 196 (1996), 168–218
Hanau, Hans, Individualautonomie und Mitbestimmung in sozialen Angelegenheiten, Köln u.a. 1994
– Zur Verfassungsmäßigkeit von tarifvertraglichen Betriebsnormen am Beispiel der qualitativen Besetzungsregeln, RdA 1996, 158–181
– Der Bestandsschutz der Mitgliedschaft anlässlich der Einführung des „Squeeze out" im Aktienrecht, NZG 2002, 1040–1047
Hattenhauer, Hans, Grundbegriffe des Bürgerlichen Rechts, 2. Aufl., München 2000
Haverkate, Görg, Verfassungslehre – Verfassung als Gegenseitigkeitsordnung, München 1992
Hellermann, Johannes, Die sogenannte negative Seite der Freiheitsrechte, Berlin 1993
Henkel, Heinrich, Einführung in die Rechtsphilosophie, 2. Aufl., München 1977
Hennrichs, Joachim, Treupflichten im Aktienrecht – zugleich Überlegungen zur Konkretisierung der Generalklausel des § 242 BGB sowie zur Eigenhaftung des Stimmrechtsvertreters –, AcP 195 (1995), 221–273
Henssler, Martin, Risiko als Vertragsgegenstand, Tübingen 1994
Hermanns, Marc, Bestimmtheitsgrundsatz und Kernbereichslehre – Mehrheit und Minderheit in der Personengesellschaft – zugleich Anmerkung zu BGH ZIP 1994, 1942 –, ZGR 1996, 103–115
Hermes, Georg, Verfassungsrecht und einfaches Recht – Verfassungsgerichtsbarkeit und Fachgerichtsbarkeit, VVDStRL 61 (2002), 119–150
Herzog, Roman, Grundrechte aus der Hand des Gesetzgebers, in: Festschrift für Wolfgang Zeidler, Bd. 2, Berlin u.a. 1987, S. 1415–1428
Hesse, Konrad, Grundzüge des Verfassungsrechts der Bundesrepublik Deutschland, 20. Aufl., Heidelberg 1995
Hillgruber, Christian, Der Schutz des Menschen vor sich selbst, München 1992
von Hippel, Eike, Der Schutz des Schwächeren, Tübingen 1982
Hirschberg, Lothar, Der Grundsatz der Verhältnismäßigkeit, Göttingen 1981
Hochhuth, Martin, Relativitätstheorie des Öffentlichen Rechts, Baden-Baden 2000
– Lückenloser Freiheitsschutz und die Widersprüche des Art. 2 Abs. 1 GG, JZ 2002, 743–752
Höfling, Wolfram, Vertragsfreiheit – Eine grundrechtsdogmatische Studie, Heidelberg 1991
Hönn, Günther, Kompensation gestörter Vertragsparität, München 1982
– Der Schutz des Schwächeren in der Krise, in: Festschrift für Alfons Kraft, Neuwied u.a. 1998, S. 251–261
Honsell, Heinrich, Privatautonomie und Wohnungsmiete, AcP 186 (1986), 115–186
– Iustitia distributiva – iustitia correctiva, in: Festschrift für Theo Mayer-Maly zum 70. Geburtstag, Köln u.a. 2002, S. 287–302
Hromadka, Wolfgang, Das Leistungsbestimmungsrecht des Arbeitgebers, DB 1995, 1609–1615

– Inhaltskontrolle von Arbeitsverträgen, in: Festschrift für Thomas Dieterich, München 1999, S. 251–278
Hromadka, Wolfgang/Maschmann, Frank, Arbeitsrecht, 2. Aufl., Berlin u.a. 2002
Huber, Ernst Rudolf, Der Streit um das Wirtschaftsverfassungsrecht, DÖV 1956, 135–143
Hubmann, Heinrich, Wertung und Abwägung im Recht, Köln u.a. 1977
Huda, Armin, Freiheit und Rechtsgeschäft – entwickelt am Beispiel des Eigenschaftsirrtums beim Spezieskauf, Berlin 1997
Hübner, Heinz, Rechtgeschäftslehre und Verbraucherschutz, in: Festschrift für Bodo Börner zum 70. Geburtstag, Köln 1992, S. 717–727
Huster, Stefan, Rechte und Ziele – Zur Dogmatik des allgemeinen Gleichheitssatzes, Berlin 1993
– Gleichheit und Verhältnismäßigkeit – Der allgemeine Gleichheissatz als Eingriffsrecht, JZ 1994, 541–549
Ipsen, Jörn, Gesetzliche Einwirkungen auf grundrechtlich geschützte Rechtsgüter, JZ 1997, 473–480
Isensee, Josef, Vertragsfreiheit im Griff der Grundrechte – Inhaltskontrolle von Verträgen am Maßstab der Verfassung, in: Festschrift für Bernhard Großfeld zum 65. Geburtstag, Heidelberg 1999, S. 485–514
Isensee, Josef/Kirchhof, Paul (Hsg.), Handbuch des Staatsrechts der Bundesrepublik Deutschland, Heidelberg 1987 ff. [zit. HStR *Band*]
Jakobs, Michael Ch., Der Grundsatz der Verhältnismäßigkeit, Köln u.a. 1985
Jansen, Nils, Die Struktur rationaler Abwägungen, ARSP Beiheft Nr. 66 (1997), 152–168
– Die Abwägung von Grundrechten, Der Staat 36 (1997), 27–54
Jarass, Hans D., Die Grundrechte: Abwehrrechte und objektive Grundsatznormen – Objektive Grundrechtsgehalte, insb. Schutzpflichten und privatrechtsgestaltende Wirkung, in: Festschrift 50 Jahre Bundesverfassungsgericht, 2. Band, Tübingen 2001, S. 35–53
Jestaedt, Matthias, Grundrechtsentfaltung im Gesetz – Studien zur Interdependenz von Grundrechtsdogmatik und Rechtsgewinnungstheorie, Tübingen 1999
Kelsen, Hans, Reine Rechtslehre, 1. Aufl., Leipzig u.a. 1934, 2. Aufl., Wien 1960
Kirchhof, Ferdinand, Private Rechtsetzung, Berlin 1987
Kirchhof, Paul, Der Vertrag als Ausdruck grundrechtlicher Freiheit, in: Festschrift für Peter Ulmer zum 70. Geburtstag, Berlin 2003, S. 1211–1230
Koch, Hans-Joachim, Die normtheoretische Basis der Abwägung, in: Erbguth, Wilfried (Hsg.), Abwägung im Recht – Symposium und Verabschiedung von Werner Hoppe am 30. Juni 1995 in Münster aus Anlaß seiner Emeritierung, Köln u.a. 1996, S. 9–24
Koch, Thorsten, Der Grundrechtsschutz des Drittbetroffenen, Tübingen 2000
Köhler, Wolfgang/Kossmann, Ralph, Handbuch der Wohnraummiete, 4. Aufl., München 1996
Köndgen, Johannes, Selbstbindung ohne Vertrag – Zur Haftung aus geschäftsbezogenem Handeln, Tübingen 1981
Krebs, Peter, Die Begründungslast, AcP 195 (1995), 171–211

Kriele, Martin, Kriterien der Gerechtigkeit – Zum Problem des rechtsphilosophischen und politischen Relativismus, Berlin 1963
Krüger, Herbert, Die negative Koalitionsfreiheit, BB 1956, 969–972
Kübler, Friedrich, Gesellschaftsrecht, 5. Aufl., Heidelberg u.a. 1998
Küster, Otto, Über die beiden Erscheinungsformen der Gerechtigkeit, nach Aristoteles, in: Festschrift für Ludwig Raiser zum 70. Geburtstag, Tübingen 1974, S. 541–558
Landau, Peter, Begrenzung der privatrechtlichen Gestaltungsfreiheit, in: Posser, Diether/Wassermann, Rudolf (Hrsg.), Freiheit in der sozialen Demokratie, Karlsruhe 1975, S. 103–114
Larenz, Karl, Richtiges Recht – Grundzüge einer Rechtsethik, München 1979
– Allgemeiner Teil des Bürgerlichen Rechts, 7. Aufl., München 1989
Larenz, Karl/Canaris, Claus-Wilhelm, Methodenlehre der Rechtswissenschaft, 3. Aufl., Berlin u.a. 1995
Larenz, Karl/Wolf, Manfred, Allgemeiner Teil des Bürgerlichen Rechts, 8. Aufl., München 1997
Leisner, Walter, Grundrechte und Privatrecht, München 1960
– Der Abwägungsstaat – Verhältnismäßigkeit als Gerechtigkeit?, Berlin 1997
Lenckner, Theodor, Der rechtfertigende Notstand, Tübingen 1965
Lerche, Peter, Übermaß und Verfassungsrecht – Zur Bindung des Gesetzgebers an die Grundsätze der Verhältnismäßigkeit und Erforderlichkeit, Köln u.a. 1961
Lettl, Tobias, Die Anpassung von Personengesellschaftsverträgen (GbR, oHG) aufgrund von Zustimmungspflichten der Gesellschafter, AcP 202 (2002), 3–39
Lieb, Manfred, Sonderprivatrecht für Ungleichgewichtslagen? Überlegungen zum Anwendungsbereich der sogenannten Inhaltskontrolle privatrechtlicher Verträge, AcP 178 (1978), 196–226
– Culpa in contrahendo und rechtsgeschäftliche Entscheidungsfreiheit, in: Festschrift für Dieter Medicus, Köln u.a. 1999, S. 337–352
Limbach, Jutta, Das Rechtsverständnis in der Vertragslehre, JuS 1985, 10–15
Lobinger, Thomas, Rechtsgeschäftliche Verpflichtung und autonome Bindung, Tübingen 1999
Löwisch, Manfred, Rechtswidrigkeit und Rechtfertigung von Forderungsverletzungen, AcP 165 (1965), 421–451
Looschelders, Dirk, Die Ausstrahlung der Grundrechte auf das Schadensrecht, in: Wolter, Jürgen/Riedel, Eibe/Taupitz, Jochen (Hsg.), Einwirkungen der Grundrechte auf das Zivilrecht, Öffentliche Recht und Strafrecht – Mannheimer Fakultätstagung über 50 Jahre Grundgesetz, Heidelberg 1999, S. 93–111
Looschelders, Dirk/Roth, Wolfgang, Grundrechte und Vertragsrecht: Die verfassungskonforme Reduktion des § 565 Abs. 2 Satz 2 BGB, JZ 1995, 1034–1046
Lorenz, Stephan, Der Schutz vor dem unerwünschten Vertrag, München 1997
– Vertragsaufhebung wegen unzulässiger Einflußnahme auf die Entscheidungsfreiheit: der BGH auf dem Weg zur reinen Abschlußkontrolle?, NJW 1997, 2578–2580
– Vertragsaufhebung wegen culpa in contrahendo: Schutz der Entscheidungs-

freiheit oder des Vermögens? – Eine Besprechung des Urteils des Bundesgerichtshofs vom 26. September 1997, ZIP 1998, 154 –, ZIP 1998, 1053–1057

Lübbe-Wolff, Gertrude, Die Grundrechte als Eingriffsabwehrrechte – Struktur und Reichweite der Eingriffsdogmatik im Bereich staatlicher Leistungen, Baden-Baden 1988

Luig, Klaus, Vertragsfreiheit und Äquivalenzprinzip im gemeinen Recht und im BGB – Bemerkungen zur Vorgeschichte des § 138 Abs. 2 BGB, in: Festgabe für Helmut Coing zum 70. Geburtstag, Frankfurt 1982, S. 171–206

Lurger, Brigitta, Vertragliche Solidarität – Entwicklungschancen für das allgemeine Vertragsrecht in Österreich und in der Europäischen Union, Baden-Baden 1998

Lutter, Marcus, Theorie der Mitgliedschaft – Prolegomena zu einem Allgemeinen Teil des Korporationsrechts –, AcP 180 (1980), 84–159
– Die Treupflicht des Aktionärs – Bemerkungen zur Linotype-Entscheidung des BGH, ZHR 153 (1989), 446–471
– Das Girmes-Urteil, ZIP 1995, 1053–1056
– Treupflichten und ihre Anwendungsprobleme, ZHR 162 (1998), 164–185

Malorny, Michael, Der Grundrechtsverzicht, JA 1974, 131–136

v. Mangoldt, Hans/Klein, Friedrich/Starck, Christian, Das Bonner Grundgesetz, 4. Aufl., München 1999

Manssen, Gerrit, Privatrechtsgestaltung durch Hoheitsakt, Tübingen 1994

Marsch-Barner, Reinhard, Treupflicht und Sanierung, ZIP 1996, 853–857

Masing, Johannes, Auslegung oder Auslegungsverweigerung? – Zum Parteienfinanzierungsurteil des VG Berlin, NJW 2001, 2353–2359

Maunz, Theodor/Dürig, Günter, Grundgesetz, München 1958 ff.

Mayer, Heinz, Der „Rechtserzeugungszusammenhang" und die sogenannte „Drittwirkung" der Grundrechte, JBl 1990, 768–772

Mayer-Maly, Theo, Das Ermessen im Privatrecht, in: Festschrift für Erwin Melichar, Wien 1983, S. 441–449

Medicus, Dieter, Der Grundsatz der Verhältnismäßigkeit im Privatrecht, AcP 192 (1992), 35–70

Merten, Detlef, Das Recht auf freie Entfaltung der Persönlichkeit – Art. 2 Abs. 1 GG in der Entwicklung, JuS 1976, 345–351
– Zur verfassungsrechtlichen Herleitung des Verhältnismäßigkeitsprinzips, in: Festschrift für Herbert Schambeck, Berlin 1994, S. 349–379

Metzner, Richard, Das Verbot der Unverhältnismäßigkeit im Privatrecht, Diss. Erlangen-Nürnberg 1970

Möschel, Wernhard, Recht der Wettbewerbsbeschränkungen, Köln u.a. 1983

v. Münch, Ingo/Kunig, Philip (Hsg.), Grundgesetz-Kommentar, 5. Aufl., München 2000

Münchener Kommentar zum Bürgerlichen Gesetzbuch, 4. Aufl., München 2000 [zit. MünchKomm]

Münchener Handbuch zum Arbeitsrecht, hrsg. von *Reinhard Richardi/Otfried Wlotzke,* 2. Aufl., München 2000–2001

Murswiek, Dietrich, Die staatliche Verantwortung für die Risiken der Technik, Berlin 1985
Natterer, Joachim, Materielle Kontrolle von Kapitalherabsetzungsbeschlüssen? – Die Sachsenmilch-Rechtsprechung, AG 2001, 629–635
Neuner, Jörg, Privatrecht und Sozialstaat, München 1999
– Der Schutz und die Haftung Dritter nach vertraglichen Grundsätzen, JZ 1999, 126–136
Oechsler, Jürgen, Gerechtigkeit im modernen Austauschvertrag – Die theoretischen Grundlagen der Vertragsgerechtigkeit und ihr praktischer Einfluß auf Auslegung, Ergänzung und Inhaltskontrolle des Vertrages, Tübingen 1997
Oeter, Stefan, „Drittwirkung" der Grundrechte und die Autonomie des Privatrechts – Ein Beitrag zu den funktionell-rechtlichen Dimensionen der Drittwirkungsdebatte, AöR 119 (1994), 529–563
Oetker, Hartmut, Das Dauerschuldverhältnis und seine Beendigung, Tübingen 1994
Ohly, Ansgar, „Volenti non fit iniuria" – Die Einwilligung im Privatrecht, Tübingen 2002
Oldiges, Martin, Neue Aspekte der Grundrechtsgeltung im Privatrecht, in: Festschrift für Karl Heinrich Friauf, Heidelberg 1996, S. 281–308
Ossenbühl, Fritz, Diskussionsbeitrag, in: VVDStRL 39 (1981), S. 189 ff.
– Abwägung im Verfassungsrecht, in: Erbguth, Wilfried (Hsg.), Abwägung im Recht – Symposium und Verabschiedung von Werner Hoppe am 30. Juni 1995 in Münster aus Anlaß seiner Emeritierung, Köln u.a. 1996, S. 25–41
Palandt, Bürgerliches Gesetzbuch, 62. Aufl., München 2003
Paschke, Marian, Das Dauerschuldverhältnis der Wohnraummiete – Grundfragen der privatautonomen Gestaltung des Wohnraummietverhältnisses, Berlin 1991
Pawlowski, Hans-Martin, Verfassungsgerichtsbarkeit und Privatrecht, in: Wolter, Jürgen/Riedel, Eibe/Taupitz, Jochen (Hsg.), Einwirkungen der Grundrechte auf das Zivilrecht, Öffentliche Recht und Strafrecht – Mannheimer Fakultätstagung über 50 Jahre Grundgesetz, Heidelberg 1999, S. 39–53
– Verfassungsrechtliche Vorgaben für die Auslegung des § 242 BGB? – Zur Auslegung des § 93 c BVerfGG, JZ 2002, 627–633
Pieroth, Bodo/Schlink, Bernhard, Grundrechte – Staatsrecht II, 19. Aufl., Heidelberg 2003
Pietrzak, Alexandra, Die Schutzpflicht im verfassungsrechtlichen Kontext – Überblick und neue Aspekte, JuS 1984, 748–753
Pietzcker, Jost, Die Rechtsfigur des Grundrechtsverzichts, Der Staat 17 (1978), S. 527–551
Preis, Ulrich, Grundfragen der Vertragsgestaltung im Arbeitsrecht, Neuwied u.a. 1993
– Verhältnismäßigkeit und Privatrechtsordnung, in: Festschrift für Thomas Dieterich, München 1999, S. 429–462
Radbruch, Gustav, Rechtsphilosophie, 8. Aufl., Stuttgart 1973

Raiser, Ludwig, Grundgesetz und Privatrechtsordnung, in: Verhandlungen des 46. Deutschen Juristentages, 1966, Bd. II Teil B, München 1967, S. 5–31
- Die Zukunft des Privatrechts, Berlin u.a. 1971

Ramm, Thilo, Die Freiheit der Willensbildung – Zur Lehre von der Drittwirkung der Grundrechte und der Rechtsstruktur der Vereinigung, Stuttgart 1960

Rehm, Gebhard M., Aufklärungspflichten im Vertragsrecht, München 2003

Remmert, Barbara, Verfassungs- und verwaltungsrechtsgeschichtliche Grundlagen des Übermaßverbots, Heidelberg 1995
- Grundfreiheiten und Privatrechtsordnung, JURA 2003, 13–19

Renzikowski, Joachim, Notstand und Notwehr, Berlin 1994

Reuss, Karl-Friedrich, Die Intensitätsstufen der Abreden und die Gentlemen-Agreements, AcP 154 (1955), 485–526

Reuter, Dieter, Freiheitsethik und Privatrecht, DZWiR 1993, 45–53

Rittner, Fritz, Über das Verhältnis von Vertrag und Wettbewerb, AcP 188 (1988), 101–139

Robbers, Gerhard, Der Grundrechtsverzicht – Zum Grundsatz ‚volenti non fit iniuria' im Verfassungsrecht, JZ 1994, 925–931

Röttger, Robert, Die Kernbereichslehre im Recht der Personenhandelsgesellschaften, Heidelberg 1989

Roscher, Falk, Vertragsfreiheit als Verfassungsproblem – dargestellt am Beispiel der Allgemeinen Geschäftsbedingungen, Berlin 1974

Roth, Wolfgang, Faktische Eingriffe in Freiheit und Eigentum – Struktur und Dogmatik des Grundrechtstatbestandes und der Eingriffsrechtfertigung, Berlin 1994
- Die Grundrechte als Maßstab einer Vertragsinhaltskontrolle, in: Wolter, Jürgen/Riedel, Eibe/Taupitz, Jochen (Hsg.), Einwirkungen der Grundrechte auf das Zivilrecht, Öffentliche Recht und Strafrecht – Mannheimer Fakultätstagung über 50 Jahre Grundgesetz, Heidelberg 1999, S. 229–249

Ruffert, Matthias, Vorrang der Verfassung und Eigenständigkeit des Privatrechts – Eine verfassungsrechtliche Untersuchung zur Privatrechtswirkung des Grundgesetzes, Tübingen 2001

Rupp, Hans-Heinrich, „Dienende" Grundrechte, „Bürgergesellschaft", „Drittwirkung" und „soziale Interdependenz" der Grundrechte, JZ 2001, 271–277

Sachs, Michael, „Volenti non fit inuiria" – Zur Bedeutung des Willens des Betroffenen im Verwaltungsrecht, VerwArch 76 (1985), 398–426
- Die relevanten Grundrechtsbeeinträchtigungen, JuS 1995, 303–307
- Grundgesetz, 3. Aufl., München 2003

Savigny, Friedrich Carl von, Das Obligationenrecht als Theil des heutigen Römischen Rechts, Erster Band, Berlin 1851

Schapp, Jan, Grundfragen der Rechtsgeschäftslehre, Tübingen 1986
- Über die Freiheit im Recht, AcP 192 (1992), 355–389
- Grundrechte als Wertordnung, JZ 1998, 913–918

Schlegelberger, Handelsgesetzbuch, 5. Aufl., München 1973–1992

Schlink, Bernhard, Abwägung im Verfassungsrecht, Berlin 1976
- Der Grundsatz der Verhältnismäßigkeit, in: Festschrift 50 Jahre Bundesverfassungsgericht, Tübingen 2001, 2. Band, S. 445–465

Schmidlin, Bruno, Die beiden Vertragsmodelle des europäischen Zivilrechts: das naturrechtliche Modell der Versprechensübertragung und das pandektistische Modell der vereinigten Willenserklärungen, in: Festschrift für Seiler, Heidelberg 1999, S. 187–206
Schmidt, Jürgen, Vertragsfreiheit und Schuldrechtsreform – Überlegungen zur Rechtfertigung der inhaltlichen Gestaltungsfreiheit bei Schuldverträgen, Berlin 1985
Schmidt, Karsten, Gesellschaftsrecht, 4. Aufl., Köln u.a. 2002
Schnur, Roman, Buchbesprechung von: Peter Häberle, Die Wesensgehaltsgarantie des Art. 19 Abs. 2 Grundgesetz, DVBl 1965, 489–492
Schön, Wolfgang, Der Aktionär im Verfassungsrecht, in: Festschrift für Peter Ulmer zum 70. Geburtstag, Berlin 2003, S. 1359–1392
Schubert, Claudia, Ist der Außenseiter vor der Normsetzung durch die Tarifvertragsparteien geschützt? – Ein Beitrag zum sachlichen Schutzbereich der negativen Koalitionsfreiheit, RdA 2001, 199–207
Schwabe, Jürgen, Die sogenannte Drittwirkung der Grundrechte, München 1971
– Bundesverfassungsgericht und „Drittwirkung" der Grundrechte, AöR 100 (1975), 442–470
– Probleme der Grundrechtsdogmatik, Darmstadt 1977
– Der Schutz des Menschen vor sich selbst, JZ 1998, 66–75
Seiter, Hugo, Streikrecht und Aussperrungsrecht – Ein Arbeitskampfsystem auf der Grundlage subjektiv-privater Kampfrechte, Tübingen 1975
Stoffels, Markus, AGB-Recht, München 2003
Singer, Reinhard, Selbstbestimmung und Verkehrsschutz im Recht der Willenserklärungen, München 1995
– Vertragsfreiheit, Grundrechte und der Schutz des Menschen vor sich selbst, JZ 1995, 1133–1141
– Der Kalkulationsirrtum – ein Fall für Treu und Glauben?, JZ 1999, 342–349
Söllner, Alfred, Einseitige Leistungsbestimmung im Arbeitsverhältnis, Wiesbaden 1966
– Der verfassungsrechtliche Rahmen für Privatautonomie im Arbeitsrecht, RdA 1989, 144–150
– Die Änderung von Arbeitsbedingungen durch Weisung, in: Hromodka, Wolfgang (Hsg.), Änderung von Arbeitsbedingungen, Heidelberg 1990, S. 13–34
Soergel, Bürgerliches Gesetzbuch, 13. Aufl., Stuttgart 1999
Staub, Hermann (Begr.), Großkommentar zum Handelsgesetzbuch, Berlin u.a. 1983 ff.
Staudinger, Kommentar zum Bürgerlichen Gesetzbuch, [zit nach Aufl.] Berlin 1957 ff.
von Stebut, Der soziale Schutz als Regelungsproblem des Vertragsrechts – Die Schutzbedürftigkeit von Arbeitnehmern und Wohnungsmietern, Berlin 1982
Stern, Klaus, Zur Grundlegung einer Lehre des öffentlich-rechtlichen Vertrages, VerwArch 49 (1958), 106–157
– Das Staatsrecht der Bundesrepublik Deutschland, München 1977 ff.

- Zur Entstehung und Ableitung des Übermaßverbots, in: Festschrift für Peter Lerche, München 1993, S. 165–175
- Die Grundrechte und ihre Schranken, in: Festschrift 50 Jahre Bundesverfassungsgericht, 2. Band, Tübingen 2001, S. 1–34
- Probleme der Ausstrahlungswirkung der Grundrechte auf das Privatrecht, in: Festschrift für Herbert Wiedemann, München 2002, S. 133–154

Sternel, Friedemann, Mietrecht, 3. Aufl., Köln 1988

Sieckmann, Jan-R., Zur Begründung von Abwägungsurteilen, Rechtstheorie 26 (1995), 45–69

Struck, Gerhard, Vertragsfreiheit – Ein Grundrecht?, Demokratie und Recht 1988, 39–48

Sturm, Gerd, Probleme eines Verzichts auf Grundrechte, in: Festschrift für Willi Geiger, Tübingen 1974, S. 173–198

Suhr, Dieter, Entfaltung des Menschen durch die Menschen – Zur Grundrechtsdogmatik der Persönlichkeitsentfaltung, der Ausübungsgemeinschaften und des Eigentums, Berlin 1976
- Freiheit durch Geselligkeit – Institut, Teilhabe, Verfahren und Organisation im systematischen Raster eines neuen Paradigmas, EuGRZ 1984, 529–546
- Gleiche Freiheit – Allgemeine Grundlagen und Reziprozitätsdefizite in der Geldwirtschaft, Augsburg 1988

von Tuhr, Andreas, Der Allgemeine Teil des Deutschen Bürgerlichen Rechts, 1. Band: Allgemeine Lehren und Personenrecht, Berlin 1957 (Unveränderter Nachdruck der Ausgabe Berlin 1910–1918)

Thiele, Wolfgang, Die Zustimmungen in der Lehre vom Rechtsgeschäft, Köln u.a. 1966

Ulmer, Peter, Hundert Jahre Personengesellschaftsrecht: Rechtsfortbildung bei OHG und KG, ZHR 161 (1997), 102–132

Wackerbarth, Ulrich, Unternehmer, Verbraucher und die Rechtfertigung der Inhaltskontrolle vorformulierter Verträge, AcP 200 (2000), 44–90

Weitnauer, Hermann, Der Schutz des Schwächeren im Zivilrecht, Karlsruhe 1975

Wendt, Rudolf, Der Garantiegehalt der Grundrechte und das Übermaßverbot – Zur maßstabsetzenden Kraft der Grundrechte in der Übermaßprüfung, AöR 104 (1979), 414–474

Werner, Olaf, Staatliches Gewaltmonopol und Selbsthilfe bei Bagatellforderungen, in: 100 Jahre BGB – 100 Jahre Staudinger: Beiträge zum Symposium vom 18.–20. Juni 1998 in München, Berlin 1999, S. 48–57

Westermann, Harm Peter, Vertragsfreiheit und Typengesetzlichkeit im Recht der Personengesellschaften, Berlin 1970
- Die Anpassung von Gesellschaftsverträgen an veränderte Umstände, in: Festschrift für Wolfgang Hefermehl zum 70. Geburtstag, München 1976, S. 225–242
- Der Fortschrittsgedanke im Privatrecht, NJW 1997, 1–9
- Die Gestaltungsfreiheit im Personengesellschaftsrecht in den Händen des Bundesgerichtshofs, in: Festschrift 50 Jahre BGH, München 2000, S. 245–272

Wieacker, Franz, Geschichtliche Wurzeln des Prinzips der verhältnismäßigen

Rechtsanwendung, in: Festschrift für Robert Fischer, Berlin u.a. 1979, S. 867–881

Willoweit, Dietmar, Schuldverhältnis und Gefälligkeit – Dogmatische Grundfragen, JuS 1986, 909–916

Windel, Peter A., Über Privatrecht mit Verfassungsrang und Grundrechtswirkungen auf der Ebene einfachen Privatrechts, Der Staat 37 (1998), 385–410

Wolf, Manfred, Rechtsgeschäftliche Entscheidungsfreiheit und vertraglicher Interessenausgleich, Tübingen 1970

Wolff, Hans J., Über die Gerechtigkeit als principium juris, in: Festschrift für Wilhelm Sauer, Berlin 1949, S. 103–120

– Rechtsgrundsätze und verfassunggestaltende Grundentscheidungen als Rechtsquellen, in: Gedächtnisschrift Walter Jellinek, München 1955, S. 33–52

Zippelius, Reinhold, Rechtsphilosophie, 3. Aufl., München 1994

Zöllner, Wolfgang, Die Schranken mitgliedschaftlicher Stimmrechtsmacht bei den privatrechtlichen Personenverbänden, München u.a. 1963

– Die Rechtsnatur der Tarifnormen nach deutschem Recht, Wien 1966
– Privatautonomie und Arbeitsverhältnis – Bermerkungen zu Parität und Richtigkeitsgewähr beim Arbeitsvertrag, AcP 176 (1976), 221–246
– Die Anpassung von Personengesellschaftsverträgen an veränderte Umstände, Karlsruhe 1979
– Die gesetzgeberische Trennung des Datenschutzes für öffentliche und private Datenverarbeitung, RDV 1985, 3–16
– Die politische Rolle des Privatrechts, JuS 1988, 329–336
– Immanente Grenzen arbeitsvertraglicher Regelungen, RdA 1989, 152–162
– Regelungsspielräume im Schuldvertragsrecht, AcP 196 (1996), 1–36
– Vorsorgende Flexibilisierung durch Vertragsklauseln, NZA 1997, 121–129
– Zur Problematik der aktienrechtlichen Anfechtungsklage, AG 2000, 145–157
– Kontrahierungszwang und Vertragsfreiheit – Negation oder Immanenz?, in: Festschrift für Franz Bydlinski, Wien u.a., S. 517–531

Zöllner, Wolfgang/Hanau, Hans, Die verfassungsrechtlichen Grenzen der Beseitigung von Mehrstimmrechten bei Aktiengesellschaften, AG 1997, 206–219

Register

Abgrenzungsfreiheit 25 f.
Ableitungszusammenhang s. Stufenbau der Rechtsordnung
Abstraktionsprinzip 40
Abwägung 4, 33, 57, 73 ff., 80, 91 ff., 97, 103 f., 108, 112, 114, 116 f., 120, 122, 133, 140
- rechtstheoretische Präzisierung der 97 Fn. 10
- Vorrangrelation 73, 91, 93 f., 140
Abwägungserfordernis 3, 77, 93, 95, 105, 120
Abwägungsergebnis 110
Abwägungsgebot s. Abwägungserfordernis
Abwägungsmaßstab 98, 128, 131, 133
Abwägungsnotwendigkeit s. Abwägungserfordernis
Abwägungsvorgang 3, 95 f., 111
Abwehrfunktion s. Grundrechte
Äquivalenzgebot 108 Fn. 41
Äquivalenzprinzip 75 f., 99, 104 ff., 109 ff., 119, 121 f., 127 f.
- objektives 49 Fn. 94, 67
- subjektives 49, 76, 79, 88, 104 f., 112, 122 f., 141
Allgemeine Geschäftsbedingungen 81 ff., 123 f.
Angebot 16 ff., 24 Fn. 12
- Abgrenzung zur Ermächtigung 16 f.
Anerkennung, gesetzliche/staatliche 6, 31, 35 ff., 45 f., 50 f., 56, 65 f., 69, 87, 139
Angemessenheitskontrolle 1 f., 4, 7, 31, 93, 95, 121, 127, 140

Angemessenheits-Verhältnismäßigkeit s. Verhältnismäßigkeit
Anspruch 10, 14 ff., 18 f., 24, 26 Fn. 17, 30, 35, 49, 53, 65 f.
Anspruchsbegründung/-einräumung 14, 16 f., 47, 65
Arbeitsverhältnis 9 Fn. 29, 74, 84 Fn. 207
- Leistungsbestimmungsrecht des Arbeitgebers 126 f.
- Umgestaltungsvorbehalt im 88 Fn. 220, 126 f., 128 f.
- Weisungsrecht im 12 Fn. 12, 78, 126
Arbeitsvertrag s. Arbeitsverhältnis
Argumentationslast 96, 106 ff., 111, 114, 119, 122 ff., 135, 140
- Abgrenzung zur Beweislast 106
Ausgestaltung s. Gestaltungsmacht
Auslegung 4 Fn. 16, 61 f., 79 f., 84 f., 128, 135
- vertragsbegrenzende 79 f.
- vertragsergänzende 80 f.
Austauschgerechtigkeit s. Gerechtigkeit, ausgleichende
Ausübungskontrolle
- Abgrenzung zur Inhaltskontrolle 5, 94

Begründungslast s. Argumentationslast
Beschwer 18, 20, 33 f., 38 f., 91
Bestandsinteresse 87, 91 f., 102, 105, 108 ff., 114, 116, 128, 132, 135, 140 f.
Beweislast 106, 108 Fn. 46, 126

– Abgrenzung zur Argumentationslast 106
Bindungswille s. Rechtsbindungswille

Delegationskette 11, 13
Disparität s. Imparität
Disposition s. Freiheitsdisposition
Drittwirkung der Grundrechte 6, 51 ff., 95, 139
– Theorie der mittelbaren Drittwirkung 51, 55, 57, 60 ff.
– Theorie der unmittelbaren Drittwirkung 52 ff.

Eingriff, potentieller 29 ff., 67 Fn. 147
Eingriffsbefugnis s. Eingriffskompetenz
Eingriffsdogmatik 62 Fn. 130
Eingriffsermächtigung, gesetzgeberische/gesetzliche 86 f.
Eingriffshürde 84
Eingriffsinteresse 89 ff., 102, 105, 108 ff., 114, 116, 127, 136
Eingriffskompetenz 18 Fn. 23, 88 f., 102, 140
Eingriffsrechtfertigung 111, 115, 121, 131, 136 f.
Eingriffsschwelle 68
Einwilligung 56 f.
– s. auch Freiheitsdisposition; Selbstbindung; Verzicht auf die negative Vertragsfreiheit
Einziehungsbefugnis 34
Entfaltungsfreiheit 27
Erforderlichkeit
– Grundsatz der 96, 110 f., 117 ff., 119 ff., 135
– Gebot der 111, 119, 122, 127 ff.
Ermächtigung
– abstrakte 78 f., 82, 92, 112, 122, 126, 135
– private/rechtsgeschäftliche/vertragliche 10 ff., 19, 51, 78 f., 84, 88, 94, 107, 122, 125, 127, 129

– gesetzliche/staatliche 10 ff., 20, 78, 84, 90, 92, 94, 139 f.
– Abgrenzung zum Angebot 16 f.
– s. auch Freiheitsdisposition; Rechtsbindungswille; Selbstbindung; Unterwerfung; Willenskonkretisierung
Ermächtigungsgeschäft 11 ff., 19 f., 94
Ermächtigungsnorm 13, 20, 69, 78, 94
– verfassungskonforme Reduktion der 69 f.
– s. auch Geltungsanordnung; Überschießen der gesetzlichen Ermächtigungsnorm
„Etatistische Konvergenztheorie" 55 ff.

Freiheit
– „ausgedünnte" 5, 79, 104, 127
– materialisierte 49
– natürliche 6, 14, 22, 28, 29, 44, 47, 50, 53, 56, 64 ff.
– negative s. Vertragsfreiheit
– normativ konstituierte 28 Fn. 24, 47 f.,
– positive s. Vertragsfreiheit
– Präponderanz 106, 108, 119
– vorrechtliche s. natürliche
– Schwellengewicht der 106, 120
– s. auch Urzustand
Freiheitsdefizit 77, 101
Freiheitsdisposition 17 ff., 24, 29, 31 ff., 38, 42 f., 48 f., 55, 59, 65 f., 69, 71 ff., 77 ff., 104, 118, 122, 139 f.
– abstrakte 78, 104 f.
– Bereicherungswirkung der 18, 47 f.
– Disponibilität, beschränkte 73 ff.
– Dispositionsbefugnis/-freiheit 55, 66, 69
– Dispositionsobjekt 71 ff.
– Dispositionsschutz 48 ff.
– Dispositionssubjekt 71 ff.
– Dispositionsverbot 72 f.
– Enteignungswirkung der 18, 47 f.

- s. auch Einwilligung; Selbstbindung; Verzicht auf die negative Vertragsfreiheit
Freiheitspartikel 26 Fn. 16
Freiheitsrecht 48, 57 Fn. 116, 90 Fn. 224, 104, 117, 127
Freiheitsschutz 1 ff., 20, 69, 71, 95 f., 134
Freiheitssphäre 1, 16, 19, 30, 44, 46, 53, 59, 68 f., 85, 108, 115, 132
Freiheitsverletzung 65, 73
Freiheitsvermutung 108
Freiheitsverzicht s. Verzicht auf die negative Vertragsfreiheit
Friedensordnung 23, 39, 54, 90

Gebot des Überwiegens des Gestaltungsinteresses s. Gestaltungsinteresse
Geltungsanordnung, staatliche/ gesetzliche 27 ff., 37 f., 45, 53, 56, 69, 86, 91 ff., 104
- s. auch Ermächtigungsnorm; Überschießen
Geltungsbefehl s. Geltungsanordnung
Geltungserklärung 32 ff., 87
Gemeinschaftsgrundrechte 62 f. Fn. 133
Generalklauseln, zivilrechtliche 61 ff., 70
- als „Einbruchstellen" 61 ff., 70
Gentlemen's agreement 32
Gerechtigkeit 98 ff., 103, 113, 115
- ausgleichende 82 Fn. 204, 99 ff., 101, 104 f., 113
- austeilende 98 ff., 113 f.
- schützende 102 f., 114
- soziale 70 Fn. 151
Gerechtigkeitsgebot s. Gerechtigkeitsprinzip
Gerechtigkeitsgefühl 3
Gerechtigkeitsmaßstab 104 f., 113
Gerechtigkeitsmaximen 103 ff., 112 ff., 140

- Komplementarität der 135 ff.
Gerechtigkeitsprinzip 115, 137 f.
Gerechtigkeitsproportion 102, 111
Geschäftsfähigkeit, wirtschaftliche 71, 75
Gesellschaftsrecht 72, 78, 86, 118, 128 Fn. 115, 129 ff.
- Bestimmtheitsgrundsatz 135 f.
- Gesellschaftermehrheit 72, 78, 131
- Gesellschaftsinteresse 118, 131, 135, 137
- Gesellschaftsvertrag 135 ff.
- Gesellschaftszweck 131 ff.
- Kapitalgesellschaft 129, 134
- Kapitalherabsetzung 129 ff.
- Minderheitsgesellschafter 131 ff.
- Personengesellschaft 88, 130, 135 f.
- Sanierung einer Kapitalgesellschaft 129 ff.
- Strukturmaßnahmen 72, 107, 130 f., 137
- s. auch Kernbereich; Zustimmungspflicht
Gesetzesrecht s. Vertragsrecht
Gesetzesvorbehalt 55, 84 ff., 88 f., 92, 113 f., 129, 131, 136, 140
- s. auch Wesentlichkeitslehre
Gestaltungsfreiheit 16, 34
Gestaltungsinteresse 87, 92, 107 ff., 122 ff., 127 ff., 133, 135, 140 f.
- Gebot des Überwiegens des Gestaltungsinteresses 107, 122, 127 ff., 135
- Verbot des Unterliegens des Gestaltungsinteresses 108, 122 ff.
Gestaltungsmacht, private 1, 2, 5 ff., 9 f., 14 f., 19 f., 24, 44 ff., 60, 69 f., 73, 78 f., 82 f., 85 ff., 101, 104 f., 107 ff., 112, 115, 117 ff., 127, 131, 134 f., 139 f.
- Ausgestaltung, gesetzliche/rechtliche/staatliche 6, 22, 33 Fn. 41, 39 ff., 44 f., 47, 58 f., 67 Fn. 147, 89, 139

- Sanktionierung, staatliche 13, 20, 28 ff., 36, 45, 47, 90, 96, 139
Gestaltungsmachtinhaber 11 f., 15, 47, 81, 86, 88, 92, 104 ff., 108 f., 113 f., 117 f., 121 ff., 140
Gestaltungsrecht 9 ff., 46 ff., 79
- „klassisches" 14 f., 46
- rechtsänderndes 14 ff., 78, 86
- rechtsaufhebendes 14 ff., 78, 86
- rechtsbegründendes 16 ff., 78
- zweiseitig auszuübendes 12
Gestaltungsrechtsinhaber s. Gestaltungsmachtinhaber
Gewaltmonopol 38 f., 54
Gleichheitsbindung 112, 115
Gleichheitssatz 94, 115 f.
Gleichheitsverletzung 115 ff.
Grundfolgentheorie 32
Grundfreiheiten 62 f. Fn. 133
Grundrechte
- Abwehrfunktion 33 Fn. 41, 45, 47, 50, 52 ff., 59 f., 62, 64 f., 67, 69, 79, 94, 140
- Drittwirkung s. dort
- Geltung 3, 22, 31, 45, 47, 51 ff.
- als Optimierungsgebote 46 m. Fn. 87
- Schranke 84 ff.
- Schutzfunktion/Schutzgebotslehre 62 ff., 73
- status negativus 45, 50, 73, 94
- status positivus 45 f., 67
- Werteordnung, objektive 3, 60 f., 63
- Wirkung 2, 4, 6, 21 ff., 41 ff., 45, 51 ff., 95
Grundrechtsbindung 54, 56 f., 59 f., 62, 68 ff., 91
Grundrechtsverletzung 69 f., 73
Grundrechtsverzicht 42 f., 139
Grundsatz der Verhältnismäßigkeit s. Verhältnismäßigkeitsprinzip
Güterabwägung s. Abwägung

Handlungsfreiheit 24, 26, 33, 45

- allgemeine 21, 29, 64 f., 67, 84
- natürliche 53, 56
Herrschaftsrecht 9 f., 14, 16, 26

Imparität 74 ff., 123
In dubio pro libertate 108 f., 111
Inäquivalenz 75 ff.
Inhaltskontrolle 2, 5, 7, 21, 57, 71, 74 f., 80 f., 83, 94, 112, 123 f.
- Abgrenzung zur Ausübungskontrolle 5, 94
Inhaltsunterwerfung 82
- s. auch Regelungsunterwerfung
Intellektuelle Defizite 71
Interesse s. Gestaltungsinteresse
Interessenabwägung s. Abwägung
Iustitia commutativa s. Gerechtigkeit, ausgleichende
Iustitia distributiva s. Gerechtigkeit, austeilende
Iustitia protectiva s. Gerechtigkeit, schützende
Iustum pretium 105

Kaufvertrag 17 f., 40
Kernbereich
- absoluter/unverzichtbarer/ verzichtsfester 72
- relativer/mehrheitsfester/dispositionsabhängiger/unentziehbarer 72, 74, 88, 130, 136
Kernbereichslehre 130, 136
Konstitutionalisierung der Rechtsordnung 3

Laesio enormis 75 Fn. 170, 76
Leistungsbestimmungsrecht s. Arbeitsververhältnis
Lex contractus 29, 33
Lex situationis 93

Mehrheitsinteresse 132 ff.
Mehrheitsmacht 72, 78, 130 ff.
Mehrheitsprinzip 88 f., 130, 135 ff.
Mietverhältnis, Mietvertrag 74, 124 ff.

Naturalobligation 36
Non-liquet 106 ff.
Normbestandsschutz 50 f.
Normhierarchie 2, 5
Normlogischer Ansatz s. Stufenbau der Rechtsordnung
Normsetzung
– heteronome 11 f.
– private 85, 90 f. Fn. 227

Optimierungsgebot s. Grundrechte

Paternalistischer Schutz 70 ff., 125, 127
Prinzip des überwiegenden Interesses 102 f., 105 f., 107, 110, 119 f., 122
Privatautonomie 4, 6, 7, 9 ff., 21 ff., 25, 28, 30 ff., 40, 42, 44 f., 47, 50, 53 ff., 58, 60, 62, 65, 66 ff., 74 f., 82, 90, 104, 112, 132
– Selbstgesetzgebung 11, 31
– verfassungsrechtliche Gewährleistung 45 f., 67
Privatexekution 38, 54
Privatheteronomie 21, 44 f., 84, 87 f., 90, 97, 105, 127, 131, 139 f.
Privatrechtsordnung/Privatvertragsrechtsordnung s. Vertragsrechtsordnung
Privatvertragsrecht s. Vertragsrecht

Rechtsänderung s. Gestaltungsrecht
Rechtsaufhebung s. Gestaltungsrecht
Rechtsbegründung s. Gestaltungsrecht
Rechtsbindung 32, 40, 87
Rechtsbindungswille 33, 35, 37 f., 40, 82 f., 112
Rechtserzeugungszusammenhang s. Stufenbau der Rechtsordnung
Rechtsgeschäft 9 ff., 27 f., 32 ff., 38, 51 f., 54, 57 f., 61 f., 65, 68, 79, 83, 88, 130
Rechtsgeschäftslehre 81, 87
Rechtsgüter, unverzichtbare 65, 72

Rechtsidee s. Gerechtigkeit
Rechtsordnung 1 ff., 9 ff., 22 f., 28 f., 32, 35 ff., 44 ff., 51, 58 ff., 68 f., 86 f., 108, 112, 139
– s. auch Privatrechtsordnung
Rechtsqualität 27 ff., 32, 41, 53 Fn. 100, 60, 65, 68, 139
– s. auch Sanktionierung, staatliche
Rechtsstaat 38 f., 54, 89, 108
Rechtsstaatsgebot/-prinzip 43 Fn. 82, 94
Rechtswirkung 12, 15, 21 Fn. 4, 28, 39, 41, 45, 51, 69, 73, 86, 90 f., 141
Rechtszwang 27 ff., 29 ff., 36 ff., 53, 85
– s. auch Zwangsmittel, staatliche
Regelungsunterwerfung 78 ff., 81 ff., 122 f., 126, 133
– partielle 81 ff.
Richtigkeitschance 105

Sanktionierung, staatliche s. Gestaltungsmacht, private
Schranken privatautonomer Gestaltungsmacht 96, 121, 140
Schranken privatheteronomer Gestaltungsmacht 97, 140
Schranken-Schranke 89 ff., 92, 114
Schuldvertrag s. Vertrag
Schutz vor sich selbst 70
Schutzfunktion s. Grundrechte
Schutzgebotslehre s. Grundrechte
Schutzprinzip 102, 114, 119
– s. auch Iustitia protectiva
Selbstbestimmung 1, 7, 21, 24 f., 33, 64
Selbstbindung 5, 12 f., 15 f., 19, 22, 24, 25 Fn. 16, 29 ff., 47, 49, 54, 57, 59, 62, 65, 69, 70 ff., 77 ff., 87, 90, 92, 97, 105, 114, 127, 132, 139 f.
– Grenzen der 78 ff., 96 f., 122 ff.
– Schranken der 70 ff.
– s. auch Einwilligung; Freiheitsdisposition; Verzicht auf die negative Vertragsfreiheit

Selbstgesetzgebung s. Privatautonomie
Selbstschädigung 70
Selbstverantwortung 35 Fn. 49, 87, 90, 132
Solidarbindung 113
Solidaropfer 136
Solidaritätsprinzip 113
Stimmrechtsmacht 72, 107, 129 Fn. 119, 133
Stufenbau der Rechtsordnung 4, 9 ff., 13 f., 51, 58, 61 ff., 68
- Ableitungszusammenhang 10 ff., 51, 86, 100 Fn. 22
- Normlogischer Ansatz 4, 9 ff., 20, 37, 46
- Rechtserzeugungszusammenhang 13 f., 37, 48, 50, 57, 67, 86, 139

Treu und Glauben 79, 123, 126
Treupflicht 134, 136 f.

Übermaßverbot 109 ff.
Überschießen der gesetzlichen Ermächtigungsnorm/der gesetzlichen Geltungsanordnung 44 f., 59 f., 69, 78 ff., 84 ff., 94, 104 f., 130
- potentielles 78 ff., 94
- sicheres 84 ff., 94
- s. auch Ermächtigungsnorm; Geltungsanordnung
Überwiegensprinzip s. Prinzip des überwiegenden Interesses
Umgestaltungsvorbehalt s. Arbeitsverhältnis
Umverteilung 90 f., 103, 107, 113 f., 116, 132
Unterlassensfreiheit s. Vertragsfreiheit, negative
Untermaßverbot 64, 68
Unterwerfung 11 ff., 17, 50, 79, 92, 101, 105, 130, 132
- unter Mehrheitsmacht 78, 130, 132 ff.
- s. auch Ermächtigung; Regelungsunterwerfung; Selbstbindung
Unterwerfungsabrede 11 ff.
Unterwerfungsakt 12, 78 Fn. 186
Unverhältnismäßigkeit, Verbot der 107 f., 109, 111, 115, 122
Urzustand, vorrechtlicher 14, 22, 25 Fn. 15, 29, 45, 47
- s. auch Freiheit, natürliche; Vertragsfreiheit, negative

Verbot des Unterliegens des Gestaltungsinteresses s. Gestaltungsinteresse
Verfassungskonforme Reduktion s. Ermächtigungsnorm
Verhältnismäßigkeit
- Angemessenheits-Verhältnismäßigkeit 97, 104, 117 Fn. 70
- Gebot der 106 f., 109, 115, 122
Verhältnismäßigkeit i.e.S. 96 ff., 117 f., 119 ff.
- s. auch Abwägung
Verhältnismäßigkeit i.w.S. 96, 121 ff., 140
Verhältnismäßigkeitsprinzip 2 ff., 7, 47 Fn. 89, 68, 73, 94 ff., 98 ff., 103 ff., 108, 112 ff., 115 ff., 119 ff., 121 ff., 140 f.
- als Weichmacher 3, 93
Verhältnismäßigkeitsprüfung 3, 44, 55, 93 ff.
Verhaltensnorm 10, 16, 20, 91
Versprechensvertrag 25 Fn. 16
Verteilungsgerechtigkeit s. Gerechtigkeit, austeilende
Verteilungsprinzip, rechtsstaatliches 108
Vertrag
- rechtsbegründender 14 ff., 23 ff., 65
- Schuldvertrag 11, 18 ff.
- s. auch Selbstbindung
Vertragsfreiheit 4, 10, 14, 21, 23 ff.,

31 ff., 46, 55, 65, 66 Fn. 145, 84 Fn. 207, 100 f.
- Institutsgarantie 46
- materielle/materiale 74 f. m. Fn. 168, 82 Fn. 204
- negative 15, 23 ff., 29 ff., 32, 34, 37 f., 40, 42, 45, 49, 54, 58, 62 f. Fn. 133, 65, 78, 84 Fn. 207, 85, 87, 139
- positive 15 f., 23 ff., 29, 34, 40, 45, 49 ff., 58, 62 f. Fn. 133, 67, 78
- s. auch Verzicht auf die negative Vertragsfreiheit

Vertragsgerechtigkeit s. Gerechtigkeit, ausgleichende
Vertragsrecht 1 f., 4 f., 7, 21 f., 33, 35 47, 51, 54 ff., 57, 59 ff., 64, 67, 69, 90, 95, 107 Fn. 41
- dispositives 81, 124 Fn. 94
Vertragsrechtsordnung 27, 41 f., 45, 59, 89
- s. auch Rechtsordnung
Vertragstreue 33 ff.
Vertrauenshaftung 7, 87 f., 90
- s. auch Selbstverantwortung
Vertrauensschutz 49 f., 79, 82, 131
Verzicht auf die negative Vertragsfreiheit 24 ff., 31 ff., 47, 49, 69, 73, 78 f.

Vorrangrelation s. Abwägung

Weichmacher s. Verhältnismäßigkeitsprinzip
Weisungsrecht s. Arbeitsverhältnis
Wertordnung, objektive s. Grundrechte
Wesentlichkeitslehre 85 ff., 92, 113, 129, 136, 140
- s. auch Gesetzesvorbehalt
Wille, normierender 32 f.
Willensdisposition s. Freiheitsdisposition
Willenskonkretisierung 79 f., 104
- Abgrenzung zu vertragsergänzender Auslegung 80
- s. auch Ermächtigung
Willkürbegrenzung 112 f.
Willkürfreiheit 55, 112 ff.
Willkürverbot 102, 114, 115

Zustimmungspflicht 91, 128 Fn. 115, 133 ff.
Zwangsmittel, staatliche 18, 29 f., 44 f., 53 Fn. 101, 65
- s. auch Rechtszwang
Zwangsordnung 31, 41
Zweckbindung 97, 102, 118, 137

Jus Privatum

Beiträge zum Privatrecht – Alphabetische Übersicht

Adolphsen, Jens: Internationale Dopingstrafen. 2003. *Band 78.*
Assmann, Dorothea: Die Vormerkung (§ 883 BGB). 1998. *Band 29.*
Barnert, Thomas: Die Gesellschafterklage im dualistischen System des Gesellschaftsrechts. 2003. *Band 82.*
Bayer, Walter: Der Vertrag zugunsten Dritter. 1995. *Band 11.*
Beater, Axel: Nachahmen im Wettbewerb. 1995. *Band 10.*
Beckmann, Roland Michael: Nichtigkeit und Personenschutz. 1998. *Band 34.*
Berger, Christian: Rechtsgeschäftliche Verfügungsbeschränkungen. 1998. *Band 25.*
Berger, Klaus: Der Aufrechnungsvertrag. 1996. *Band 20.*
Bittner, Claudia: Europäisches und internationales Betriebsrentenrecht. 2000. *Band 46.*
Bodewig, Theo: Der Rückruf fehlerhafter Produkte. 1999. *Band 36.*
Braun, Johann: Grundfragen der Abänderungsklage. 1994. *Band 4.*
Brors, Christiane: Die Abschaffung der Fürsorgepflicht. 2002. *Band 67.*
Bruns, Alexander: Haftungsbeschränkung und Mindesthaftung. 2003. *Band 74.*
Busche, Jan: Privatautonomie und Kontrahierungszwang. 1999. *Band 40.*
Dauner-Lieb, Barbara: Unternehmen in Sondervermögen. 1998. *Band 35.*
Dethloff, Nina: Europäisierung des Wettbewerbsrechts. 2001. *Band 54.*
Dreier, Thomas: Kompensation und Prävention. 2002. *Band 71.*
Drexl, Josef: Die wirtschaftliche Selbstbestimmung des Verbrauchers. 1998. *Band 31.*
Eberl-Borges, Christina: Die Erbauseinandersetzung. 2000. *Band 45.*
Ebert, Ina: Pönale Elemente im deutschen Privatrecht. 2004. *Band 86.*
Einsele, Dorothee: Wertpapierrecht als Schuldrecht. 1995. *Band 8.*
Ekkenga, Jens: Anlegerschutz, Rechnungslegung und Kapitalmarkt. 1998. *Band 30.*
Ellger, Reinhard: Bereicherung durch Eingriff. 2002. *Band 63.*
Escher-Weingart, Christina: Reform durch Deregulierung im Kapitalgesellschaftsrecht. 2001. *Band 49.*
Giesen, Richard: Tarifvertragliche Rechtsgestaltung für den Betrieb. 2002. *Band 64.*
Götting, Horst-Peter: Persönlichkeitsrechte als Vermögensrechte. 1995. *Band 7.*
Gruber, Urs Peter: Methoden des internationalen Einheitsrechts. 2004. *Band 87.*
Gsell, Beate: Substanzverletzung und Herstellung. 2003. *Band 80.*
Habersack, Mathias: Die Mitgliedschaft – subjektives und ‚sonstiges' Recht. 1996. *Band 17.*
Haedicke, Maximilian: Rechtskauf und Rechtsmängelhaftung. 2003. *Band 77.*
Hanau, Hans: Der Grundsatz der Verhältnismäßigkeit als Schranke privater Gestaltungsmacht. 2004. *Band 89.*
Hau, Wolfgang: Vertragsanpassung und Anpassungsvertrag. 2003. *Band 83.*
Heermann, Peter W.: Drittfinanzierte Erwerbsgeschäfte. 1998. *Band 24.*

Heinemann, Andreas: Immaterialgüterschutz in der Wettbewerbsordnung. 2002. *Band 65.*
Heinrich, Christian: Formale Freiheit und materielle Gerechtigkeit. 2000. *Band 47.*
Henssler, Martin: Risiko als Vertragsgegenstand. 1994. *Band 6.*
Hergenröder, Curt Wolfgang: Zivilprozessuale Grundlagen richterlicher Rechtsfortbildung. 1995. *Band 12.*
Hess, Burkhard: Intertemporales Privatrecht. 1998. *Band 26.*
Hofer, Sibylle: Freiheit ohne Grenzen. 2001. *Band 53.*
Huber, Peter: Irrtumsanfechtung und Sachmängelhaftung. 2001. *Band 58.*
Jänich, Volker: Geistiges Eigentum – eine Komplementärerscheinung zum Sacheigentum? 2002. *Band 66.*
Jansen, Nils: Die Struktur des Haftungsrechts. 2003. *Band 76.*
Jung, Peter: Der Unternehmergesellschafter als personaler Kern der rechtsfähigen Gesellschaft. 2002. *Band 75.*
Junker, Abbo: Internationales Arbeitsrecht im Konzern. 1992. *Band 2.*
Kaiser, Dagmar: Die Rückabwicklung gegenseitiger Verträge wegen Nicht- und Schlechterfüllung nach BGB. 2000. *Band 43.*
Katzenmeier, Christian: Arzthaftung. 2002. *Band 62.*
Kindler, Peter: Gesetzliche Zinsansprüche im Zivil- und Handelsrecht. 1996. *Band 16.*
Kleindiek, Detlef: Deliktshaftung und juristische Person. 1997. *Band 22.*
Krause, Rüdiger: Mitarbeit in Unternehmen. 2002. *Band 70.*
Luttermann, Claus: Unternehmen, Kapital und Genußrechte. 1998. *Band 32.*
Looschelders, Dirk: Die Mitverantwortlichkeit des Geschädigten im Privatrecht. 1999. *Band 38.*
Lipp, Volker: Freiheit und Fürsorge: Der Mensch als Rechtsperson. 2000. *Band 42.*
Mäsch, Gerald: Chance und Schaden. 2004. *Band 92.*
Mankowski, Peter: Beseitigungsrechte. Anfechtung, Widerruf und verwandte Institute. 2003. *Band 81.*
Merkt, Hanno: Unternehmenspublizität. 2001. *Band 51.*
Möllers, Thomas M.J.: Rechtsgüterschutz im Umwelt- und Haftungsrecht. 1996. *Band 18.*
Muscheler, Karlheinz: Die Haftungsordnung der Testamentsvollstreckung. 1994. *Band 5.*
– Universalsukzession und Vonselbsterwerb. 2002. *Band 68.*
Oechsler, Jürgen: Gerechtigkeit im modernen Austauschvertrag. 1997. *Band 21.*
Oetker, Hartmut: Das Dauerschuldverhältnis und seine Beendigung. 1994. *Band 9.*
Ohly, Ansgar: „Volenti non fit iniuria" Die Einwilligung im Privatrecht. 2002. *Band 73.*
Oppermann, Bernd H.: Unterlassungsanspruch und materielle Gerechtigkeit im Wettbewerbsprozeß. 1993. *Band 3.*
Peifer, Karl-Nikolaus: Individualität im Zivilrecht. 2001. *Band 52.*
Peters, Frank: Der Entzug des Eigentums an beweglichen Sachen durch gutgläubigen Erwerb. 1991. *Band 1.*
Raab, Thomas: Austauschverträge mit Drittbeteiligung. 1999. *Band 41.*

Jus Privatum – Beiträge zum Privatrecht

Reiff, Peter: Die Haftungsverfassungen nichtrechtsfähiger unternehmenstragender Verbände. 1996. *Band 19.*
Repgen, Tilman: Die soziale Aufgabe des Privatrechts. 2001. *Band 60.*
Rohe, Mathias: Netzverträge. 1998. *Band 23.*
Sachsen Gessaphe, Karl August Prinz von: Der Betreuer als gesetzlicher Vertreter für eingeschränkt Selbstbestimmungsfähige. 1999. *Band 39.*
Saenger, Ingo: Einstweiliger Rechtsschutz und materiellrechtliche Selbsterfüllung. 1998. *Band 27.*
Sandmann, Bernd: Die Haftung von Arbeitnehmern, Geschäftsführern und leitenden Angestellten. 2001. *Band 50.*
Schäfer, Carsten: Die Lehre vom fehlerhaften Verband. 2002. *Band 69.*
Schnorr, Randolf: Die Gemeinschaft nach Bruchteilen (§§ 741 – 758 BGB). 2004. *Band 88.*
Schubel, Christian: Verbandssouveränität und Binnenorganisation der Handelsgesellschaften. 2003. *Band 84.*
Schur, Wolfgang: Leistung und Sorgfalt. 2001. *Band 61.*
Schwarze, Roland: Vorvertragliche Verständigungspflichten. 2001. *Band 57.*
Sieker, Susanne: Umgehungsgeschäfte. 2001. *Band 56.*
Sosnitza, Olaf: Besitz und Besitzschutz. 2003. *Band 85.*
Stadler, Astrid: Gestaltungsfreiheit und Verkehrsschutz durch Abstraktion. 1996. *Band 15.*
Stoffels, Markus: Gesetzlich nicht geregelte Schuldverhältnisse. 2001. *Band 59.*
Taeger, Jürgen: Außervertragliche Haftung für fehlerhafte Computerprogramme. 1995. *Band 13.*
Trunk, Alexander: Internationales Insolvenzrecht. 1998. *Band 28.*
Veil, Rüdiger: Unternehmensverträge. 2003. *Band 79.*
Wagner, Gerhard: Prozeßverträge. 1998. *Band 33.*
Waltermann, Raimund: Rechtsetzung durch Betriebsvereinbarung zwischen Privatautonomie und Tarifautonomie. 1996. *Band 14.*
Weber, Christoph: Privatautonomie und Außeneinfluß im Gesellschaftsrecht. 2000. *Band 44.*
Wendehorst, Christiane: Anspruch und Ausgleich. 1999. *Band 37.*
Wiebe, Andreas: Die elektronische Willenserklärung. 2002. *Band 72.*
Würthwein, Susanne: Schadensersatz für Verlust der Nutzungsmöglichkeit einer Sache oder für entgangene Gebrauchsvorteile? 2001. *Band 48.*

Einen Gesamtkatalog erhalten Sie gerne vom Verlag
Mohr Siebeck, Postfach 2040, D–72010 Tübingen.
Aktuelle Informationen im Internet unter www.mohr.de